W0078048

Willi Hoffsümmer

Das große Buch
der Schulgottesdienste

Willi Hoffsümmer

Das große Buch der Schulgottesdienste

Mit Kindern von sechs bis zwölf Jahren
durch das Kirchenjahr

HERDER

FREIBURG · BASEL · WIEN

Alle Rechte vorbehalten – Printed in Germany
© Verlag Herder Freiburg im Breisgau 2007
www.herder.de
Grafiken: Marina Schlong: S. 11, 81, 136, 142, 189, 213
          Inge Ruland: S. 203

Trotz intensiven Bemühens konnten für einige Texte die Quellenangaben nicht ausfindig gemacht werden. Manchmal liegt auch der Ursprung einer Idee im Dunkeln. Für Hinweise sind Autor und Verlag dankbar.

Umschlaggestaltung Finken & Bumiller
Titelbild: © mauritius images
Satz- und CD-ROM-Gestaltung: SatzWeise, Föhren

Herstellung: fgb · freiburger graphische betriebe
www.fgb.de

Gedruckt auf umweltfreundlichem,
chlorfrei gebleichtem Papier
ISBN: 978-3-451-32066-8

Inhalt

Die mit * versehenen Gottesdienste eignen sich auch für weiterführende
Schulen und Familiengottesdienste.

Abkürzungen

GL   = Gotteslob - Katholisches Gebet- und Gesangbuch
L.   = Der Gottesdienstleiter oder die Gottesdienstleiterin
Spr. = Sprecher oder Sprecherin
Tr   = Liederbuch »Troubadour für Gott«; zu bestellen bei:
        Kolping-Bildungswerk, Sedanstr. 25, 97082 Würzburg

Ein Wort zuvor

Schulgottesdienste haben eine große Chance:
- neben all den lauten, aufreizenden Angeboten das anzubieten, was nach innen stabilisiert,
- in manche Orientierungslosigkeit das aufleuchten zu lassen, was Licht in die Welt gebracht hat,
- die Entfremdung zwischen Kirche und Schule zu verlangsamen, auch zwischen Seelsorgekräften und Schülern.

Welch ein Glück, dass es noch Lehrerinnen und Lehrer gibt, die die Fahne der Kirche hochhalten und selbst Gottesdienste vorbereiten, wenn Seelsorgekräfte zu überlastet sind. Sie können in einem viel tieferen Maße in Kontakt mit den Schülerinnen und Schülern treten, weil die Begegnung mit Gott und Jesus Christus noch ganz andere seelische Schichten aufschließt.

Ich freue mich, wenn Sie in den vorliegenden erprobten Gottesdiensten eine spürbare Hilfe finden, um dann Ihre eigene Überzeugung einfließen zu lassen.

Willi Hoffsümmer

Ablauf der Gottesdienste

Gottesdienst (ökumenisch)
Lied – Kreuzzeichen / Begrüßung – Hinführung –
Schuldbekenntnis / Bußakt / Kyrie – (Gloria) – Tagesgebet –
Lesung / Aktion / Spiel / Geschichte – Zwischengesang / Halleluja – Evangelium –
Ansprache / Deutung / Spiel / Interview – (Glaubensbekenntnis / Lied) Fürbitten –
Vaterunser – Segen – Schlusslied.

Wortgottesfeier
nach den Fürbitten: Vaterunser – (Meditation zum Ausklang) – Segen – Schlusslied.

Wortgottesfeier mit Kommunionfeier
nach den Fürbitten: Vaterunser – Friedensgruß – Kommunionausteilung / Lied –
Meditation – Schlussgebet – Segen – Schlusslied.

Hl. Messe
nach den Fürbitten: Gabenlied – Gabengebet – Messkanon –
Vaterunser – Friedensgruß – Kommunion / Lied – Meditation – Schlussgebet –
Segen – Schlusslied.

ADVENT – WEIHNACHTEN –
FAMILIE – FASTNACHT

1. Vom Schlüssel, der alle Türen aufschließt
(Advent)

Vorzubereiten:
Ein Schlüsselbund mit großen und kleinen Schlüsseln

Lieder
Zu Beginn – GL 105: O Heiland, reiß die Himmel auf
Nach der Lesung – Tr 500: Weg, den ein Stern erhellt
Zur Gabenbereitung – Tr 438: Kinder (statt »Christen«), ruft in Freude
Zum Abschluss – GL 114: Es kommt ein Schiff geladen, Str. 1 + 2

Begrüßung
Je mehr wir uns Weihnachten nähern, umso lieber denken wir an Jesus, der mit
seiner Geburt alles in dieser Welt verändert hat.

Wir legen sein Kreuz über uns: Im Namen des Vaters …

Hinführung

Manches von dem ist verborgen, was Jesus uns erklärt hat. Deshalb wird er auch oft »Schlüssel Davids« genannt, der geheime Türen aufgeschlossen hat. Drei Kinder sagen uns so ein Rätsel:

1. Spr.: Mein Gott! Ich kann dich gar nicht sehn.
Und doch sagst du: Ich bin bei dir.
Mein Gott! Wie soll ich das verstehn?
Ich bitte dich: Komm, zeig es mir!

2. Spr.: Bist du ein Haus aus dicken Steinen –
mit Fenster und mit einem Dach?
Gibst du den Großen und den Kleinen
stets ein Zuhause Tag und Nacht?

3. Spr.: Bist du ein Licht mit bunten Strahlen,
das meinen dunklen Weg erhellt?
Kann ich dich wie die Sonne malen,
die morgens in mein Zimmer fällt?

1. Spr.: Bist du ein Lied, das alle singen,
weil seine Melodie so schön,
bei dem wir lachen, tanzen, springen
und lauter gute Dinge sehn?

2. Spr.: Mein Gott! Ich kann dich gar nicht sehn.
Und doch sagst du: Ich bin bei dir.
Mein Gott! Wie soll ich das verstehn?
Ich bitte dich: Komm, zeig es mir!

R. Bäcker

Jesus hat dieses Geheimnis gelüftet, diese Tür geöffnet. Seitdem können wir beten:

Tagesgebet

Guter Gott! Du hast ein Herz für alle Menschen. Das hat uns dein Sohn gesagt. Du bist auch überall für uns da. Wir danken dir für deine Nähe, auch wenn wir dich nur in Jesus ganz deutlich gesehen haben. Er, der mit dir lebt und liebt in alle Ewigkeit.

Lesung aus der Geheimen Offenbarung und Johannes

Jesus sagt: Ich habe die Schlüssel zum Tod und zur Unterwelt! (Offb 1,18b) Und beim Evangelisten Johannes sagt er: Ich bin der Weg, die Wahrheit und das Leben. Niemand kommt zum Vater außer durch mich. (Joh 14,6)

Predigt

Auf den schönen Kränzen, die ihr im Advent als Türschmuck an manchen Häusern seht, ist manchmal auch ein Schlüssel angebracht. Die Leute haben sich dabei etwas gedacht. Wie wir am Anfang gesungen haben: »Reiß ab vom Himmel Tür und Tor!« Ja, eröffne uns die Geheimnisse Gottes!

Darum habe ich diesen Schlüsselbund mitgebracht *(zeigen)*. Ihr seht daran große und kleine Schlüssel. Manche Leute meinen, sie könnten mit ganz großen Schlüsseln *(L. zeigt einen)* alle Türen der Welt aufschließen: mit Geld, mit Gewalt, mit Leistung. Natürlich kann man damit viele Türen aufschließen – nur nicht die Tür zum Herzen. Das geht nur mit kleinen, unscheinbaren Schlüsseln *(L. zeigt einen kleinen Schlüssel)*. Ihr wisst, welche Kraft in einem kleinen Zündschlüssel steckt, wenn ich ihn im Autoschloss herumdrehe. Und die ganz kleinen Schlüssel, mit denen Jesus den Himmel öffnet, heißen: Liebe, Vertrauen, Vergeben, barmherzig sein, Beten.

All das hat das Kind in der Krippe in die Welt gebracht und vorgelebt. Und wer diese Schlüssel benutzt, der wird bald merken: Das ist ein Universalschlüssel, der alle Türen aufschließen kann. Danke, Jesus, du Schlüssel Davids! *(legt den Schlüsselbund gut sichtbar hin)*

Fürbitten

L.: Jesus, du Schlüssel für die Tür zum Vater! Wir rufen dich an:

1. Für alle, die nicht verzeihen können. *(Stille)*
   Für alle, die unbarmherzig sind. *(Stille)*

2. Für alle, die nie mit dir sprechen *(Stille)*
   oder auf dich hören. *(Stille)*

1. Für alle, die ein Herz haben für andere. *(Stille)*
   Für alle, die dir von ganzem Herzen vertrauen. *(Stille)*

2. Für alle, die dich anbeten, auch wenn sie dich nicht sehen. *(Stille)*
   Für alle, die verzeihen können. *(Stille)*

L.: Ja, lass sie nicht aufhören, mit diesen Schlüsseln der Welt mehr Leben und Freude zu schenken durch Christus, unseren Herrn.

Gabengebet

Du Gott der Liebe und des Friedens. Wir danken dir für die Gaben von Brot und Wein auf dem Altar und für deinen Sohn Jesus Christus, der uns eine neue Welt aufgeschlossen hat, in der du als Sonne alle Menschen beleben willst. Darum bitten wir durch Christus, unseren Herrn.

Vaterunser – Friedensgruß

Meditation nach der Kommunion

1. Spr.: Wir glauben an den unsichtbaren Gott.
Er hat den Himmel und die Erde gemacht.
Er liebt *alle* Menschen.

2. Spr.: Wir glauben an Jesus, seinen Sohn.
Er hat vielen Menschen geholfen –
auch denen, die Schlechtes taten.
Trotzdem hat man ihn getötet.
Aber Jesus war stärker als der Tod.
Und hat so die Tür zum Himmel aufgeschlossen.

1. Spr.: Wir glauben an Gottes guten Geist.
Er will uns den richtigen Weg führen.
Er hilft uns, das Böse zu bekämpfen.
Er tröstet uns und heilt unsere Wunden.

2. Spr.: Wir glauben, dass mit dem Tod nicht alles aus ist.
Nach dem Tod beginnt erst das richtige Leben.
Dann braucht keiner mehr zu weinen.
Dann sind alle Menschen glücklich.

Schlussgebet

Ja, guter Gott, dann leben wir bei dir, ohne Türen und Wände zwischen uns. Dafür danken wir dem Kind in der Krippe, Jesus, der mit dir lebt und liebt in alle Ewigkeit.

2. Knospen zum Blühen bringen
(Heilige Barbara – 4. Dezember)

Vorzubereiten:

Sieben Kirsch- oder Apfelbaumzweige mit Knospen, sogenannte Barbarazweige, und eine Vase für das Predigtspiel.

Lieder
Zu Beginn – GL 115: Wir sagen euch an
Nach dem Sprechspiel »Das Leben der hl. Barbara«:
    Maria durch ein Dornwald ging (siehe Seite 18)
Credo – Tr 964: Amen
Zur Gabenbereitung – GL 106: Kündet allen in der Not
Zum Abschluss – Tr 94: Alle Knospen springen auf

Begrüßung
Wir verbinden uns mit Himmel und Erde – die Enden der Kreuzesbalken zeigen ja in alle Richtungen –, und sprechen: Im Namen des Vaters …

Hinführung
Es gibt Kinder, die stellen am Vorabend des Festes der heiligen Barbara ihre Schuhe vor die Tür. Wenn sie sauber genug geputzt waren, finden sie am nächsten Morgen Süßigkeiten darin. – Wir erinnern an einen anderen Brauch: Am Barbaratag, am 4. Dezember, werden Kirsch- oder Apfelzweige ins Wasser gestellt. Und wenn sie ab und zu mit warmem Wasser »gelockt« werden, blühen sie zu Weihnachten. Dieser Brauch knüpft an eine Sage aus dem Leben der heiligen Barbara, die wir gleich hören. Zuerst aber wollen wir beten:

Tagesgebet
(L. nimmt dazu einen Barbarazweig) Guter Gott! Mitten in kalten Tagen können aus diesem Zweig Knospen und Blüten treiben. So ist das auch mit uns selbst. Du hast uns viele Schätze in unseren Kopf und unsere Seele gelegt. Hilf, dass wir sie wachsen lassen und zum Blühen bringen. Dabei helfe uns auch die Fürbitte der heiligen Barbara. Und wir erbitten es durch Christus, unseren Herrn.

Das Leben der heiligen Barbara:

L.: Wir hören aus dem Leben der heiligen Barbara die Legende vom Kirschzweig:

1. In der Zeit, als Christen verfolgt und getötet wurden, um 300 nach Christus, lebte ein reicher Kaufmann mit seiner Tochter Barbara im fernen Morgenland, in der heutigen Türkei. Der Vater ist ungläubig; er kennt auch Christus nicht.

2. Doch Barbara hört von Christus. Plötzlich sieht sie ihr Leben anders als ihr Vater. Obwohl das damals gefährlich war, möchte sie sich taufen lassen und Christin werden.

1. Das ist ein Grund für den Vater, Barbara in einen Turm einzusperren, solange er auf Reisen war. Er will sie von allen Christen fernhalten. Er hat für sie einen reichen Mann ausgesucht, den sie später einmal heiraten soll. Eine Christin würde dieser junge Mann niemals zur Frau nehmen.

2. Doch Barbara hat treue Freunde. Sie helfen ihr. Im Turm wird sie getauft. Dieser Turm hat zwei Fenster. Die Taufe hat ihren Blick geweitet. Das will sie nach außen deutlich machen. Barbara lässt ein drittes Fenster in den Turm brechen, damit will sie auf den dreifaltigen Gott hinweisen: den Vater, den Sohn und den Heiligen Geist.

1. Ihr Vater, der von ihrer Taufe gehört hat, kehrt von einer Reise zurück. Er sieht das dritte Fenster im Turm und erkennt sofort das Zeichen, das Barbara damit geben will. Darüber ist er so zornig, dass er seine einzige Tochter ins Gefängnis zerren lässt. Auf dem Weg dorthin verfängt sich ein Kirschzweig in ihrem Kleid.

2. Diesen Zweig stellt Barbara in einen Becher mit Wasser. Sie wird im Gefängnis gefoltert und gequält. An dem Tag, an dem sie zum Tode verurteilt wird, blüht der Zweig auf. Barbara sagt zu dem Zweig: »Du schienst wie tot, aber du bist aufgeblüht zu schönerem Leben. So wird es auch mit meinem Tode sein. Ich werde zu neuem ewigen Leben aufblühen.«

1. Darum brechen wir heutzutage noch am Fest der heiligen Barbara Zweige von den Bäumen und stecken sie in lauwarmes Wasser, damit sie zu Weihnachten blühen – an dem Tag, an dem Jesus uns das Fenster zum Leben über den Tod hinaus öffnet.

Nach Willi Fährmann
© Willi Fährmann, Xanten

Lied
Maria durch ein Dornwald ging, Kyrie eleison!

2. Was trug Maria unter ihrem Herzen? Kyrieleison!
Ein kleines Kindlein ohne Schmerzen,
das trug Maria unter ihrem Herzen! Jesus und Maria.

3. Da haben die Rosen Dornen getragen. Kyrieleison!
Als das Kindlein durch den Wald getragen,
da haben die Dornen Rosen getragen! Jesus und Maria.

4. Wer hat erlöst die Welt allein? Kyrieleison!
Das hat getan das Christkindlein,
das hat erlöst die Welt allein! Jesus und Maria.

T/M: aus dem Eichsfeld

Evangelium nach Markus

In der Wüste trat Johannes der Täufer auf. Er trug ein Gewand aus Kamelhaaren
und einen ledernen Gürtel um seine Hüften. Er lebte von Heuschrecken und wil-
dem Honig. Er rief den Menschen zu: »Bereitet dem Herrn den Weg! Ebnet ihm die
Straßen! Was krumm ist – all eure krummen Touren –, muss gerade werden!« Und
er taufte die Menschen, die umkehren wollten, im Jordan. Dann sagte er leiser:

»Nach mir kommt einer, der ist stärker als ich! Ich bin es nicht wert, ihm die Schuhe aufzuschnüren. *(Wieder lauter:)* Er wird die Wüste zum Blühen bringen!« (nach Mk 1,1–8)

Sprechspiel zur Predigt
(Die Kinder nehmen jeweils einen Kirschzweig, sprechen den Text und stellen ihn dann in die Vase vor den Altar.)

1. Kind: *(hebt den Zweig hoch)* Dieser Zweig sieht wie tot aus. Aber schenkt man ihm Wärme, Wasser und Licht, dann sprießt er. – So ist das auch mit uns Menschen: Wenn sie Liebe und menschliche Wärme erfahren, dann bringen sie ihre Fähigkeiten zum Sprießen und Blühen. *(Zweig in die Vase stellen)*

2. Kind: *(hebt den Zweig hoch)* Wenn die Knospen verschlossen bleiben, kann kein Wunder sichtbar werden. – Es ist wie bei uns Menschen: Wenn wir uns allen verschließen und den Rücken zukehren, verkümmern wir. Erst wer sich öffnet, auf andere zugeht, wird Freude erfahren. So öffnete sich die heilige Barbara für den Glauben an Jesus Christus und wurde froh. *(Zweig in die Vase stellen)*

3. Kind: *(hebt den Zweig hoch)* Keine der vielen Knospen an diesem Zweig darf abfallen. Darum muss ich behutsam und vorsichtig mit ihm umgehen. So ist es auch bei Kindern und Jugendlichen. Sie müssen vorsichtig an die Hand genommen und gefördert werden, damit sie sich entfalten können. *(Zweig in die Vase stellen)*

4. Kind: *(hebt den Zweig hoch)* Wenn die Knospen von zu starkem Frost heimgesucht werden, können sie vereisen und sterben. – So wie der Vater der heiligen Barbara sich innerlich verschloss und dann sogar mit eigener Hand seine Tochter tötete. *(Zweig in die Vase stellen)*

5. Kind: *(hebt den Zweig hoch)* Die Knospen an meinem Zweig können Weihnachten blühen. Sie deuten auf den, der Liebe und Frieden in die Welt gebracht hat. Bis heute ist er für viele ein Hoffnungszeichen. *(Zweig in die Vase stellen)*

6. Kind: *(hebt den Zweig hoch)* Wir bitten die heilige Barbara, dass sie ein gutes Wort bei Jesus für uns einlegt, damit auch unsere Knospen des Glaubens aufgehen und der Welt Farbe und Freude schenken. *(Zweig in die Vase stellen)*

7. Kind: *(hebt den Zweig hoch)* Auch ich bitte darum, dass Gott mein Herz aufgehen lässt und ich mit Freude von Jesus Christus erzähle, der die heilige Barbara glücklich gemacht hat. *(Zweig in die Vase stellen)*

Lied / Meditation

Auf die Melodie des Spirituals »Amen«, Tr 964, die alle leise summen, spricht L.:

Ja, die Güte Gottes will ich ein Leben lang besingen.
Er hat ein Herz für *alle* Menschen.
Er kann Eis und Kälte schmelzen lassen,
unser Inneres zum Blühen bringen.
Er hat seinen Sohn in unsere Kälte gesandt.
Wir brauchen die Strahlen seiner Sonne nur aufzufangen.
Danke für seine Geschenke.

(Die Fürbitten entfallen.)

Gabengebet

Guter Gott. Diese Gaben von Brot und Wein auf dem Altar mögen mit deinem guten Geist unser Herz durchdringen, dass wir auftauen und Früchte bringen – durch Christus, unseren Herrn.

Vaterunser – Friedensgruß

Meditation nach der Kommunion

1. Spr.: Viele Menschen sind ohne Arbeit und Hoffnung.
   Komm, Geist Gottes, und erbarme dich über sie!

2. Spr.: Viele Menschen sind krank und arm.
   Kommt, ihr Menschenkinder, besucht sie und teilt mit ihnen!

1. Spr.: Viele Menschen leben verschlossen und verbittert.
   Komm, heilige Barbara, hilf dabei, ihre Blüten wieder zu öffnen!

2. Spr.: Viele Menschen können nicht mehr an einen guten Gott glauben.
   Komm, Jesus Christus, und lass sie dir wieder vertrauen können!

Schlussgebet

(L. nimmt dazu die Vase mit den Zweigen) Ja, guter Gott, lass unsere Liebe zum Blühen kommen – durch Christus, unseren Herrn.

3. Wer darf ganz nahe an die Krippe?
(Advent)

Vorzubereiten:
Die Figuren von Maria und Josef und die leere Krippe können schon aufgebaut sein.

Lieder
Zu Beginn – GL 115: Wir sagen euch an
Lied nach dem Tagesgebet - Tr 500: Weg, den ein Stern erhellt
    Oder: Tr 438: Christen, ruft in Freude
Zur Gabenbereitung – Maria durch ein Dornwald ging (siehe Seite 17)
    Oder: GL 105: O Heiland, reiß die Himmel auf
Zum Abschluss – GL 107: Macht hoch die Tür
    Oder: Tr 94: Alle Knospen springen auf

Begrüßung
Es ist nicht mehr weit bis Weihnachten. Wir stellen uns unter den Segen des Kreuzes: Im Namen des Vaters …

Hinführung
In manchen Familien werden jetzt schon die Schachteln in Augenschein genommen, in denen die Krippenfiguren und der Schmuck für den Weihnachtsbaum das Jahr über geruht haben. Dass jetzt schon oft das Kind in der Krippe und geschmückte Weihnachtsbäume zu sehen sind, ist nicht richtig, denn wir feiern ja erst in … Tagen die Geburt des göttlichen Kindes. Aber unsere Welt kann nicht mehr warten. Wir besinnen uns und fragen, ob unser Herz vorbereitet ist:

Bußakt
1.:   Wir können nicht mehr warten.
      Wir möchten alles gleich haben und auch sofort genießen.

L.:   Herr, erbarme dich!

Alle: Herr, erbarme dich!

2.:   Wir schimpfen oft, wenn Mutter unsere Hilfe braucht.

Wir sehen weg, wenn wir helfen könnten,
oder sagen: Wir haben keine Lust!

L.: Christus, erbarme dich!

Alle: Christus, erbarme dich!

3. Wir können nicht mehr richtig teilen.
Und wir sehen doch, wie viele arm sind
und uns mit großen Augen bitten.

L.: Herr, erbarme dich!

Alle: Herr, erbarme dich!

L. **Vergebungsbitte:** ... und hilf uns, wie Martin, wie Elisabeth, wie Nikolaus
teilen zu können.

Tagesgebet

Gott, du unser Licht. Die beste Vorbereitung auf das Kind in der Krippe ist, dein
Licht in unser Herz zu lassen. Das geschieht, wenn wir teilen und verzeihen. So hilf
uns, umzukehren und neu anzufangen – durch Christus, unseren Herrn.

Evangelium nach Lukas

Einleitung: Ein junges Mädchen sagte »ja!« Sonst könnten wir vielleicht Weihnachten gar nicht feiern.

Maria ist in Nazaret. Sie ist allein. Es ist ganz still. – Da kommt ein Engel, ein
Bote Gottes. Er kommt zu Maria und sagt: Ich grüße dich, Maria. Freue dich! Gott,
der Herr, ist mit dir!

Maria aber ist erschrocken. Da sagt der Engel: Fürchte dich nicht! Du bekommst einen Sohn. Der soll Jesus heißen. Es ist Gottes Sohn!

Da wird Maria wieder still und überlegt. Dann sagt sie: Ja, es soll so geschehen. (Lk 1,26–38 nach D. Steinwede)

Predigt

Neun Monate später. Ihr wisst, so lange wächst ein Kind im Bauch der Mutter. Ihr
wisst auch, wie viel Arbeit ein hilfloses Baby macht. Und deshalb, so erzählt eine
Fabel, rief ein Engel die Tiere heimlich zusammen, um einige auszuwählen, der
Heiligen Familie im Stalle zu helfen. *(Jetzt bitte ziemlich dramatisch erzählen!)*

Als Erster meldete sich natürlich der Löwe: »Nur ein König ist würdig, dem
Herrn der Welt zu dienen«, brüllte er, »ich werde jeden zerreißen, der dem Kinde zu
nahe kommt!« »Du bist mir zu grimmig«, sagte der Engel.

3. Wer darf ganz nahe an die Krippe? (Advent)

21

Darauf schlich sich der Fuchs näher. Mit unschuldiger Miene meinte er: »Ich werde sie gut versorgen. Für das Gotteskind besorge ich den süßesten Honig, und für die Wöchnerin stehle ich jeden Morgen ein Huhn!«

»Du bist mir zu verschlagen«, sagte der Engel.

Da stelzte der Pfau heran. Rauschend entfaltete er sein Rad und glänzte in seinem Gefieder. »Ich will den armseligen Schafstall köstlicher schmücken als Salomon seinen Tempel!« »Du bist mir zu eitel«, sagte der Engel.

Es kamen noch viele Tiere und priesen ihre Künste an. Vergeblich. Zuletzt blickte der strenge Engel noch einmal suchend um sich und sah Ochs und Esel draußen auf dem Felde dem Bauern dienen. Der Engel rief auch sie heran: »Was habt ihr anzubieten?« »Nichts«, sagte der Esel und klappte traurig die Ohren herunter, »wir haben nichts gelernt außer Demut und Geduld. Denn alles andere hat uns immer noch mehr Prügel eingetragen!« Und der Ochse warf schüchtern ein: »Aber vielleicht könnten wir dann und wann mit unseren Schwänzen die Fliegen verscheuchen!«

Da sagte der Engel: »Ihr seid die Richtigen!«

Verkürzt nach einer Geschichte von K. H. Waggerl

(Eventuell nach der Stelle »... und priesen ihre Künste an« noch hinzufügen:
Die Giraffe meldete sich auch: Sie trägt die Nase sehr hoch und hätte sich zu sehr verbiegen müssen, um in den Stall zu kommen.

Ein Elefant stampfte näher: Den Engel befiel schon Angst um den armseligen Stall, aber der Elefant passte einfach nicht durch die Tür ...)

Ihr kennt ja bereits die Bedeutung einer Fabel: Tiere verleihen den Menschen die Sprache. Wir können nun einmal herausfinden, was für Kinder mit den genannten Tieren gemeint sind (natürlich keine Namen nennen!):

Der Löwe, der immer sein Maul aufreißt? (Kinder: ...)

Der verschlagene, listige Fuchs? (Kinder: ...)

Der eitle Pfau? (Kinder: ...) etc.

Aber die Kinder, die dienen möchten, dürfen ganz nahe an der Krippe stehen. Und wenn ihr Dienst noch so klein ist wie der von Ochs und Esel.

Erinnert euch an die Heiligen, wie zum Beispiel die heilige Luzia: Sie trug brennende Kerzen auf ihrem Kopf, um in der Dunkelheit – die Hände voller Lebensmittel – den Weg zu den gefangenen Christen zu finden. – Ich hoffe jedenfalls, wenn Jesu heute geboren würde, dass er unter uns auch genügend Helferinnen und Helfer findet!

Fürbitten

Wir werden still und bitten, dass Gott und die Heiligen uns helfen, teilen und dienen zu können. *(Stille)*

Gabengebet

Großer Gott. Dein göttlicher Sohn hat sich so klein gemacht, dass er in eine Futterkrippe für Tiere passte. Und gleich in der kleinen Gestalt des Brotes zu uns kommen will. Bereite unsere Herzen so, dass wir ihn würdig empfangen, der du lebst und liebst in alle Ewigkeit.

Präfation

L.	Ja, Vater, es ist wirklich und wahrhaftig recht,
	dich zu ehren und dir zu danken.

1. Kind: Denn du hast uns diese schöne Erde geschenkt.
	Überall zeigt sie deine Spuren.

2. Kind: Du lässt die Sonne über uns allen scheinen:
	Sie gibt uns Licht und Wärme.

3. Kind: Du schickst Regen zur rechten Zeit.
	So erhalten alle deine Geschöpfe das Leben.

4. Kind: Du lässt die Pflanzen wachsen, blühen und Früchte tragen:
	Den Menschen und Tieren zur Nahrung und zur Freude.

1. Kind: Du hast uns Menschen Verstand und Gemüt gegeben.
	Wir können denken, sprechen und fühlen –
	und das Wichtigste: Wir können einander lieben.

2. Kind: Du hast uns Jesus gesandt.
	Er hat uns gezeigt, wie gern du alle Menschen hast.

3. Kind: Du hast uns deinen guten Geist gegeben.
	Wir können unser Herz öffnen,
	um dich in all deinen Geschöpfen zu erfahren.

4. Kind: Dein Heiliger Geist lehrt uns, dir zu danken und dich zu rühmen.
	So singen wir mit allen Engeln und Heiligen dein Lob ohne Ende:
	Heilig …

Vaterunser – Friedensgruß

Meditation nach der Kommunion

1. Kind: Herr, du willst, dass wir uns freuen.
Dafür ist dein Sohn gestorben und auferstanden.

2. Kind: Er wird uns fragen, wenn er wiederkommt:
Hast du Freude in diese Welt getragen?
Hast du die Liebe Gottes weitergegeben?

3. Kind: Wir danken dir, Vater, dass dein Sohn wie eine Brücke ist.
Eine Brücke zu allen Menschen –
und über alle Ängste, Sorgen und Nöte.

1. Kind: Lass uns in der Kirche Freunde finden:
Menschen, die für uns ein Vorbild sind
auf dem Wege zu Gott und zum Mitmenschen.

2. Kind: Lass uns selbst dort Hoffnung wecken,
wo einer verzweifelt ist.
Dort Freude bringen, wo einer verbittert ist.
Dort verbinden, wo Krieg und Streit das Leben zur Hölle machen.

3. Kind: Dann gefallen wir dir, Vater, und deinem Sohn Jesus Christus.
Heute – und morgen – und immer – und ewig.

Schlussgebet

Herr, unser Gott. Wir danken dir für diese Feier. Geh jetzt mit uns in unseren Alltag. Und lass uns nicht zu schade sein, zu helfen und zu dienen – wie dein Sohn es tat, der mit dir lebt und liebt in alle Ewigkeit.

4. Von einem Räuber, der tanzte
(Advent / Weihnachten)

Lieder
Zu Beginn – GL 115: Wir sagen euch an (entsprechende Strophe)
Nach dem Tagesgebet – Tr 495: Stern über Betlehem
    (im Advent nur die beiden ersten Strophen)
Zur Gabenbereitung – Tr 94: Alle Knospen springen auf
    Oder: GL 106: Kündet allen in der Not
Nach der Kommunion – Tr 500: Weg, den ein Stern erhellt
Zum Abschluss – GL 107: Macht hoch die Tür (= unser Herz auf)

Begrüßung
Wir legen das Zeichen über uns, das das Kind in der harten Krippe schon ein wenig zu spüren bekam: Im Namen des Vaters …

Hinführung
Heute hören wir von einem furchtbaren Räuber. Ein Räuber kann normalerweise mit Messern und Pistolen gut umgehen, aber der, von dem wir hören, der tanzt! Manchmal seid ihr ja auch eher wie ein Räuber – aber tanzen!? Was mag da geschehen sein?

Bußakt
L.:   Aber zunächst bitte ich, einmal darüber nachzudenken, ob wir nicht manchmal auch wie Räuber auftreten und für Angst sorgen. Drei Kinder helfen uns dabei:

1.   Manchmal gibt es Streit unter uns.
    Immer wieder machen wir die gleichen Fehler:
    Wir denken zu sehr an uns selber. Wir vertragen uns nicht.
    Wir setzen unter Druck und erpressen.

L.:   Herr, erbarme dich!

Alle: Herr, erbarme dich!

2.   Oft streiten wir uns wegen lächerlicher Kleinigkeiten.

Wir wollen immer Recht haben.
Wir zerstören Sachen, die uns nicht gehören.

L.:   Christus, erbarme dich!

Alle: Christus, erbarme dich!

3.   Manchmal legen wir andere herein
und sind dabei schadenfroh.
Wir schlagen drauf los in unserer Wut.

L.:   Herr, erbarme dich!

Alle: Herr, erbarme dich!

L.:   *Vergebungsbitte* ... und verzeih uns unsere Schuld!

Tagesgebet

Gott, du Quelle des Lichtes. Wir nähern uns in diesen Tagen immer mehr dem Licht, das bis heute in der Welt leuchtet. Wir bitten dich: Hilf uns, alles Finstere in und um uns hinter uns zu lassen, um mit Freude an die Krippe deines Sohnes zu treten. Das erbitten wir heute und alle Tage unseres Lebens.

Evangelium nach Lukas

Einmal sagte Jesus und er sagt es jetzt zu uns:

Der Geist des Herrn ruht auf mir. Er hat mich gesandt, damit ich den Armen eine gute Nachricht bringe; damit ich den Gefangenen die Entlassung verkünde und den Blinden das Augenlicht wiedergebe; damit ich die Zerschlagenen befreie und ein Jahr ausrufe, in dem alle, die Schulden haben, ihre Last abwerfen können. (nach Lk 4,18–19)

Predigt

Gerne hätte ich eben hinzugefügt: Er hat mich gesandt, die Räuber tanzen zu lehren! Als Räuber machst du ein finsteres Gesicht und jeder muss dich fürchten. Kann es sein, dass ein Räuber sich völlig verändert, sobald er an die Krippe tritt?

Wir hören dazu eine tolle Geschichte, und alle, die sich schon einmal wie ein Räuber fühlten oder als Räuber aufgetreten sind, dürfen besonders gut zuhören:

Gegen Abend nach der ersten Rast wollte Josef mit den Seinen wieder weiterziehen. Er nahm aber den Esel und ritt voraus hinter einen Hügel, um den Weg zu erkunden. »Es kann doch nicht mehr weit sein bis Ägypten«, dachte er.

Indessen blieb die Muttergottes mit dem Kinde auf dem Schoß allein unter der Staude sitzen, und da geschah es, dass ein gewisser Horrificus des Weges kam, weithin bekannt als der furchtbarste Räuber in der ganzen Wüste. Das Gras legte sich flach vor ihm auf den Boden, die Palmen zitterten und warfen ihm gleich ihre Datteln in den Hut und noch der stärkste Löwe zog den Schweif ein, wenn er die roten Hosen des Räubers von weitem sah. Sieben Dolche steckten in seinem Gürtel, jeder so scharf, dass er den Wind damit zerschneiden konnte; an seiner Linken baumelte ein Säbel, genannt der »krumme Tod«, und auf der Schulter trug er eine Keule, die war mit Skorpionschwänzen gespickt.

»Ha!«, schrie der Räuber und riss das Schwert aus der Scheide.

»Guten Abend«, sagte die Mutter Maria. »Sei nicht so laut, er schläft!«

Dem Fürchterlichen verschlug es den Atem bei dieser Anrede. Er holte aus und köpfte eine Distel mit dem krummen Tod. »Ich bin der Räuber Horrificus«, lispelte er, »ich habe tausend Menschen umgebracht …«

»Gott verzeihe dir!«, sagte Maria.

»Lass mich ausreden«, flüsterte der Räuber, »und kleine Kinder wie deines brate ich am Spieß!«

»Schlimm«, sagte Maria. »Aber noch schlimmer, dass du lügst!« Hierbei kicherte etwas im Gebüsch und der Räuber sprang in die Luft vor Entsetzen. Noch nie hatte jemand in seiner Nähe zu – lachen gewagt! Es kicherten aber nur die kleinen Engel; im ersten Schreck waren sie alle davongestoben und nun saßen sie wieder in den Zweigen.

»Fürchtet ihr mich etwa nicht?«, fragte der Räuber kleinlaut.

»Ach, Bruder Horrificus«, sagte Maria, »was bist du für ein lustiger Mann!« Das drang dem Räuber leicht ins Herz, denn, um die Wahrheit zu sagen, dieses Herz war weich wie Wachs. Als er noch in den Windeln lag, kamen schon die Leute gelaufen und entsetzten sich, »wehe uns«, sagten sie, »sieht er nicht wie ein Räuber aus?« Später kam niemand mehr, sondern jedermann lief davon und warf alles hinter sich, und Horrificus lebte gar nicht schlecht dabei, obwohl er kein Blut sehen und kaum ein Huhn am Spieß braten konnte. Darum tat es nun dem Fürchterlichen in der Seele wohl, dass er endlich jemand gefunden hatte, der ihn nicht fürchtete.

»Ich möchte deinem Knaben etwas schenken«, sagte der Räuber, »nur habe ich leider nichts als lauter gestohlenes Zeug in der Tasche. Aber wenn es dir gefällt, dann will ich vor ihm – tanzen!« Und es tanzte der Räuber Horrificus vor dem Kinde, und kein lebendes Wesen hatte je dergleichen gesehen. Den »krummen Tod« hob er über sich gleich der silbernen Sichel des Mondes; die Beine schwang er unterhalb mit der Anmut der Antilope und so geschwind, dass man sie nicht mehr zählen konnte. Er schleuderte alle sieben Dolche in die Luft und sprang durch den zerschnittenen Wind; gleich einer Feuerzunge wirbelte er wieder herab.

So gewaltig und kunstvoll tanzte der Räuber, so überaus prächtig war er anzusehen mit seinen Ohrringen und dem gestickten Gürtel und den Federn auf dem Hut, dass sogar die Jungfrau Maria ein wenig Glanz in die Augen bekam. Auch die Tiere der Wüste schlichen herbei, die königliche Uräusschlange und die Springmaus und der Schakal; alle stellten sich im Kreise auf und klopften mit ihren Schwänzen den Takt in den Sand. Schließlich sank der Räuber erschöpft zu Füßen Marias nieder und da schlief er auch gleich ein.

Josef war längst weitergezogen, als Horrificus endlich wieder aufwachte und benommen seines Weges ging. Alsbald merkte er auch, dass ihn niemand mehr fürchtete. »Er hat ja ein weiches Herz!«, erzählte die Springmaus überall. »Vor dem Kinde hat er getanzt«, zischte die Schlange.

Horrificus blieb in der Wüste; er legte seinen fürchterlichen Namen ab und wurde ein mächtiger Heiliger im Alter. Es soll verschwiegen bleiben, wie er im Kalender heißt. Wenn aber einer von Euch etwas zu verbergen hätte und nur sein Herz wäre weich geblieben, so mag er getrost sein. Gott wird ihm dereinst verzeihen um des Kindes willen, wie dem großen Räuber Horrificus.

Karl-Heinrich Waggerl
Aus: Ders., Und es begab sich, © Otto Müller Verlag, 51. Auflage, Salzburg 2004

Ich möchte Euch noch ein Geheimnis verraten: Ich habe erlebt, dass Jugendliche, die mit ihrer ausgeflippten Kleidung nach außen Angst und Schrecken verbreiten, dass man weglaufen möchte, innen oft ganz weich sind. Sie zeigen sich deshalb so fürchterlich, weil sie Eindruck schinden und andere verjagen wollen. Manche sind auch zu Hause so oft geschlagen und getreten worden, dass sie das jetzt einfach weitergeben.

Doch wie hieß es eben: Wenn aber einer von euch etwas zu verbergen hätte und nur sein Herz wäre weich geblieben, so mag er getrost sein: Gott wird ihm dereinst verzeihen um des Kindes willen, wie dem großen Räuber Horrificus.

Fürbitten
Wir wollen still werden und überlegen, ob wir hin und wieder auch wie ein Räuber waren: Warum? *(Stille)* Und jetzt sagen wir dem Kind in der Krippe, dass uns das leid tut und bitten um einen neuen Anfang – für uns und andere. *(Stille)*

Gabengebet
Gütiger Gott. Du hast deinen Sohn in unsere Welt gesandt, damit er alles Zerschlagene wieder zusammenfügt. Erfülle diese Gaben von Brot und Wein auf dem Altar, damit auch wir dabei helfen können – durch Christus, unseren Herrn.

Vaterunser – Friedensgruß

Vor der Kommunion

1. Spr.: Herr Jesus Christus!
Nun lädst du uns an deinen Tisch.
Du willst uns deinen heiligen Leib geben.

2. Spr.: Jetzt können wir eins werden mit dir
Aber zuerst müssen wir einander verzeihen.

3. Spr.: Darum bitten wir um Verzeihung alle,
denen wir nicht geholfen haben.

1. Spr.: Wir bitten um Verzeihung alle,
zu denen wir gemein und hässlich waren.

2. Spr.: Wir bitten um Verzeihung alle,
die wir traurig gemacht haben durch unsere Worte und Taten.

3. Spr.: Durch den heiligen Leib Jesu, den wir nun empfangen,
möge uns Gott all unsere Schuld vergeben.

Schlussgebet

Herr, unser Gott. In unserem Herzen ist jetzt wieder mehr Licht. Wir möchten ja eigentlich auch nicht, dass andere sich vor uns fürchten und vor uns weglaufen. Hilf uns, durch das Kind in der Krippe auch Zerschlagene aufzurichten und Arme zu trösten. Darum bitten wir durch Christus, unseren Herrn.

5. Das schönste Weihnachtsgeschenk

(4. Advent / Weihnachten)

Vorzubereiten:
Ein schön eingepacktes Geschenk, in dem in einem Seidentuch das Jesuskind aus der Krippe liegt.

Lieder
Zu Beginn – GL 115: Wir sagen euch
Nach dem Tagesgebet – Tr 94: Alle Knospen springen auf
Zur Gabenbereitung – Tr 495: Stern über Betlehem, Strophe 1 + 2)
Zum Abschluss – Tr 1078: Du bist der Licht der Welt

Begrüßung
Wir legen das Zeichen über uns, das auf Bildern manchmal im Stall zu Betlehem bereits zu sehen ist: Im Namen des Vaters …

Hinführung
Wir bekämen einen guten Überblick über all eure Weihnachtsgeschenke, wenn ihr jetzt hier am Mikrofon aufzählt, was ihr euch gewünscht habt (was ihr geschenkt bekommen habt). Ganz viele tolle Geschenke, die ausdrücken sollen: Weil wir durch das Kind in der Krippe so wunderbar beschenkt werden, möchten wir die Freude darüber in unseren Geschenken unter dem Weihnachtsbaum weitergeben. Ich sage das deshalb so deutlich, weil manche gar nicht mehr wissen, warum sie Weihnachten feiern und sich beschenken.

Zuerst aber wollen wir beten. Ich spreche die Sätze vor und ihr wiederholt:

Tagesgebet
Danke, guter Jesus, für dein Kommen. Du hast es nicht leicht gehabt:
In eine harte Krippe haben sie dich gelegt – in einem kalten Stall.
Später haben sie dich ans Kreuz gehängt.
Aber deine Liebe war stärker als alles.
Danke, Jesus, für dein Kommen. Komm auch in unser Herz. | Amen.

Evangelium nach Lukas
Einleitung: Wir hören noch einmal, was damals geschah:
Als Maria und Josef in Betlehem waren, gebar Maria ihren Sohn, wickelte ihn

in Windeln und legte ihn in eine Futterkrippe für Tiere, weil in der Herberge kein Platz für sie war.

Ein Engel Gottes sagte zu den Hirten auf dem freien Feld: Fürchtet euch nicht! Ich verkünde euch eine große Freude: Heute ist euch der Retter geboren. Er ist der Messias, der Gesalbte, der Herr. (nach Lk 2,6–11)

Predigt

(L. nimmt das schön eingepackte Geschenk) Nichts gegen all die tollen Geschenke, die ihr bekommen werdet (habt). Aber hier habe ich eins, da kommen eure Geschenke alle nicht mit! Dieses Geschenk hier ist einfach nicht zu überbieten!

(L. fragt die Kinder eventuell, was sie vermuten; dann packt er das Geschenk aus, schlägt langsam das Seidentuch zurück und zeigt das Christkind)
Schaut! Das kostbarste Geschenk zu Weihnachten: Gott wurde Mensch! Ausgeliefert an uns wie ein Baby. Und vor allem: Es breitet wie jedes kleine Kind die Arme aus, als wolle es sagen: Nimm mich in deine Arme. Ich brauche dich, um größer zu werden.

Später steht dieser Jesus da, breitet als Retter auch seine Arme aus und ruft: »Komm in meine Arme! Gott liebt dich! Auch wenn du alles falsch gemacht hast oder dir zu viel auf dich einbildest; auch wenn du alt oder krank bist! Immer sagt er: Komm in meine Arme!

Später hat er sich dann am Kreuz auf diese Haltung der Arme festnageln lassen, damit wir nie vergessen: Du bist von Gott geliebt. Du kannst dich immer von Jesus umarmen lassen.

Habe ich Recht?: All deine Geschenke, so toll sie auch sein mögen, verblassen gegenüber dem Geschenk, das die Mitte von Weihnachten ist.

Aktion

Jetzt kann das Jesuskind den Kindern reihum in den Arm gelegt werden: zum Umarmen, Küssen oder Danken.

Fürbitten

L.: Wir werden still und bitten den Herrn des Himmels und der Erde:

1. Hilf den Christen, die gute Nachricht von Weihnachten in alle Welt zu tragen. *(Stille)*

2. Umarme und tröste besonders die hungrigen und weinenden Kinder, die Kranken und die Sünder, damit sie wieder hoffen können. *(Stille)*

3. Bewege uns, mit denen die Freude über Weihnachten zu teilen, die an diesem Fest gar nicht mehr an das Kind in der Krippe denken. *(Stille)*

L.: Denn du willst alle Menschen retten, auch die suchenden und gleichgültigen – durch Christus, unseren Herrn.

Gabengebet

Guter Gott. Wir schenken dir die Gaben von Brot und Wein zurück, die Menschen im Schweiße ihres Angesichtes der Erde abgerungen haben. Segne sie, damit sie uns helfen, aus der Freude über das göttliche Kind viel froher zu leben. Das erbitten wir für heute und alle Tage unseres Lebens.

Vaterunser – Friedensgruß

Meditation nach der Kommunion

1. Spr.: Geboren ist das Kind zur Nacht
für dich und mich und alle.
Drum haben wir uns aufgemacht
nach Betlehem zum Stalle.

2. Spr.: Und frage nicht und rate nicht,
was du dem Kind sollst schenken.
Mach nur dein Herz ein wenig licht,
ein wenig gut dein Denken.

1. Spr.: Mach deinen Stolz ein wenig klein
und fröhlich mach dein Hoffen.
So trittst du mit den Hirten ein,
und sieh: die Tür steht offen.

2. Spr.: Bring deine Liebe, schenk dich ihm
und kniee mit den Frommen.
Bring deine Gaben, glaub an ihn,
Gott ist zu uns gekommen.

Schlussgebet

Ja, wir danken dir, Vater im Himmel, für das Wunder in der Krippe, das größte Geschenk, das auf dieser Welt möglich war. Lass uns die frohe Botschaft dieses Kindes in alle Welt tragen, der du lebst und liebst in alle Ewigkeit.

6. Vom Wein in den Krügen
(Familie)

Hinweis:

Zu diesem Gottesdienst werden die Eltern schriftlich eingeladen. Vielleicht kann er auch auf den späten Nachmittag gelegt werden.

Vorzubereiten:

Sechs kleinere Krüge (einer kann etwas größer sein) stehen vor oder auf dem Altar. Eine Kerze, die auf einen niedrigen Leuchter gestellt werden kann.

Lieder
Zu Beginn – GL 505: Du hast uns, Herr, gerufen
Vor dem Evangelium – Tr 171: Suchen und fragen
Zur Gabenbereitung – Tr 194: Brot, das die Hoffnung nährt
Zum Abschluss – GL 267: Nun danket all
     Oder – Tr 790: Wo Menschen sich vergessen

Begrüßung
Wir stellen uns unter den besonderen Schutz Gottes und beginnen: Im Namen des Vaters … Der Gott der Liebe sei mit euch!

Hinführung
Liebe Kinder! So hat die Liebe vieler Eltern hier vor dem Altar angefangen. Beide sprachen nacheinander: »Vor Gottes Angesicht nehme ich dich an als meine Frau, als meinen Mann. Ich verspreche dir die Treue in guten und bösen Tagen, in Gesundheit und Krankheit, bis der Tod uns scheidet. Ich will dich lieben, achten und ehren alle Tage meines Lebens. Trag diesen Ring als Zeichen unserer Liebe und Treue.« So wurde das Netz gespannt, in dem ihr, liebe Kinder, geborgen aufwachsen solltet.

Bußakt
Aber nach manchen Hochzeiten ist der Wein ausgegangen und nur das Wasser geblieben, das nach Enttäuschung schmeckt und sprachlos gemacht hat. Darum rufen wir: Herr, erbarme dich! …

    Vergebungsbitte … und hilf, dass aus Wasser wieder Wein wird.

Tagesgebet

Herr, unser Gott. Manchmal fällt das Miteinander schwer, zu Hause und in der Schule. Schenke uns viele Geduldsfäden und ein weites Herz, damit die Brücken zwischen Alt und Jung nicht zerstört werden. Darum bitten wir durch Christus, unseren Herrn.

Kurzgeschichte

Hinführung: In manchen Familien wird deshalb nur Wasser getrunken, weil in das Fass des Miteinanders auch nur Wasser hineingeschüttet wird. Wir hören dazu eine kurze Begebenheit:

Ein armes Brautpaar in Indien hatte zum Hochzeitsfest eingeladen. Auf den Einladungskärtchen stand, jeder solle doch bitte eine Flasche Reiswein mitbringen und am Eingang in ein großes Fass schütten. So sollten alle zum frohen Fest beitragen.

Als alle versammelt waren, schöpften die Serviererinnen aus dem Fass. Und als sie zum Wohl des jungen Brautpaares anstießen und tranken, da versteinerten sich alle Gesichter. Denn jeder hatte nur – Wasser im Glas.

Leider hatten alle dasselbe gedacht: Es merkt ja niemand, wenn ich statt Wein eine Flasche Wasser ins Fass gieße. – Und so konnte das schöne Fest nicht stattfinden.

Evangelium

Es gibt einen, der die Tränen der Enttäuschung und das Wasser des Alltagseinerleis in Wein verwandeln kann: Joh 2,1–11.

Ansprache

(Je jünger die Kinder, umso mehr kürzen!)

Warum, Kinder, stehen hier jetzt sechs und nicht acht oder zehn kleine Krüge? (… weil bei der Hochzeit von Kana *sechs* Krüge mit Wasser gefüllt wurden.)

Stellt euch vor: sie sind nun mit kostbarem Wein gefüllt! Ich möchte euch nämlich von den sechs Sorten Wein erzählen, die dem Zuhause eine Hoch-Zeit bescheren.

Der erste Krug meint den **Wein der Liebe.** Dass eure Eltern sich lieben, ist das Wichtigste! Darum ist dieser Krug auch etwas größer. Du bekommst das ja mit: Gehen Papa und Mama zärtlich und herzlich miteinander um? Geben sie sich schon mal einen Kuss?

Der zweite Krug ist gefüllt mit dem **Wein des Vertrauens.** Da kontrolliert der

Vater nicht Mutters Geldbörse, um zu sehen, ob sie auch richtig eingekauft hat. Da besitzt jeder von beiden den Hausschlüssel.

Im dritten Krug ist der *Wein der Bereitschaft, sich immer wieder zu versöhnen.* Wenn zu Hause immer nur geschrien wird, dann möchtest du laufen gehen und jugendliche Geschwister treibt es auf die Straße. Auch du kannst nicht immer in Gezänk und Streit leben. Darum ist die ausgestreckte Hand, um sich wieder zu versöhnen, das Wichtigste nach dem Krug der Liebe.

Der vierte Krug ist gefüllt mit dem *Wein, aufeinander Rücksicht zu nehmen,* zum Beispiel die Mutter nicht zum Packesel zu machen. Auch dass die anderen dich nicht immer kritisieren, wenn du für die Hausaufgaben etwas länger brauchst.

Der fünfte Krug meint den *Wein, sich gegenseitig Mut zu machen.*

Wer möchte nicht einmal ein Lob hören! Auch die Erwachsenen! Danke sagen ist auch enorm wichtig! Du musst Rückenwind spüren, um die Hürden nehmen zu können, die vor allem in der Schule vor dir aufgebaut werden.

Der sechste Krug ist gefüllt mit dem *Wein der Treue.* Du musst sicher sein, wenn du nach Hause kommst, dass Vater oder Mutter nicht laufen gegangen sind. Auch wenn du einen schlechten Tag hattest, tut es gut, abends noch einmal gedrückt zu werden. Die Eltern haben geschworen: »Bis der Tod uns scheidet!«, also es miteinander auszuhalten. Das kann auch manchmal ihre Kräfte übersteigen.

Was ich bisher gesagt habe, gilt auch für Leute, die von Gott und Jesus und seiner Kirche nichts halten. Denn für ein Miteinander sind (na, wer weiß noch, was in den Krügen war?) Liebe, Vertrauen, sich versöhnen, aufeinander Rücksicht nehmen, Mut machen und Treue in jedem Fall wichtig.

Aber ich stelle jetzt noch eine Kerze, die N.N. an der Altarkerze entzündet, zwischen die Krüge. Das Licht soll sagen: Wenn es schwer wird in der Familie, dann »kommt von irgendwo ein Lichtlein her«. So liest man das manchmal als Spruch an der Wand. Das Lichtlein meint die Hilfe vom Himmel, die Hilfe Gottes. Darum legt der Priester bei der Hochzeit in der Kirche um die Hände von Mann und Frau seine Stola, die geschmückt ist mit dem Zeichen Jesu. Jesus möchte, dass die Hände miteinander verbunden bleiben – in guten und bösen Tagen. Mit der Kerze zwischen den Krügen soll gesagt sein: Alle diese Weine bekommen noch mehr Geschmack und noch mehr Kraft, wenn Gott in der Mitte der Familie lebendig bleibt. Jesus ist so mächtig, dass er sogar die Tränen und Enttäuschungen der Eltern wieder in Wein, in einen neuen Anfang verwandeln kann.

Fürbitten

L.:   Lasst uns beten zum gütigen Gott und ihn bitten:

1.   Für alle Familien, dass sie in Liebe und Treue zueinander stehen.

2. Für ein gutes Miteinander zu Hause, in der Schule und auf der Straße.

3. Für alle: um die Bereitschaft, sich immer wieder zu versöhnen, wenn etwas schief gegangen ist.

4. Für uns selbst: Dass wir uns gegenseitig Mut machen und nicht herunterziehen.

L.: Denn du willst, dass unser Miteinander gelingt – auch wenn wir Fehler machen. Dafür danken wir dir durch Christus, unseren Herrn.

Gabengebet

Herr, unser Gott. In die Gaben von Brot und Wein legen wir auch unsere Enttäuschungen und unsere Zuversicht. Wenn du sie verwandelst, dann stärke durch sie in uns die Kräfte des Vertrauens, der Hoffnung und der Liebe. Darum bitten wir durch Christus, unseren Herrn.

Vaterunser – Friedensgruß

Meditation nach der Kommunion

1. Spr.: Herr, ein bisschen Liebe kann wie ein paar Tropfen Wasser sein:
Sie geben der Blume wieder Kraft, sich aufzurichten.

2. Spr.: Herr, manchmal sind die Krüge leer
oder nur mit Tränen gefüllt.
Ein bisschen Rücksicht und Treue
kann sie wieder in Wein verwandeln.

1. Spr.: Das Gemeine in der Welt darf nicht wuchern.
Die Güte kann den verlorenen Mut zurückschenken.

2. Spr.: Wenn wir doch Jesus als Dauergast zu Hause zuließen!
Dann könnten wir ein bisschen Himmel im Miteinander erfahren.

Schlussgebet

Barmherziger Gott, du hast uns alle mit deinem Wort und dem Brot des Himmels gestärkt. Erfülle besonders die Familien mit dem Geist deiner Liebe, damit sie ein Herz und eine Seele werden. Darum bitten wir durch Christus, unseren Herrn.

7. Freut euch im Herrn!
(Um Karneval)

Vorzubereiten:

1. *Ein Clown mit einer Laterne kennt seine Rolle.*

2. *Ein sogenanntes Umkehrbild (siehe Abbildung oben). Je nach dem, wie man es in der Hand hält, zeigt es ein frohes oder ein trauriges, griesgrämiges Gesicht. Für die Predigt wird es stark vergrößert. Für die TeilnehmerInnen kann es fotokopiert auf Bierdeckel geklebt und nach dem Gottesdienst mitgegeben werden. Vielleicht noch an den Rand schreiben: »Freut euch – im Herrn!«*

Lieder

Zu Beginn – GL 519: Komm her, freu dich mit uns, Strophe 1 + 2
Nach dem Tagesgebet – Tr 774: Die Erde ist schön
Zur Gabenbereitung – GL 277: Singet, danket unserm Gott, Strophe 1 – 3
Zum Abschluss – Tr 141: Laudato si

Begrüßung

Es ist in diesen Tagen auffallend: Jeder sucht die Freude, den Humor, das Vergnügen. Der eine verkleidet sich und macht dadurch andere froh; eine andere trägt durch eine lustige Unterhaltung zur Freude bei.

Jesus hat die echte Freude gern. Darum dürfen wir in diesem Gottesdienst auch besonders froh sein, lachen und vor allem ganz froh singen. Das wollen wir jetzt auch tun mit dem *Lied*:

»Froh zu sein bedarf es wenig, und wer froh ist, ist ein König!«
(Wenn möglich, als Kanon singen; sonst zweimal durchsingen.)

Kyrie

1. Wir freuen uns auf diese frohe Zeit.
   Gott hat frohe und lustige Menschen gern.

2. Glücklich ist, wer andere Menschen froh und glücklich macht.
   Es gibt viel Schönes in unserem Leben.
   Wir wollen es sehen und dafür danken.

3. Wir wollen frohe Menschen bleiben und auch andere froh machen.
   Manchmal vergessen wir das, weil wir nur an uns denken.
   Darum rufen wir zu Gott:

L.: Herr, erbarme dich! … und schenke uns ab und zu schon etwas »Himmel«!

Tagesgebet

Guter Gott. Du hast es gern, wenn wir Menschen uns freuen. Du selbst bist ein Gott der Freude und willst das Glück der Menschen. Hilf, dass wir dazu beitragen – durch Christus, unseren Herrn.

Gespräch mit dem Clown

Ein Clown (= C.) kommt mit einer Laterne von hinten durch die Kirche und sucht. L. am Ambo schüttelt mit den Kopf.

L.: Hallo, Sie, was suchen Sie denn hier in unserer Kirche?

C.: (Keine Antwort.)

L.: Hallo, Clown, ich meine Sie! Sagen Sie mal, was haben Sie denn hier verloren? Sie sind wohl falsch bei uns – oder?

C.: (nach einigem Zögern, bedächtig) Ach so, meinen Sie etwa mich?

L.: Endlich! Hat ja lange gedauert, bis Sie das gemerkt haben. Was suchen Sie eigentlich hier? Sie haben sich wohl vertan? Hier wird Gottesdienst gefeiert. Hier ist keine Karnevalssitzung. Mir scheint, Sie kommen gerade daher, oder?

C.: Wissen Sie, ich komme tatsächlich gerade hier vorbei und habe die Musik gehört. Das klang so froh, und da habe ich gedacht: Hier bist du richtig!

L.: Also habe ich doch richtig gedacht! Sie sind von gestern Abend übrig geblieben. Wissen Sie was? Gehen Sie schnell nach Hause und schlafen sich aus!

C.: (wird lebendig) Nein, ich bin gar nicht mehr müde. Ich bin topfit dabei! Ich glaube, ihr wisst gar nicht, was ich suche. Wirklich, ich bin gekommen, weil ich etwas suche.

L.: Suche? Deshalb vielleicht auch die Laterne? Oder was soll die in ihrer Hand?

C.: Ja, ich habe euch gesagt, dass ich etwas suche.

L.: Hier bei uns? Was kann man denn hier schon finden? Was können Sie hier schon suchen oder finden? Glauben Sie wirklich, dass Sie hier richtig sind?

C.: Doch, ich suche hier schon richtig. – Gestern Abend war ich auf einer Sitzung.

L.: Hab ich mir doch gleich gedacht!

C.: Da habe ich auch gesucht.

L.: Etwa auch das, was Sie hier suchen?

C.: Ja, genau.

L.: Also jetzt bin ich aber neugierig. Was Sie im Saal gesucht haben, soll auch hier zu finden sein?

C.: (sehr ernst) Im Saal gestern war viel los. Wir haben getanzt, gelacht, geschunkelt, gesungen. Aber – im Saal war nicht das, was ich mir gewünscht hätte. Und das suche ich jetzt hier! Wisst ihr: Ich suche die *echte* Freude! Und die habe ich bei aller Ausgelassenheit nicht gefunden. Ich habe mir aber sagen lassen, dass es hier in der Kirche eine echte Frohbotschaft geben soll, von der man leben kann. Deshalb suche ich hier die frohen Menschen, frohe Gesichter, frohe Herzen und so.

L.: Aha, deshalb die Laterne. Ein bisschen komisch finde ich das schon.

C.: Wieso komisch? Es gibt doch bei aller Freude so viel Dunkles und Trauriges auf der Welt. Braucht man da nicht ein gutes Licht, um frohe Menschen zu finden, die echte Freude ausstrahlen und diese auch weitergeben? Deshalb suche ich hier – ich möchte sie finden!

(C. geht langsam weiter und setzt sich möglichst unsichtbar irgendwo hin)

L.:   (nach einer kleinen Pause) Der Clown macht uns nachdenklich. Im Grunde hat er Recht. Wir Christen sollten Menschen sein, die echte Freude ausstrahlen. In der frohen Botschaft, die wir jetzt als Lesung hören, heißt es:

Lesung

Freut euch im Herrn zu jeder Zeit! Noch einmal sage ich: Freut euch! Eure Güte werde allen Menschen bekannt. Der Herr ist nahe. Sorgt euch um nichts, sondern bringt in jeder Lage betend und flehend eure Bitten mit Dank vor Gott. Und der Friede Gottes, der so groß ist, dass wir ihn nicht verstehen können, wird eure Herzen und eure Gedanken mit Christus Jesus verbinden. (nach Phil 4,4–7)

L.:   *(zum Clown, der wieder in den Altarraum kommt)* Das ist unsere Frohbotschaft. Haben Sie jetzt gefunden, was Sie suchen?

C.:   Ja, hier bin ich wohl richtig. Hier bleibe ich. Danke!

Gespräch mit dem Clown abgeändert nach einer Idee aus der Pfarrei St. Peter Waldhausen, Mönchengladbach

Ansprache

Ja, nachdenklich hat mich dieser Clown gemacht. Er sucht die echte Freude und meint, hier habe er sie gefunden. In der Tat: Wir Christen haben allen Grund, von Herzen frohe Menschen zu sein. Und diese Freude muss überspringen auf andere, dass auch sie spüren: Christen sorgen nicht nur für ihr eigenes Glück, sondern auch für das der andern.

(Jetzt nimmt L. das Umkehrbild und zeigt das fröhliche Gesicht) Das ist das Gesicht eines fröhlichen, zufriedenen Menschen. Irgendetwas oder irgendjemand hat ihn froh gemacht. So sollte es sein! Manchmal kommt es aber auch anders: Ich drehe das Bild herum und schon hat sich das lachende Gesicht in eins voll Gram und Kummer verwandelt. Durch was, durch wen?

Wie hieß es vorhin in der Lesung?: »Freut euch! Eure Güte werde allen Menschen bekannt.« Und was sagte der Clown?: »Wir brauchen Menschen, die echte Freude ausstrahlen und sie auch weitergeben.«

Wir selbst können uns mit Gottes Hilfe immer wieder entscheiden – für das Gute, Frohmachende. Nicht nur in diesen Fastnachtstagen!

Evangelium (eventuell)

Liebt einander, damit eure Freude vollkommen wird: Joh 15,9–12.

Fürbitten

L.: Unser Vater im Himmel möchte, dass wir frohe Menschen sind und einander froh machen. Wir sind auf seine Hilfe angewiesen und rufen deshalb voll Vertrauen, aber auch voll Freude zu ihm:

1. Schenke uns in diesen Karnevalstagen viel Freude, die andere mitreißt und froh macht.

2. Gib allen, die in diesen Tagen für Spaß und Humor sorgen, das rechte Gespür für die echte Freude.

3. Wir wollen auch für die Menschen bitten, die es verlernt haben, sich zu freuen. Nimm ihnen ihre Last oder schenke ihnen gute Menschen, die sie aufmuntern.

L.: Wer mit dir, guter Gott, lebt, hat immer Grund zur Freude. Diese Zuversicht möchten wir an allen Tagen unseres Lebens im Herzen tragen – durch Christus, unseren Herrn.

Gabengebet

Gott und Vater! Dankbar und mit frohem Herzen haben wir dir unsere Gaben gebracht. Nimm sie an und schenke sie uns zurück im heiligen Mahl als Leib und Blut deines Sohnes, der der wahre Grund unserer Freude ist. Amen.

Vaterunser – Friedensgruß

Nach der Kommunion
Der Clown tritt noch einmal ans Mikrofon und spricht:

Ihr großen und ihr kleinen Leute, Karneval ist hier und heute.
Ich bin der Clown, der Narr, der Jecke. Man sieht mich nun an jeder Ecke.
Die Freude soll ich allen bringen und lustig sein vor allen Dingen.
Drum wurd' der Mund schön groß gemacht. So sieht es aus, als ob er lacht.
Die Augen wurden kugelrund und passen ganz genau zum Mund.
Doch was nützt dem Clown sein Lachen, Scherzen,
wenn er nicht richtig froh von Herzen!?
Und richtig froh, das woll'n wir sein! Nicht heute nur – tagaus, tagein!
Wir wollen's täglich neu versuchen, hier einem helfen, dort einen besuchen.
Und wenn der froh ist und auch lacht, dann haben wir es recht gemacht.
Dann kehrt die Freude bei uns ein, das Lachen braucht nicht gemalt zu sein.

Es springt über, steckt an auf seine Weise und zieht immer größere Kreise.
Es wäre gut, kriegten wir das hin! Dann hätte Karneval auch seinen Sinn!

Marlies Küsters, St. Barbara

Schlussgebet
Guter Vater! Wir freuen uns auf die kommenden Tage des Karnevals. Wenn du mit uns gehst, finden wir die echte Freude, die nicht nur in diesen Tagen, sondern an allen Tagen unseres Lebens aufstrahlt. So gehe mit uns, guter Gott – durch Christus, unseren Herrn.

Weitgehend nach P. Ansgar Kratz und Sr. Margrit Boos
mit dem Interessenkreis Kinderliturgie

ASCHERMITTWOCH – FASTENZEIT – PASSION

8. Im Zeichen des Aschenkreuzes
(Aschermittwoch)

Vorzubereiten:
Ein Stück angefaultes Holz, aus einem gefällten Baum gebrochen, oder von einem Baum abgehackt;
ein Kreuz.

Lieder
Zu Beginn – GL 168: O Herr, nimm unsere Schuld
Zwischengesang – Tr 435: In Sorgen schau ich auf zu dir
Zur Gabenbereitung – GL 622: Hilf, Herr meines Lebens
Zum Abschluss – GL 165: Sag ja zu mir

Hinführung
Asche auf der Stirn! Ein schockierender Hinweis: Alles vergeht. Mitten in guten Tagen stolpern wir über ein Loch, manchmal so tief wie ein Grab. Wie schnell kann uns alles aus den Händen geschlagen werden! Alles wird zu Asche.

Aber wir bekommen ja nicht nur Asche auf die Stirn, sondern die Asche im Zeichen des Kreuzes. Das will sagen: Halte dich an einen, der stärker ist als Asche, der auch das Grab überwunden hat. Wenn du dich an Jesu Kreuz festhältst, bist du gehalten; die Asche braucht dich nicht mehr zu ängstigen. Wir empfangen also ein positives Zeichen! Das kleine Plus auf der Stirn zeigt an: Ostern steht am Ende der Aschenzeit, der Fastenzeit.

Wir legen dieses Zeichen jetzt über unseren ganzen Leib: Im Namen des Vaters …

Tagesgebet
Herr, unser Gott! Im Vertrauen auf dich beginnen wir die vierzig Tage, eine Chance zur Umkehr und zur Buße. Gib, dass wir uns bewusster am Kreuz festhalten, damit wir leichter nein zum Bösen sagen und entschiedener das Gute tun. Darum bitten wir durch Christus, unseren Herrn.

Lesung aus dem Buche Jona

Einleitung: Wer im Zeichen der Asche umkehrt, kann gerettet werden. –

Das Wort des Herrn erging zum zweiten Mal an Jona: Mach dich auf den Weg, und geh nach Ninive, in die große Stadt, und droh ihr all das an, was ich dir sagen werde.

Jona machte sich auf den Weg und ging nach Ninive, wie der Herr es ihm befohlen hatte. Ninive war eine große Stadt vor Gott; man brauchte drei Tage, um sie zu durchqueren. Jona begann, in die Stadt hineinzugehen; er ging einen Tag lang und rief: Noch vierzig Tage, und Ninive ist zerstört! Und die Leute von Ninive glaubten Gott. Sie riefen ein Fasten aus, und alle, groß und klein, zogen Bußgewänder an.

Als die Nachricht davon den König von Ninive erreichte, stand er von seinem Thron auf, legte seinen Königsmantel ab, hüllte sich in ein Bußgewand und setzte sich in die Asche. Er ließ in Ninive ausrufen: Befehl des Königs und seiner Großen: Alle Menschen und Tiere, Rinder, Schafe und Ziegen, sollen nichts essen, nicht weiden und kein Wasser trinken. Sie sollen sich in Bußgewänder hüllen, Menschen und Tiere. Sie sollen laut zu Gott rufen, und jeder soll umkehren und sich von seinen bösen Taten abwenden und von dem Unrecht, das an seinen Händen klebt. Wer weiß, vielleicht reut es Gott wieder, und er lässt ab von seinem glühenden Zorn, so dass wir nicht zugrunde gehen.

Und Gott sah ihr Verhalten; er sah, dass sie umkehrten und sich von ihren bösen Taten abwandten. Da reute Gott das Unheil, das er ihnen angedroht hatte, und er führte die Drohung nicht aus. (Jona 3)

Evangelium nach Matthäus

Einleitung: Das Innere ist wichtiger als das Äußere.

Einmal sagte Jesus, und er sagt es jetzt zu uns: Hütet euch davor, Gutes nur deshalb zu tun, um von den Menschen bewundert zu werden. Macht es nicht wie manche Heuchler in den Kirchen und auf den Straßen: Sie wollen nur von den Menschen gesehen werden. Ich sage euch: Sie haben ihren Lohn schon empfangen. Wenn du vielmehr jemandem hilfst oder Gutes tust, dann mach es so unauffällig, dass nicht einmal dein bester Freund etwas davon erfährt. Dein Vater im Himmel, der auch das Verborgene sieht, wird dich dafür belohnen. (Mt 6,1–4, kindgerecht formuliert)

Predigt

Von außen war der prächtige Baum noch völlig in Ordnung. Dann Alarmstufe eins durch einen guten Beobachter, und kurz drauf rückte ein Unternehmen an, das die Baumkrone von oben nach unten abtrug und anschließend den Stamm absägte

(Kosten: 4.000 €). Alle, die zuschauten, staunten *(L. zeigt das faule Holzstück)*: Innen war der Stamm völlig hohl und verfault; er wäre beim nächsten Sturm eine große Gefahr für die Anwohner gewesen.

Ein Mensch ist wie ein Baum. Auch im Menschen kann langsam etwas verfaulen oder ihn hohl werden lassen. Jesus sagte uns ja im Evangelium: Das Innere ist wichtiger als das Äußere! Ein Beispiel:

Im Mittelalter gab es ein grausames Spiel: Ein hungriger Bär wurde in einen Burghof geführt, wo über einem Feuer ein Kessel voll Honig siedete. Wie von einem Sog wurde der Bär davon angezogen und musste davon schlecken. Dabei verbrannte er sich aber seine Pfoten und die Schnauze, lief vor Schmerz laut aufheulend durch den Burghof, um dann doch wieder, regelrecht süchtig, einen neuen Versuch zu wagen. Die »vornehmen« Damen und Herren auf den Rängen und das Volk unten ergötzten sich an diesem Anblick: Der Bär brauchte den »Stoff« Honig und schrie auf unter den Folgen. Das grausame Spiel dauerte so lange, bis der Bär halbtot vor Schmerz und Begierde am Boden lag.

Wie vielen Menschen ergeht es wie dem Bär? In ihrer Sucht nach dem Äußeren, einem Genussmittel, nach Medikamenten, nach dem Fernsehen oder Spiel fügen sie ihrem Körper oder Geist immer wieder Giftstoffe zu, obwohl sie wissen, dass sie krank machen, ein Stückchen vergiften, ein wenig sterben lassen.

Menschlich gesehen hilft kaum etwas gegen die Sucht, die Bequemlichkeit, die Langeweile. Es müsste etwas Wichtiges her, das meine Sucht in den Hintergrund drängt. Jesus bietet uns in diesen vierzig Tagen der Fastenzeit sein Kreuz an: Halte dich in deinem Bemühen am Kreuz fest, folge mir nach, erstarke an meiner Seite, damit dir kein Lebenssturm etwas anhaben kann, damit dein Inneres gesund bleibt.

An anderen Bäumen kann ich sehen, was hilft: Der Baumdoktor kommt, kratzt alles Morsche und Faule aus den Bäumen und legt eine heilende Schicht über die Wunden, damit die Einflüsse von außen keine Angriffsfläche haben. Diese Bäume, obwohl uralt, stehen immer noch und trotzen nach wie vor den Stürmen.

Wer sich am Kreuz festhalten möchte *(L. nimmt und zeigt es)*, ist eingeladen, sich am gesunden Holz anzulehnen und das Aschenkreuz zu empfangen.

Segnung und Austeilung des Aschenkreuzes
Barmherziger Gott. Wir wissen, dass Asche und Staub auf uns warten, aber am Ende das Kreuz steht, das du uns barmherzig entgegenhältst. So segne (+) diese Asche und alle, die gekommen sind, mit dir an der Seite einen neuen Anfang zu wagen.

Bei der Austeilung darf der Spruch je nach Adressat wechseln:
(dazu Orgelmusik)
- Bekehre dich und glaube an das Evangelium.
- Denk daran, du bist Staub, aber Jesus wird dich auferwecken.
- Kehr um, und glaube an die gute Nachricht: Jesus ist der Herr!
- Du bist Staub, aber das Kreuz ist stärker.
- Gott liebt dich – antworte darauf!
- Gottes Liebe sucht dich, lass dich finden, damit du lebst.
- Am Ende der »Aschenzeit« steht die Auferstehung. – *Oder ähnlich ...*

Fürbitten
L.: Gott, du erbarmst dich aller, die dich in Reue und Buße suchen. Erhöre unsere Bitten:

1. Erneuere die Menschen in diesen Tagen der Fastenzeit und bereite sie für die Feier der Auferstehung deines Sohnes.

2. Öffne die Herzen der vom Wege Abgeirrten und hilf ihnen, umzukehren.

3. Gib uns neuen Eifer im Gebet und in den Werken der Nächstenliebe.

4. Gib uns allen die Bereitschaft, uns mit dir und den Menschen zu versöhnen.

L.: Das erbitten wir durch den, der alle Menschen in sein Reich führen will, durch Christus, unseren Herrn.

Gabengebet
Herr, unser Gott, mit diesen Gaben von Brot und Wein stärke unsere guten Kräfte, damit wir die Verstrickungen an das Böse leichter abstreifen können. Darum bitten wir durch Christus, unseren Herrn.

Vaterunser
Einleitung: Wir beten gemeinsam zu dem, der uns hier zusammengeführt hat: Vater unser ...

Friedensgruß
Einleitung: Sich mit Gott versöhnen heißt zugleich, den Menschen neben dir mehr ins Blickfeld nehmen. So gebt einander ein Zeichen des Miteinanders und des Friedens.

Meditation nach der Kommunion

1. Spr.: Wenn du dir Asche auf deine Stirn streuen lässt, denk daran:
Keine Schminke kann vertuschen,
dass du ein Mensch bist und einmal verblühst.

2. Spr.: Wenn du dir Asche auf deine Stirn streuen lässt, denk daran:
Keine Maske kann hinwegtäuschen über das, was du innen bist;
was du gemacht hast aus deinen Chancen und Talenten;
verspielt hast an Möglichkeiten;
gewonnen hast beim Überspringen der Hürden.

1. Spr.: Wenn du dir Asche auf deine Stirn streuen lässt, denk daran:
Keine Fastnacht kann vergessen machen,
dass dein Leben auch den Ernst kennen muss;
dass dein Bemühen ehrlich und deine Worte wahrhaftig sein sollen.

2. Spr.: Wenn du dir Asche auf deine Stirn streuen lässt, denk daran:
Es geschieht mit dem Zeichen des Kreuzes.
Was unter diesem Zeichen aus uns wird im Leben und Sterben,
das ist das entscheidend Wichtige.
Denn in diesem Zeichen sind wir erlöst!

Quelle unbekannt

Schlussgebet

Hilf uns, umzukehren, Herr, unser Gott, gestärkt durch diese Feier, damit wir den bösen Neigungen Taten der Buße und Liebe entgegenstellen und so in diesen Tagen Heilung finden. Darum bitten wir durch Christus, unseren Herrn.

9. Der Vogel mit den zwei Köpfen

(Fastenzeit)

Hinweis:
Der abgebildete Vogel ist auf dem philippinischen Hungertuch zu sehen,
das MISEREOR zur Fastenzeit 2000 anbot.

Vorzubereiten:
Der Vogel ist vergrößert auf Pappe geklebt.

Lieder
Zu Beginn – Tr 432: O Herr, wir rufen alle zu dir
Vor dem Evangelium – Tr 685 A: Wie viele Straßen auf dieser Welt
Zur Gabenbereitung – Tr 193: Wenn das Brot, das wir teilen
Zum Abschluss – Tr 284: Gib uns Frieden jeden Tag

Begrüßung
Wir legen das Zeichen über uns, das uns Heil und Segen gebracht hat: Im Namen
des Vaters … Gott, der alle Menschen glücklich sehen will, sei mit euch!

Hinführung

Immer noch ist die Erde reich genug, alle Menschen und Tiere satt und glücklich zu machen. Aber überall weinen vor allem Kinder.

Drei Kinder helfen uns, nachzudenken.

Bußakt

1. So viele Menschen hungern nach Brot und einem guten Wort.
   So viele weinen auch mitten im Wohlstand.

L.: Herr, erbarme dich!

Alle: Herr, erbarme dich!

2. So viele Menschen sind auf der Flucht.
   So viele Schüsse fallen Tag für Tag.

L.: Christus, erbarme dich!

Alle: Christus, erbarme dich!

3. So viele Menschen können nicht mehr an einen guten Gott glauben.
   So viele tanzen um die Götter, die sie sich selbst aufgeblasen haben.

L.: Herr, erbarme dich!

Alle: Herr, erbarme dich!

L.: *Vergebungsbitte:* … und schenke uns neuen Mut, zu einer besseren Welt bei-zutragen.

Tagesgebet

Guter Gott. Am Leibe sind die einzelnen Glieder ganz füreinander da. Wir bitten dich, lass uns spüren, wenn Menschen gleich neben uns leiden; sie sind doch unsere Schwestern und Brüder! Das erbitten wir durch den, der uns Bruder und Freund wurde und auch geteilt hat, wo er konnte: Er, der mit dir lebt und liebt in alle Ewigkeit.

Evangelium nach Lukas

In jener Zeit schlug Jesus in der Synagoge seiner Heimatstadt Nazaret die Bibel auf und las: Der Geist des Herrn ruht auf mir. Er hat mich gesandt, damit ich den Armen eine gute Nachricht bringe und die Zerschlagenen heile. (nach Lk 4,16.18)

Predigt

So wie Jesus heilte und half, so sind wir als seine Schüler und Jünger auch dazu berufen. Aber manchmal geht es uns wie diesem Vogel **(L. zeigt die Grafik)** Kennt ihr diesen Sagenvogel mit zwei Köpfen? … Dann will ich euch seine Geschichte erzählen, die den Kindern in Indonesien so bekannt ist wie euch das Märchen von Hänsel und Gretel.

Eines Tages schlüpfte aus einem großen Ei ein Vogel. »Sonderbar«, sagte die Mutter, »unser kleiner Vogel hat zwei Köpfe.« »Sonderbar«, sagte auch der Vater, »so soll er heißen.«

»Sonderbar« brachte andere zum Staunen. Wo andere Vögel nur eine Portion fraßen, da verdrückte »Sonderbar« mit jedem Kopf eine. Und wenn jemand den einen Kopf ärgern wollte, passte der andere auf und zwackte den Angreifer. »Sonderbar« war niemals einsam. Immer hatte er jemanden zum Erzählen und zum Spielen.

Im Sommer gab es eine große Dürre. Die Menschen hatten kaum etwas zu essen und auch die Vögel fanden nicht genug Würmer oder Körner zum Leben. Auch »Sonderbar« ging es schlecht: Wollte der obere Kopf nach rechts, um Würmer zu suchen, strebte der untere nach links. Doch der obere Kopf war stärker. Er schnappte dem unteren die guten Würmer weg. Der untere Kopf musste sich mit halb vertrockneter oder verfaulter Nahrung begnügen.

»Bitte, lass mir doch auch etwas zum Leben«, bettelte er, aber ohne Erfolg. In seiner Verzweiflung aß der untere Kopf giftige Pilze. Jetzt erst merkte der obere Kopf, dass auch er schwach und krank wurde. Doch es war zu spät – der ganze Vogel starb.

Nach einer buddhistischen Legende

Wenn wir in der großen Menschheitsfamilie auf dieser Welt nicht aufpassen, erleiden wir das gleiche Schicksal: Der obere Kopf des Vogels sind wir, die den Armen in der Welt fast alles wegschnappen. Wir können aber nur *gemeinsam* überleben. Wenn der untere Kopf schwach und krank wird, nach »giftiger« Nahrung greift wie Bomben und Terror, um endlich auch leben zu können, dann sterben wir alle.

(Jetzt kann eine kleine *Aktion* geplant oder angesprochen werden, zum Beispiel das Opferkästchen für Misereor oder eine Aktion für »Brot für die Welt«.)

Fürbitten

L.: Barmherziger Gott. Du bist zornig, wenn du siehst, wie ungerecht die Reichtümer der Erde verteilt werden. Wir rufen dich an:

1. Hilf den Mächtigen auf der Erde, die Ernten gerechter aufzuteilen.

2. Lass uns reiche Kinder mehr mit den armen und kranken teilen.

3. Bewege unsere Herzen, Lebensmittel, die wir nicht mehr mögen, nicht einfach wegzuwerfen.

L.: Denn es schreit zum Himmel, wenn wir deine Geschenke mit Füßen treten; der du willst, dass alle Menschen satt werden. Das erbitten wir durch Christus, unseren Herrn.

Gabengebet

Danke, Herr und Gott, für alles, was du schenkst, auch die Gaben von Brot und Wein auf dem Altar. Erfülle sie mit deiner Liebe und Güte durch Christus, unseren Herrn.

Vaterunser – Friedensgruß

Meditation nach der Kommunion

1. Spr.: Du, Jesus im Brot: Ich brauche dich.
Du Ohr, das jeden Hilferuf hört.
Du Hand, die die Schwachen stützen will.
Du Arzt, der unsere Wunden heilen möchte.

2. Spr.: Du Freund, der uns auf dem richtigen Weg begleiten will.
Du Brücke zum Ufer derer, die hungern und leiden.
Wir danken dir für deine Liebe.

3. Spr.: Bewahre uns davor, die anderen zu vergessen;
unsere Ohren ihren Hilferufen zu verschließen
und zuzusehen, wie sie langsam immer schwächer werden.

Schlussgebet

… Denn dann sterben auch wir langsam. Guter Gott, so rüttle uns auf aus unserem satten Leben – heute und alle Tage durch Christus, unseren Herrn.

10. Vom Jesus- zum Judasgesicht

(Fastenzeit)

Lieder
Zu Beginn – Tr 432: O Herr, wir rufen alle zu dir
Vor dem Evangelium – Tr 198, Refrain: Nimm uns immer
Zur Gabenbereitung – Tr 196: Wenn jeder teilt (statt »gibt«), was er hat
Zum Abschluss – Tr 413: Guter Gott, danke schön!
    Oder: GL 267: Nun danket all

Begrüßung
Wir beginnen im Namen des dreifaltigen Gottes: Im Namen des Vaters …
    Der Gott der Liebe sei mit Euch!

Hinführung
L.:   Wir schauen zunächst auf Jesus, der unser bester Freund sein möchte.
        Zwei Kinder haben darüber nachgedacht.

1. Kind: Herr Jesus, du bist immer bei mir.
        Mein Name ist dir bekannt.
        Wenn ich traurig bin, kannst du mich froh machen.
        Auch wenn ich böse war, behältst du mich doch lieb.

2. Kind: Ich darf mit all den anderen dein Wort hören.
        Du zeigst mir den guten Weg.
        Du hilfst mir, mich nicht zu verirren.

1. Kind: Auch wenn es einmal ganz schlimm um mich steht,
        wenn ich ganz allein bin und Angst habe,
        wenn mich keiner mehr begleiten kann,
        dann bleibst du bei mir.
        Du bist an meiner Seite, um die Angst zu vertreiben.

2. Kind: Du bist mein bester Freund. Du hilfst mir,
        wenn andere es böse mit mir meinen.
        Solange ich lebe, bist du bei mir.
        Lass mich auch immer bei dir bleiben.

Verändert nach Friedemann Steiger, Variation über Psalm 23

Bußakt

Weil wir Jesus, der unser bester Freund sein will, manchmal den Rücken zukehren oder ihn wie Luft behandeln, rufen wir:

Herr, erbarme dich! … und schenke uns einen neuen Anfang.

Tagesgebet

Jesus, du hängst am Kreuz und hältst uns die Arme entgegen, als wolltest du sagen: Komm, in meine Arme! Du hast dich sogar auf diese Einladung festnageln lassen. Ich danke dir dafür, auch wenn ich schon mal gedankenlos weitergehe. Ich bitte dich: Geh mit mir, heute und alle Tage meines Lebens.

Evangelium nach Lukas

Einleitung: Würdest Du es fertig bringen, einen Freund zu verraten? –

Jesus hatte sich zwölf Jünger ausgesucht, die seine Freunde wurden. Tag und Nacht waren sie bei ihm. Sie vertrauten ihm und er vertraute ihnen.

Dann kam die Nacht am Ölberg. Jesus betete. Und weil er ahnte, wie schrecklich alles werden würde, schwitzte er vor lauter Angst Blut.

Da kam sein Freund Judas in diesen Garten – mit Soldaten, die Schwerter, Stricke und Fesseln mitgebracht hatten. Judas ging ganz nahe an Jesus heran, um ihn – zu küssen. »Was«, sagte Jesus entsetzt, »du willst mich mit einem Kuss verraten?« Judas hatte nämlich zu den Soldaten gesagt: »Den ich küssen werde, der ist es, den nehmt gefangen!« Und Judas küsste Jesus. Da nahmen ihn die Soldaten gefangen. (nach Lk 22,47 f.)

Predigt

Könntest du wie Judas sein? – Wenn ich eure netten Gesichter vor mir sehe, verstehe ich, dass ihr den Kopf schüttelt oder entsetzt seid. Aber wenn ihr älter werdet?

Menschen, die rauben, zusammenschlagen und töten, hatten die im Kindergarten nicht auch alle liebe Gesichter? Was ist da passiert? Und sei ehrlich! Hast du nicht schon gelogen, zerrissen, ins Gesicht geschlagen, gestohlen? Dabei war dein Gesicht nicht lieb, eher verzerrt, verbockt, hart, uneinsichtig, böse.

Du und ich, wir müssen also aufpassen, dass aus einem freundlichen Gesicht kein verräterisches wird! Dazu möchte ich euch eine Geschichte erzählen:

Leonardo da Vinci († 1515), ein großartiger berühmter Künstler, bekam den Auftrag, in Mailand auf die große Wand im Speiseraum eines Klosters ein Bild vom Abendmahl zu malen, also mit allen zwölf Jüngern und Jesus in der Mitte. Wie das Künstler meistens machen, suchen sie sich dafür Menschen in der Stadt, die sich stundenlang ruhig hinsetzen müssen, damit dann ihr Gesicht genau abgemalt werden konnte.

Leonardo fand auch einen jungen Mann, der für das Gesicht Jesu genau den richtigen Ausdruck hatte; dieser stand auch Modell. Danach skizzierte Leonardo ein Jahr lang die Apostelgesichter. Schließlich fehlte nur noch das Gesicht des Judas. Es musste eines sein, aus dem Verrat, Verlogenheit und Häme sprachen. Überall war er auf der Suche; in den schmutzigsten Kneipen, am Hafen, in Ganovenkreisen, aber er fand nicht das geeignete.

Erst nach einigen Jahren entdeckte er das Modell: ein verschlagenes, kaputtes, von Drogen entstelltes Gesicht. Als er dieses Judas-Gesicht malte, wunderte er sich: Auf einmal liefen dem Mann Tränen über seine Wangen. Und als Leonardo auf ihn zuging und ihn nach dem Grund fragte, erkannte er es selbst: Er hatte den Mann vor sich, der einmal für das Gesicht Jesu da gesessen hatte.

Vom Jesus- zum Judasgesicht. Das muss kein weiter Weg sein, wenn du nicht aufpasst. Darum kommen wir auch manchmal hierhin an den heiligen Ort oder überlegen abends, wenn wir den Tag durchgehen und bitten: Jesus, hilf mir, wie du zu werden und nicht wie ein Judas.

Fürbitten

L.:　Wir rufen zu Gott, der längere Arme hat als wir:

1.　Herr, es gibt so viel Kälte in der Welt.
　　Es gibt so viele Familien und Gruppen,
　　in denen Liebe selten spürbar ist.

2.　Herr, es gibt so viel Not in der Welt.
　　Es gibt so viele Länder,
　　in denen Hunger und Krankheit zum Himmel schreien.

3.　Herr, es gibt so viel Brutales in der Welt.
　　Es gibt so viele Menschen, die zuschlagen
　　oder gleichgültig geworden sind oder nicht teilen können.

L.:　Wir möchten Freunde von Jesus bleiben. Darum bitten wir durch Christus, unseren Herrn.

Gabengebet

Gott, du Quell des Erbarmens. Wir legen die Gaben von Brot und Wein auf den Altar. Sie mögen uns helfen, alles Böse und Gemeine an uns abprallen zu lassen.

Damit wir in die Fußstapfen unseres Freundes Jesus Christus treten können, der mit dir lebt und liebt in alle Ewigkeit.

Vaterunser – Friedensgruß

Meditation nach der Kommunion

1. Spr.: Ich möchte einen Freund,
    der mit mir singt und lacht.
    Der mit mir schweigt und weint.
    Der mich in meiner Angst umarmt.

2. Spr.: Ich möchte einen Freund,
    der mich beschützt vor jedem Feind.
    Der ganz Neues mit mir wagt.
    Der mir in der Dunkelheit »wir zusammen« sagt.

1. Spr.: Ich möchte einen Freund,
    der mit dem Wind um die Wette rennt;
    der mit mir unter freiem Himmel schläft;
    der meine Hand ergreift und nicht loslässt.

2. Spr.: Ich möchte einen Freund,
    dem ich alles beichten kann;
    dem ich Geheimnisse anvertrauen kann.
    Der mir sagt, was gut ist und was böse.

Nach Johannes Thiele

Schlussgebet

Wir wünschen jedem und jeder so einen Freund oder eine Freundin und bitten dich, Jesus: Sei auch du unser Freund und bewahre uns davor, dich zu verraten – heute und alle Tage unseres Lebens.

11. Liebe ist stärker: Von der Vergebung

Hinweis:

Auf die Idee zu diesem Gottesdienst brachte mich der Welt-Bestseller von Sabine Kuegler »Dschungelkind«, Droemer Verlag, erweiterte Neuausgabe 2005, S. 219–226; auch als Taschenbuch erhältlich bei Knaur 2006, hier auch S. 219–226.

Lieder

Zu Beginn – Tr 290: Unfriede herrscht auf der Erde (Noten siehe Seite 110)
Vor dem Evangelium – GL 520: Liebster Jesu
Zur Gabenbereitung – GL 490: Was uns die Erde Gutes spendet
Nach der Kommunion – Tr 790: Wo Menschen sich vergessen
Zum Abschluss – Tr 284: Gib uns Frieden jeden Tag

Eröffnung

Wenn wir das Kreuz etwas seitlich drehen, wird daraus ein X. Ein X machen wir, wenn wir etwas durchstreichen bzw. ungültig machen. Über das Durchkreuzen der Schuld eines anderen möchten wir heute nachdenken. Darum legen wir das Kreuz jetzt bewusst über uns: Im Namen des Vaters ... Die Liebe Gottes sei mit euch!

Hinführung

Immer wenn wir wütend sind oder hassen, gießen wir unsichtbare Giftstoffe in unseren Körper. Wenn wir aber verzeihen oder gut zueinander sind, stärken wir – so nennt man das heutzutage – stärken wir unser Immunsystem, werden also innerlich positiv. Ja, wir kommen sogar Gott nahe, der für uns ein verzeihender Gott sein will.

Bußakt

Weil uns das manchmal nicht gelingt, weil wir oft Stunden und Tage brauchen, zum Positiven »ja« zu sagen, rufen wir: Herr, erbarme dich! ...
Vergebungsbitte ... und hilf uns, auch uns selbst unsere Fehler zu verzeihen.

Tagesgebet

Guter Gott. Dein Sohn hat gesagt, du hast ein Herz für alle Menschen, du bist barm-**herz**-ig. Lass uns immer wieder darüber nachsinnen, was dein Sohn zu uns gesprochen hat, damit wir auch barmherzig sein können, gerade wenn uns der Wind ins Gesicht bläst. Darum bitten wir durch Christus, unseren Herrn.

Evangelium nach Matthäus
Einleitung: Die Rache Gott überlassen.

Einmal sagte Jesus und er sagt es jetzt zu uns: Ihr habt gehört, dass gesagt worden ist: Auge um Auge, Zahn für Zahn. Ich aber sage euch: Leistet dem, der euch etwas Böses antut, keinen Widerstand! Wenn dich einer vor Gericht bringen will, um dir das Hemd wegzunehmen, dann lass ihm auch den Mantel. Und wenn dich einer zwingen will, eine Meile mit ihm zu gehen, dann geh zwei mit ihm. (Mt 5,38–41; der Vers 39b wurde weggelassen, weil er in der öffentlichen Diskussion ›vorbelastet‹ ist)

Predigt
Stell dir vor, du kommst gerade ins Schulalter und deine Eltern, die Sprachforscher und Missionare sind, ziehen mit dir in den Dschungel! Ja, den Dschungel gibt es heute noch! Es gibt den Weltbestseller »Dschungelkind«, der die Erlebnisse im Urwald von West-Papua schildert. West-Papua liegt im heutigen Indonesien, nördlich von Australien. Da leben im tiefen Dschungel noch wilde Völker, die nach dem Prinzip der Blutrache oft auf Kriegsfuß stehen und sogar das Fleisch des besiegten Feindes aufessen, um dessen Kräfte zusätzlich zu erhalten.

In diesem Buch wird folgende Begebenheit erzählt: Der halbwüchsige Sohn des brutalsten Häuptlings der Umgebung hat sich zum Haus des Missionars geschlichen, um ein Stück Fleisch vom Schwanz eines Krokodils – ein Leckerbissen – vom Holzgestell über den Flammen zu stehlen. Stehlen ist eine der größten Sünden im Urwald, weil die Ureinwohner nur durch eine gute Gemeinschaft überleben und sich wehren können. Doch die weiße Frau hat es gesehen und ruft laut und erschrocken: »Hey!« Der Junge dreht sich geschockt um, wirft das Fleisch wieder auf das Holzgestell und rennt in den Urwald zurück.

In kürzester Zeit wussten alle, dass da jemand die weißen Mitbewohner bestehlen wollte. Und dann noch der Sohn des Häuptlings, der bisher niemals Gnade und Vergebung gezeigt hat! Man hört die empörten und schmerzvollen Schreie des Häuptlings von weither, nachdem er erfahren hat, was sein Sohn getan hat. Nach den Bräuchen der Ureinwohner ist jetzt der Bestohlene berechtigt, die Tat zu rächen und die Strafe zu bestimmen. Der Häuptling bangt um seinen Sohn und sieht ihn schon als verloren an!

Die Familie des Missionars – sie hatten drei Kinder – überlegt, was am besten zu tun sei. Da sagt die Frau: »Du weißt, was in der Bibel steht: ›Wenn dir jemand etwas wegnimmt, dann gib ihm noch etwas dazu.‹ (Wir haben es eben im Evangelium gehört!) Also nimm ein schönes Stück Krokodilfleisch, bring es dem Häuptlingssohn und sag ihm, dass wir nicht böse auf ihn sind!«

Alle nicken und finden die Idee gut. Und so geht der Sprachforscher und Missionar mit seiner kleinen Tochter, die später alles aufgeschrieben hat, den schmalen Urwaldpfad entlang bis zur Hütte des Häuptlings. Die ganze Familie sieht unruhig auf; der mächtige Häuptling schaut dabei unendlich traurig aus. Der weiße Mann fragt nach dem Sohn, der sich im Dschungel versteckt hat; er will ihn sprechen! Als dieser langsam, zitternd und in wahnsinniger Angst aus dem Urwald tritt, geht er auf ihn zu und macht, was keiner erwartet: Er nimmt den Halbwüchsigen in den Arm, sagt ihm, dass er nicht böse ist und schenkt ihm ein großes Stück Fleisch. Die ganze Familie des Häuptlings starrt den Mann verständnislos an. Keiner weiß, was er sagen oder tun soll. Der Sohn nimmt das Fleisch und läuft wieder in den Urwald.

In diesem Augenblick geschieht etwas Ungeheures im Herzen des Häuptlings: Dieser gefürchtete Krieger, der noch niemals Erbarmen gezeigt und schon Menschen mit dem Pfeil getötet hat, kommt zum Nachdenken. Was der weiße Mann gemacht hat, ist ihm unbegreiflich. Er sagt kein Wort, hat aber Tränen in den Augen. Diese kleine Geste des Missionars bewirkt, dass eine Kehrtwende eintritt. Es ist der erste Schritt weg von Hass, Vergeltung und Blutrache hin zu einem Weg, an dessen Ende der Friede steht, den eigentlich alle ersehnen.

So weit die Begebenheit aus dem Dschungel. Ich weiß nicht, ob du auch so gehandelt hättest oder ich zu einer solchen Tat fähig wäre. Jesus hat uns diesen Weg gewiesen. Sicher ist, dass das mehr Mut erfordert, als einfach zurückzuschlagen oder Rache zu genießen. Aber wenn wir die Kraft für diese Kehrtwende haben, spüren wir im Herzen, dass dieser Weg der richtige ist.

Fürbitten

L.: Wir rufen zum barmherzigen Gott und bitten ihn:

1. Schenke den Völkern, die sich in Krieg und Terror gegenseitig umbringen, die Gnade, umzukehren und einander zu vergeben.

2. Bewege uns, auch in den eigenen Reihen die Liebe stärker werden zu lassen als den Hass.

3. Ändere die Herzen derer, die wütend und nachtragend sind und deshalb krank oder verbittert leben.

4. Gib uns Mut, wenn uns Böses widerfährt, den Weg der Güte zu wagen und zu vergeben.

L.: Denn du willst, dass unser Miteinander gelingt. Darum bitten wir durch Christus, unseren Herrn.

Gabengebet

Herr, unser Gott! Schenke uns in diesen Gaben von Brot und Wein deine himmlischen Geschenke, die uns bewegen, auch in uns die Liebe stärker werden zu lassen als Hass und Vergeltung. Darum bitten wir durch Christus, unseren Herrn.

Vaterunser

Hinführung: Vergib uns – wie auch wir denen vergeben, die an uns schuldig geworden sind. – Vater unser …

Friedensgruß

Hinführung: Im Innersten fühlt jeder, dass unserem Herzen Frieden und Freude gut tun. Eine Familie oder Gemeinschaft im Frieden ist das Schönste mit auf Erden. Darum wünschen wir einander den Frieden: Der Friede des Herrn sei allezeit mit euch!

Meditation nach der Kommunion

1. Spr.: Verzeihen kann unheimlich schwer fallen:
      wenn die Nachbarin ihren Hund mehr liebt als ihr Kind;
      wenn ein Autofahrer gefährlich, riskant und frech überholt.

2. Spr.: Verzeihen kann unendlich schwer fallen:
      wenn sich immer dieselben beim Einkauf vordrängen;
      wenn Ältere an den Jüngeren kein gutes Haar lassen.

1. Spr.: Herr, wer aber nicht verzeiht:
      dessen Herz wird langsam hart wie Stein;
      der klopft sich selbst immer mehr auf die Schulter;
      dessen Gesicht strahlt nichts mehr aus.

2. Spr.: So hilf mir, Herr, die zu engen Ringe um mein Herz zu sprengen;
      Worte zu sprechen, die wie Sonnenstrahlen wirken;
      deine verzeihende Hand anzunehmen
      und einen Finger davon weiterzugeben.

Schlussgebet

Barmherziger Gott. Wir haben die Worte deines Sohnes gehört und sein lebendiges Brot empfangen. Lass uns aus diesen Geschenken des Himmels zum Frieden in der Welt beitragen. Das erbitten wir durch den, der mit dir lebt und liebt in alle Ewigkeit.

12. Sich nicht alles gefallen lassen. Jesus und die Händler im Tempel

(Dritter Fastensonntag Lesejahr B)

Lieder
Zu Beginn – Tr 115: Meine engen Grenzen
Vor dem Evangelium – Tr 296: Wenn einer zu reden beginnt
Zur Gabenbereitung – Tr 194: Brot, das die Hoffnung nährt
Zum Abschluss – Tr 284: Gib uns Frieden jeden Tag

Begrüßung
Wir stellen uns bewusst in das Kraftfeld Gottes und beginnen: Im Namen des Vaters … Der Herr sei mit euch!

Hinführung
Ein Kind beklagte sich bei einem Vorübergehenden darüber, dass ihm ein Junge einen seiner zwei Euros aus der Hand gerissen habe und davongelaufen sei. Da fragte der Fremde: »Hast du denn nicht um Hilfe gerufen?« »Doch«, sagte das Kind, »aber ich habe wohl nicht laut genug gerufen.« »Kannst du denn nicht lauter schreien?« »Nein«, sagte das Kind zaghaft. Da lächelte der Fremde und sagte: »Dann gib auch den anderen Euro her!« und ging damit unbekümmert weiter.

Nach Bertolt Brecht

Hätten wir uns doch rechtzeitig gewehrt! Das haben schon manche gedacht und gesagt, als es zu spät war.
Wir wollen heute im Angesicht Gottes darüber nachdenken, dass rechtzeitiges Protestieren etwas mit Liebe zu tun haben kann.

Bußakt
Wir wollen vor Gott bekennen, dass wir manchmal weggeschaut und nicht gegen ein Unrecht angegangen sind oder uns zu viel haben gefallen lassen:
Ich bekenne … GL 353,4
    Vergebungsbitte … und helfe uns, für den Frieden auch zu kämpfen.

Tagesgebet

Gott, unser Vater. Du bist der Quell des Erbarmens und der Güte. Unser Gewissen klagt uns an, dass wir oft den bequemen Weg gehen und Unrecht bei uns und in der weiten Welt zulassen. Lass uns Vergebung finden im Vertrauen auf dich und in Werken der Liebe – durch Christus, unseren Herrn.

Begebenheit aus dem Leben von Martin Luther King

Einleitung: Wir hören von einem, der sich nicht alles gefallen ließ. –

Obwohl es in der amerikanischen Unabhängigkeitserklärung von 1776 hieß: »Alle Menschen sind von Natur aus frei und gleich«, konnten noch vor wenigen Jahrzehnten Rassisten laut sagen: »Alle Menschen sind nach dem Bild Gottes geschaffen. Jeder weiß, dass Gott kein Neger ist. Und deshalb ist der Neger kein Mensch.« Wir Deutsche dürfen uns dabei nicht an den Kopf fassen, denn bei uns wurden solche Sprüche auf die Juden angewandt.

Damals trat der junge farbige Baptistenpfarrer Martin Luther King in Alabama auf, ließ sich das nicht gefallen und rief 1955 zum berühmten Busstreik in Montgomery auf. Er dauerte 381 Tage. Man bedrohte ihn und seine Familie, sprengte sein Haus in die Luft und erschoss ihn schließlich. Aber er ließ nie ab von seinem Traum, dass eines Tages die Söhne früherer Sklaven und die Söhne einstiger Sklavenhalter miteinander am Tisch der Geschwisterlichkeit sitzen würden.

Evangelium nach Johannes

Einleitung: Auch Jesus ließ sich nicht alles gefallen!

Das Paschafest der Juden war nahe und Jesus zog nach Jerusalem hinauf. Im Tempel fand er die Verkäufer von Rindern, Schafen und Tauben und die Geldwechsler, die dort saßen. Er machte eine Geißel aus Stricken und trieb sie alle aus dem Tempel hinaus, dazu die Schafe und Rinder; das Geld der Wechsler schüttete er aus, und ihre Tische stieß er um. Zu den Taubenhändlern sagte er: Schafft das hier weg, macht das Haus meines Vaters nicht zu einer Markthalle! Seine Jünger erinnerten sich an das Wort der Schrift: Der Eifer für dein Haus verzehrt mich. (Joh 2,13–17)

Ansprache

Sich nicht alles gefallen lassen!

Es war einmal eine Frau, die in eine Berghöhle zog, um von einem Guru unterwiesen zu werden. Sie sagte, sie wolle alles lernen, was es zu lernen gäbe. Der Guru reichte ihr stapelweise Bücher und ließ sie dann allein, damit sie sie in Ruhe studieren konnte. Jeden Morgen kehrte er zu der Höhle zurück, um zu sehen, welche Fortschritte die Frau gemacht hatte. In der einen Hand hatte er einen schweren Holzstock. Jeden Morgen stellte er ihr die gleiche Frage: »Hast du schon alles gelernt, was es zu lernen gibt?« Und jedes Mal gab sie ihm die gleiche Antwort: »Nein, noch nicht.« Woraufhin der Guru ihr mit dem Stock auf den Kopf schlug.

Diese Szene wiederholte sich monatelang. Eines Tages kam der Guru wieder in die Höhle, stellte die gleiche Frage, erhielt die gleiche Antwort und hob den Stock, um damit die Frau wie üblich zu schlagen. Doch diesmal ergriff die Frau den Stock, als er heruntersauste, und wehrte den Angriff ab. Erleichtert darüber, die tägliche Züchtigung verhindert zu haben, aber mögliche Strafaktionen befürchtend, schaute sie zum Guru auf. Zu ihrer Überraschung lächelte der Guru. »Ich gratuliere«, sagte er, »du hast die Prüfung bestanden. Jetzt weißt du alles, was du wissen musst.« »Wie das?«, fragte die Frau.

»Du hast zumindest schon einmal gelernt, den Schmerz zu vermeiden.« –

Sich nicht alles gefallen lassen! Das müsste man auch dem Kind sagen, das sich die Euros widerstandslos abnehmen ließ. Martin Luther King war bereit, den gewaltlosen Widerstand für alle farbigen Schwestern und Brüder durchzustehen. Dabei war er von Jesus beseelt.

Und Jesus selbst ließ sich auch nicht alles gefallen. Siehe die Vertreibung der Händler aus dem Tempel.

Wir dürfen uns nicht alles gefallen lassen! Wir Katholiken sind oft viel zu brav. Vor kurzem habe ich das wieder in einem Gottesdienst erlebt: Die Kirche war am zweiten Weihnachtstag überfüllt. Aber die Küsterin hatte vergessen, die Mikroanlage einzuschalten. Und die selbst am Mikro stehen, können schwerlich sagen, wenn da nichts aufleuchtet, ob es eingeschaltet ist oder nicht. Da erduldete doch die Hälfte der Kirchenbesucher, die kaum etwas verstehen konnte, offensichtlich gute fünfzig Minuten Gottesdienst, ohne dass jemand nach vorne ging, um Bescheid zu geben, dass etwas nicht stimmt. Man fasst sich an den Kopf bei so viel falscher Bravheit oder mangelnder Zivilcourage.

Liebe Kinder! Habt ihr euch schon ein Gegenmittel überlegt für den Fall, dass euch Jugendliche Geld oder euer Handy wegnehmen wollen, oder ihr auf dem Schulhof vielleicht sogar von Älteren tyrannisiert werdet? Alleine schaffst du es nicht, dich erfolgreich zu wehren. Du musst dich mit anderen solidarisieren und vor allem den Mund auftun! Es gibt doch Vertrauensleute und Eltern, die für euch einspringen, wenn ihr es auch mit anderen zusammen nicht schaffen könnt! Du solltest die Handy-Nummer des Polizisten auswendig wissen, der für eure Schule zuständig ist!

Das soll aber jetzt kein Freibrief sein, willkürlich in Opposition zu gehen. Es gibt ja auch andere Stellen in der Heiligen Schrift, die zeigen, wie feinfühlig Jesus unterscheiden konnte. So war er mit seinen Jüngern einmal unterwegs nach Jerusalem. In einem samaritischen Dorf baten sie um ein Quartier für die Nacht. Aber das wurde ihnen nicht gewährt, weil sie auf dem Weg nach Jerusalem waren und nicht zu ihrem Gebetshaus in Samarien wollten. Da waren zwei Jünger so sauer, dass sie sagten: »Jesus, sollen wir befehlen, dass Feuer vom Himmel fällt und sie vernichtet?« Da wandte sich Jesus um und wies sie zurecht; war also mit dieser radikalen Haltung nicht einverstanden. (Lk 9,51–55)

Lasst euch keine Ungerechtigkeiten gefallen! Spürt, wo ihr euch auflehnen müsst, um nicht mitschuldig zu werden!

Fürbitten

L.: Wir rufen zu Gott, dem Herrn der Welt, und bitten:

1. Hilf den Christen, gewaltlos, aber konsequent und kämpferisch gegen die Ungerechtigkeit in der Welt anzugehen.

2. Bewege die Staatsmänner, allen Menschen – ob arm oder reich, schwarz oder weiß, muslimisch oder christlich, Mann oder Frau – die gleichen Rechte einzuräumen.

3. Stärke uns darin, für die Unterdrückten und Sprachlosen laut Partei zu ergreifen.

4. Lass uns für die, die benachteiligt und abgeschoben sind, auf die Straße gehen, damit ihre Hilfeschreie nicht ungehört verhallen.

L.: Denn deine Frohe Botschaft will *allen* Menschen dienen. Dafür kamst du in die Welt und hast dafür gelitten. Wir danken dir aus ganzem Herzen, der du lebst und liebst in alle Ewigkeit.

Gabengebet

Guter Gott! In diesen Gaben von Brot und Wein bringen wir dir auch die Tränen aller Verzweifelten und alles Unrecht, das zum Himmel schreit. Mache uns zu ihrem Anwalt, indem du uns in den verwandelten Gaben die nötigen Kräfte schenkst – durch Christus, unseren Herrn.

Vaterunser – Friedensgruß

Meditation nach der Kommunion

1. Spr.: Vom Frieden reden hilft nicht viel,
auch nicht, dass man marschiert.

Er kommt wie Lachen, Dank und Traum
schon, wenn man ihn probiert.

2. Spr.: Der Frieden wächst, wie Rosen blühn,
so bunt, so schön, so still.
Er fängt bei uns zu Hause an –
bei jedem, der ihn will.

1. Spr.: Die Angst vor Streit und Hass und Krieg
lässt viele oft nicht ruhn.
Doch wenn man Frieden haben will,
muss man ihn selber tun.

2. Spr.: Man braucht zum Frieden Fantasie
und Liebe und Verstand.
Und, wo es was zu heilen gibt,
da braucht man jede Hand.

Eva Rechlin

Schlussgebet

Herr, du hast uns gestärkt in dem Mahl, das du uns aufgetragen hast. Geh jetzt mit uns, damit wir Hoffnung verbreiten und uns einsetzen, wo es nötig ist. Darum bitten wir durch Christus, unseren Herrn.

13. Das Weizenkorn muss sterben. Vom Sinn des Lebens

(Fünfter Fastensonntag Lesejahr B)

Lieder

Zu Beginn – GL 179: O Haupt voll Blut und Wunden, Strophe 1 + 2
Vor dem Evangelium – GL 624: Auf dein Wort, Herr, lass uns vertrauen
Zur Gabenbereitung – GL 183: Wer leben will wie Gott auf dieser Erde
Zum Abschluss – GL 180: Herzliebster Jesu, was hast du verbrochen?

Begrüßung

Wir legen das Zeichen über uns, das uns aus Leid und Tod neues Leben schenkt. Im Namen des Vaters … Der Herr sei mit Euch!

Hinführung

In unserem Land, in dem es mehr als dreihundert Brotsorten zu kaufen gibt, stehen wir in Gefahr, die einfachen Dinge des Lebens zu übersehen. Dabei können wir schon an einem einzelnen Getreidekorn das Geheimnis erahnen, wie wir im Leben zufrieden und glücklich werden können, und zwar: indem wir uns verschenken. – Wir besinnen uns.

Kyrie

1. Jesus, du hast dein Leben für uns hingegeben.

L.: Herr, erbarme dich!

Alle: Herr, erbarme dich!

2. Jesus, du verschenkst dich auch heute noch in einem unscheinbaren Stückchen Brot.

L.: Christus, erbarme dich!

Alle: Christus, erbarme dich!

3. Jesus, du sprichst Worte des Lebens und schenkst Hoffnung über den Tod hinaus.

L.: Herr, erbarme dich!

Alle: Herr, erbarme dich!

L.: *Vergebungsbitte ...* und führe uns auf den Weg, der zum Ziel bei dir führt.

Tagesgebet

Herr, unser Gott. Dein Sohn hat sich aus Liebe zu uns Menschen in den Tod gegeben. Lass uns in seiner Liebe bleiben und mit deiner Hilfe und Gnade aus ihr leben. Darum bitten wir dich – durch Christus, unseren Herrn.

Kurzgeschichte

Ein Weizenhalm steht einsam auf dem kahlen Feld. Wie schön, denkt er, kein Ärger mit anderen Leuten. Er merkt gar nicht, wie hohl seine Ähre bleibt. –
Der Sturm tobt übers Feld. Der Halm knickt um, liegt tot am Boden. –
Es gibt kein Brot.
Ein Weizenfeld dagegen: Wie Brüder und Schwestern dicht beieinander die vielen Halme mit brotbeladenen Ähren. Der Sturm tobt übers Feld. Die Halme stehen und geben einander Halt – ein bergendes Haus. Und drinnen wächst Brot.

Evangelium nach Johannes

Einleitung: Das Weizenkorn muss sich hingeben.

In jener Zeit sagte Jesus zu seinen Jüngern: Amen, amen, ich sage euch: Wenn das Weizenkorn nicht in die Erde fällt und stirbt, bleibt es allein; wenn es aber stirbt, bringt es reiche Frucht. Wer an seinem Leben hängt, verliert es; wer aber sein Leben in dieser Welt gering achtet und sich hingibt, wird es bewahren bis ins ewige Leben. (nach Joh 12,24–25)

Ansprache

Die großen Weisheiten des Lebens sind oft ganz einfach – zum Beispiel: Nur wer sich hingibt, erlebt, wie etwas wachsen kann. Jesus bringt es auf den Punkt: »Wenn das Weizenkorn nicht in die Erde fällt und stirbt – die Landwirte sagen: Es stirbt nicht, es verwandelt sich –, bleibt es allein. Wenn es sich aber hingibt, bringt es reiche Frucht.«

Dazu hat ein Schweizer Schriftsteller (Gottfried Keller, der vor fast 120 Jahren starb) eine interessante Geschichte erzählt, und zwar von einem Brot, das nicht gegessen werden wollte:

Dieses Brot lag wunderschön, frisch, knusprig und duftend im Regal der Bäckerei und alle anderen Brote bewunderten es. Da dachte das Brot: Wenn ich schon das schönste Brot bin, warum soll ich verkauft, zerschnitten und zerkaut werden?

Nein, kommt nicht in Frage, und es duckte sich immer geschickt, sobald die Bäckersfrau nach einem Brot griff, um es zu verkaufen. Als sie dann für eine Schachtel eine Schublade aufzog, sprang es, als die Frau sich umwandte, schwupp in die Schublade. Die Bäckersfrau hatte es nicht bemerkt und stieße die Schublade mit dem Fuß zu. »Gott sei Dank«, dachte das Brot, »ich bin gerettet!«

Als die Tüten und all die Schachteln sich in der Schublade vom Schreck erholt hatten, raschelten und wisperten sie: »Was für ein wunderhübsches Brot, so fein, so knusprig, so herrlich duftend.« Und sie drängten sich näher, um ihm möglichst nahe zu sein. Aber am nächsten Tag waren sie schon nicht mehr so begeistert, denn die Kruste des Brotes wurde matt und welk, der Duft war weg und nach zwei Wochen fing es an zu schimmeln. Jetzt krochen alle angewidert in die hinterste Ecke und knisterten beleidigt: »Pfui, wie muffig das riecht. Eklig. Ansteckend. Jetzt kommen wir alle um. Wärst du doch verkauft und gegessen worden, blödes Brot!«

Als die Bäckersfrau mal wieder die Schublade aufzog, weil sie eine Schachtel brauchte, fuhr sie entsetzt zurück. »Igittigitt! Wie das stinkt«, entfuhr es ihr, »und alles verschimmelt!« Sie zog die ganze Schublade heraus und kippte alles in die Mülltonne: Das Brot, aber auch alle Tüten und Schachteln. –

So schnell vergeht die Herrlichkeit der Welt! Die große Weisheit des Lebens ist also: Erst wer sich hingibt, der empfängt.

Wenn sich das Weizenkorn nicht in die dunkle Erde wagt, bleibt es letztlich allein und vertrocknet. Wenn der Wein sich nicht zum Trinken hergibt, wird er zu Essig. Wenn die Kerze sich nicht in der Flamme verzehrt, wird sie alt und unansehnlich und irgendwann weggeworfen.

Jetzt soll keiner verwundert sein, wenn ich noch eine Geschichte erzähle, nämlich eine Weihnachtsgeschichte. Sie gaben etwas hin wie ein Samenkorn, das neues Leben schenkte.

Die Geschichte ereignete sich in einem Land, in dem Christen als Staatsfeinde auf offener Straße verhaftet werden konnten. So auch Pater Jan, dem zur Last gelegt wurde, mit anderen Gottesdienste gefeiert zu haben. Sie verurteilten ihn zu zehn Jahren Arbeitslager und steckten ihn in eine dunkle, feuchte Zelle zusammen mit einem Mörder, einem Betrüger, einem Dieb, einem Künstler und einem Schriftsteller.

Der Schriftsteller hatte eine Zeitungsseite durch alle Kontrollen gebracht, sich Notizen gemacht und sagte eines Tages: »Noch zwei Wochen bis Heiligabend! Wie aber etwas Stimmung in dieses gottverlassene Loch bringen?« Pater Jan schlug schließlich mit Blick auf den Künstler vor: »Wenn jeder von seiner ohnehin kargen Ration ein bisschen Brot abzwackt, ließe sich dann daraus vielleicht ein kleines Jesuskind formen?«

Der Heiligabend kam; die Männer stellten sich stumm in einen Kreis. Als der

Künstler das vergilbte Zeitungsblatt aufwickelte, lag da wirklich in seinen Händen ein Jesuskind *aus Brot.* Ihre stumpfen Gesichter hellten sich auf. Pater Jan erzählte das Weihnachtsevangelium und dann stimmte einer das internationale Lied an »Stille Nacht, Heilige Nacht!« Unter solchen Umständen kann man das nicht ohne Tränen in den Augen singen – das haben uns die Großväter erzählt, wenn sie dieses Lied im Schützengraben gesungen haben.

Gerade wollten sie die zweite Strophe anstimmen, da wurde rücksichtslos die Tür aufgestoßen. Unter Schlägen und Flüchen stießen sie einen jungen Mann hinein – das Hemd zerrissen, blutige Striemen im Gesicht. Er fiel kraftlos zu Boden und wimmerte: »Ich kann nicht mehr! Gebt mir um Gottes Willen was zu essen. Seit fünf Tagen lassen die mich hungern.«

Alle Augenpaare richteten sich auf den Pater. Der wollte seinen Kopf nicht heben. Dann kniete er langsam nieder, reichte das Jesuskind aus Brot dem Ausgehungerten und sagte: »Nimm und iss – im Namen dessen, der auch für dich heute in Betlehem geboren wurde!«

Stark verkürzt nach Karl-Heinz Fleckenstein

Dazu muss man wissen, dass Betlehem übersetzt »Brothausen« heißt. In Betlehem kam das lebendige Brot des Himmels zur Welt, das sich hingeben wollte für uns alle und auf das sich unsere Kommunionkinder schon freuen. Wer sich hingibt, gewinnt das Leben.

Fürbitten

L.: Gott lässt uns die Wahl, ob wir schön in der Schublade unserer Wünsche liegen bleiben oder wie sein Sohn Brot zum Leben für die Menschen werden wollen. Wir rufen ihn an:

1. Befähige die reichen Menschen, die Lebensnot so vieler Armer abzuwenden!

2. Öffne das Herz der Kommunionkinder für dein kostbarstes Geschenk, das Brot vom Himmel!

3. Lass uns die Kranken und Bedrängten nicht vergessen, die nach Nähe und Trost suchen als Brot für ihre Seele!

L.: Das erbitten wir durch den Geber aller Gaben, durch Christus, unseren Herrn.

Gabengebet

Danke, guter Vater, für das Wort und das Brot deines Sohnes. Stärke uns durch diese Gaben von Brot und Wein auf dem Altar im Kampf gegen das breite Ich. Darum bitten wir durch Christus, unseren Herrn.

Vaterunser – Friedensgruß

Zur Erhebung der Hostie

Seht! Brot in unsere Hand gegeben –, um zu leben, um zu lieben, um Brot zu werden für die anderen.

Meditation nach der Kommunion

1. Spr.: Jesus sagt: »Ich bin das lebendige Brot, das Leben schenkt.«
Danke für die kleine weiße Scheibe, uns in die Hand gelegt.

2. Spr.: Du siehst die kleine weiße Scheibe auch in der Monstranz –
ein Geheimnis des Glaubens.
Dieser Jesus war in der Welt und heilte die,
die ohne Hoffnung waren: die Kranken und die Sünder.
Also ein Gott, der von Not befreit.

1. Spr.: Du siehst die kleine weiße Scheibe, die du essen darfst,
und hörst ihn sagen: »Was ihr dem Geringsten tut, das tut ihr mir.«
Welches Geheimnis!
Du musst dich tief verneigen, um das zu verstehen;
um ihn in den Armen und Leidenden neben dir zu sehen.

2. Spr.: Du siehst die kleine weiße Scheibe und hörst ihn am Kreuz schreien:
»Mein Gott, warum hast du mich verlassen?«
Aber dann am Ostermorgen:
Auferstanden, strahlend, stärker als selbst der Tod.
Ich kann nur staunen! Wunderbar hast du alles gemacht, guter Gott:
Ich esse dein Leben als Lebensquelle für mich.
Und so gestärkt kann ich sein: Lebensquelle für viele.

Zum Teil nach Herbert Arens

Schlussgebet

Ewiger Gott! Durch das, was wir empfangen haben, lass uns lebendige Glieder deines Sohnes werden, der mit dir lebt und liebt in alle Ewigkeit.

Aschermittwoch – Fastenzeit – Passion

14. Das Grab ist leer. Jonathans Ei
(Um Ostern)

Vorzubereiten:
Benötigt wird ein einfaches Osterei aus Pappe oder Plastik, das aufklappbar ist oder dessen Hälften zusammenzufügen sind.

Lieder
Zu Beginn – GL 220: Das ist der Tag
Vor dem Evangelium – GL 218: Gelobt sei Gott
Zur Gabenbereitung – Tr 682: Andere Lieder wollen wir singen
Zum Abschluss – GL 213: Christ ist erstanden

Begrüßung
Wir legen das große Plus über uns, das aller Welt Zukunft gibt:
> Im Namen des Vaters …

Hinführung
Noch nicht lange ist die Asche des Osterfeuers verglüht, das wir in der Nacht zum Fest der Feste entzündet hatten. Wie schön wäre es, wenn auch ein Teil unserer Ängste und Zweifel mitverbrannt wäre, damit das Vertrauen auf die Macht Gottes wachsen kann.

Bußakt
1. Auferstehen schon heute heißt:
   Täglich aufstehen aus den Sackgassen der Ängste. –

L.: Herr, erbarme dich!

Alle: Herr, erbarme dich!

2. Täglich aufstehen aus dem Sog des Konsums:
   Das muss ich auch noch haben! –

L.: Christus, erbarme dich!

Alle: Christus, erbarme dich!

3.   Täglich aufstehen aus dem Nebel der Zweifel,
      mit dem Tod ist alles zu Ende. –

L.:   Herr, erbarme dich!

Alle: Herr, erbarme dich!

L.:   Der allmächtige Gott erbarme sich unser, er nehme uns an die Hand und
       führe uns einmal in sein ewiges Reich voll Herrlichkeit.

Tagesgebet

Gott, du Herr über Leben und Tod! Weil dein Sohn den Tod besiegt hat, braucht
niemand mehr hoffnungslos zu weinen. Wir danken dir für Ostern, das Fest des
Lebens, durch Christus, unseren Herrn.

Evangelium

Das Grab ist leer. Was sucht ihr den Lebenden bei den Toten?: Lk 24,1–12.

Ansprache

*(L. zeigt das österlich bunte Osterei von allen Seiten, dann öffnet er es und zeigt den
Inhalt: Nichts ist drin.)*
Du wärst sicherlich enttäuscht, wenn du zu Ostern solch ein Ei im Nest fändest: du
machst es erwartungsvoll auf, und – es ist leer! Ich möchte dazu eine Geschichte
erzählen, und dann weißt du, dass es gefüllter gar nicht sein kann!

Ein Junge, der Jonathan hieß, war körperlich und geistig leicht behindert und
brachte seine Lehrerin manchmal zur Verzweiflung. Sicher, es gab Augenblicke,
in denen er klar und deutlich sprach, aber oft starrte er nur vor sich hin und gab
komische Geräusche von sich. Bei einem Gespräch mit den Eltern sagte sie sehr
deutlich: »Jonathan gehört eigentlich in eine Sonderschule.«
      Die Mutter weinte leise ins Taschentuch. Der Vater ergriff das Wort: »Frau
Müller«, sagte er zögernd, »für unseren Sohn wäre das ein furchtbarer Schock,
denn es gefällt ihm hier. Und weit und breit gibt es keine entsprechende Schule.
Und wer weiß, wie lange er noch lebt; sein rätselhaftes Leiden ist unheilbar.«
      Nachdem beide gegangen waren, saß die Lehrerin noch lange auf ihrem
Stuhl. Sie hatte einerseits Mitleid mit den Eltern und ihrem einzigen Kind, aber
wurden andererseits die übrigen Schüler nicht benachteiligt, wenn sie durch Jona-
than oft abgelenkt waren? Und er würde sowieso nie lesen und schreiben lernen!
Aber was waren ihre Schwierigkeiten im Vergleich mit denen dieser Familie?

Der Frühling kam, die Osterferien rückten näher, und so war denn auch das bevorstehende Osterfest Unterrichtsthema. Die Lehrerin erzählte die Geschichte von der Auferstehung Jesu und sprach von vielen Symbolen neuen Lebens, die das Wunder von Ostern augenfällig machten. Dann gab sie jedem Kind ein Plastikei und stellte die Hausaufgabe: »Bringt es morgen wieder mit, gefüllt mit etwas, das neues Leben zeigt.« Die Kinder nickten, nur Jonathan schaute sie unverwandt an, nicht einmal seine merkwürdigen Geräusche waren zu hören. »Ach ja«, dachte sie, »ob er verstand, was sie über Tod und Auferstehung Jesu gesagt hatte?« Sie nahm sich vor, die Eltern anzurufen, um ihnen die gestellte Aufgabe zu erklären. Doch im Räderwerk der täglichen Pflichten vergaß sie es.

So nahte bald die nächste Religionsstunde. Die mitgebrachten gefüllten Plastikeier wurden zum Öffnen auf den Tisch der Lehrerin gelegt.

Im ersten Ei befand sich eine Blume. »Ja«, sagte ein Mädchen, »eine Blume ist wirklich ein Zeichen neuen Lebens. Wenn die ersten grünen Spitzen aus der Erde ragen, wissen wir, dass es Frühling wird. Das ist *mein* Ei!« – Das nächste enthielt einen kleinen Schmetterling zum Anstecken, der richtig lebendig wirkte. Sie hielt ihn in die Höhe: »Wir wissen alle, dass aus einer hässlichen Raupe ein wunderschöner Schmetterling wird. Ein sehr treffendes Symbol für das neue Leben, das auf uns wartet!« »Das war *mein* Ei«, lächelte die kleine Judith stolz. – Im nächsten fand die Lehrerin einen Stein, mit Moos bewachsen. – In einem anderen einen kleinen Osterhasen. Weil sie so viel Nachwuchs haben können, gelten sie auch als Symbol für neues Leben. – Dann ein buntes Osterei. Ein Ei ist wie ein Stein, wie ein Gefängnis: Keiner nimmt an, dass sich da noch etwas bewegen kann, und dann springt plötzlich ein lebendiges Küken heraus! – Im nächsten war ein Fähnchen – wie es in gebackene Osterlämmer gesteckt wird. Die Lehrerin wunderte sich, wie viel die Kinder behalten hatten.

Sie ergriff das nächste Ei – es war merkwürdig leicht; sie schüttelte es ein wenig: Das Ei war *leer.* »Das ist bestimmt Jonathans Ei«, durchfuhr es sie und wollte es zur Seite legen, um den Jungen nicht in Verlegenheit zu bringen. Hätte sie doch nicht vergessen, seine Eltern anzurufen! Aber da meldete sich schon Jonathan. »Frau Müller«, sagte er, »wollen Sie nicht über *mein* Ei sprechen?« Verwirrt gab sie zur Antwort: »Aber Jonathan – dein Ei ist ja *leer*!« Er sah ihr offen in die Augen und meinte leise: »Ja, aber das Grab Jesu war doch auch *leer*!« – Niemand sprach ein Wort. Als die Lehrerin sich wieder gefangen hatte, fragte sie: »Jonathan, weißt du denn, warum das Grab leer war?« »O ja«, gab er zur Antwort, »Jesus wurde getötet und ins Grab gelegt. Aber da hat der Vater ihn herausgeholt und wieder lebendig gemacht!«

Als die Pausenglocke schrillte und die Kinder nach draußen stürmten, saß die Lehrerin immer noch wie betäubt da und hatte Tränen in den Augen: Hatte nicht dieser zurückgebliebene, rätselhafte Junge von der Auferstehung mehr verstanden als alle anderen Kinder?

Drei Monate später war Jonathan tot. Und als die Klasse mit dem Sarg zum Grab zog, wunderten sich manche nicht wenig: Oben auf dem Sarg waren Eierschalenhälften zu sehen, die allesamt leer waren.

Gekürzt und geändert nach Ida Kempel

(L. klappt die Hälften auf) Die offenen Schalen lege ich auf unseren Altar. Sie erinnern uns an den toten Leib Jonathans, der in die Erde gelegt wurde; leer von ihm. Denn was seine Eltern und Freunde an ihm liebten, kann man nicht in die Erde legen. Gott rettet nicht unseren toten Leib, aber uns. So wie er Jesus verwandelt und in ein neues Leben zu sich genommen hat.

Fürbitten

L.: Herr über Zeit und Ewigkeit. Wir rufen dich an:

1. Wisch die Tränen aus den Augen derer, die um einen Verstorbenen weinen.

2. Lass alle, die gestorben sind, jetzt bei dir glücklich sein!

3. Gib besonders den Christen Mut und Hoffnung angesichts von Trauer und Leid.

4. Schenke auch uns einmal den Tag, an dem es kein Leid mehr gibt, keine Krankheit und keinen Tod.

L. Denn dann ehren wir dich, den Sieger über den Tod in Jesus Christus, unseren Herrn, der lebt und liebt in alle Ewigkeit.

Gabengebet

Herr, unser Gott. Durchdringe diese Gaben von Brot und Wein mit deiner Leben spendenden Kraft, damit wir von der Gegenwart unseres Retters Jesus Christus erfüllt werden, der mit dir lebt in alle Ewigkeit.

Meditation nach der Kommunion

1. Spr.: Halleluja! Feiert Ostern!
Feiert den Auferstandenen!
Denn das Kreuz ist nicht mehr der Schlüssel,
der alles versperrt: Gott hat ihn umgedreht –
und uns die Auferstehung geöffnet.

2. Spr.: Halleluja! Feiert Ostern!
Denn Wunden sind nicht mehr Signale der Ohnmacht.
Gott hat sie zum Schmuck des Siegers erklärt.
Damit wir lachen.
Halleluja! Feiert Ostern! Feiert den Christus!
Denn das Grab ist nicht mehr
die letzte Wohnung des Menschen.
Gott hat es aufgesprengt, damit wir Heimat haben.

1. Spr.: Halleluja! Feiert Ostern!
Feiert die Liebe!
Denn sie ist stärker als Kreuz und Leid.
Die Liebe bleibt. – Die Liebe dauert:
Gott ist die Liebe.

Nach Alois Albrecht

Schlussgebet

Allmächtiger Gott! Wir waren Gäste am Tisch deines Sohnes. Lass uns dereinst zum himmlischen Hochzeitsmahl gelangen – zu ihm, der uns auf dem Weg durch den Tod in die Herrlichkeit Gottes vorausgegangen ist, unserem Herrn Jesus Christus, der himmlische Wohnungen für uns bereithält. Ihn loben wir in alle Ewigkeit.

14. Das Grab ist leer. Jonathans Ei (Um Ostern)

75

15. Ostern in Symbolen
(Um Ostern)

Vorzubereiten:
Symbolische Gegenstände: siehe »Predigt als Sprechspiel«; ein dürrer Zweig für die »Hinführung«.

Lieder
Zu Beginn – GL 213: Christ ist erstanden
Vor dem Evangelium – Tr 205: Steht auf vom Tod
Zur Gabenbereitung – Tr 91: Manchmal feiern wir mitten im Tag
Nach der Kommunion – Tr 682: Andere Lieder wollen wir singen
Zum Abschluss – GL 585: Lasst uns erfreuen

Begrüßung
Wir legen das Zeichen des Siegers über uns: Im Namen des Vaters …

Hinführung
(L. zeigt einen dürren Zweig) Könnt ihr euch vorstellen, dass dieser dürre, tote Zweig Blühendes hervorbringt?

Genau das feiern wir an Ostern: Jesus stieg aus dem Grab. Keiner hatte es erwartet. Darum schmücken wir unsere Wohnungen an Ostern mit blühenden Zweigen und Frühlingsblumen: Wir feiern das neue Leben!

Bußakt
1. Der Stein vom Grab ist weggewälzt. Deshalb können wir die Stolpersteine auf unserem Weg, wie Angst und Zweifel, auch wegräumen.

L.: Herr, erbarme dich!

Alle: Herr, erbarme dich!

2. Das Samenkorn in der Erde hat die Dunkelheit überwunden.
Die grünen Halme neuen Lebens können sprießen.

L.: Christus, erbarme dich!

Alle: Christus, erbarme dich!

3. Ein Küken sprengt aus eigener Kraft das Gefängnis des Eies.
   Es befreit sich aus den Schalen wie Jesus aus dem Grab.

L.: Herr, erbarme dich!

Alle: Herr, erbarme dich!

L.: *Vergebungsbitte ...* und hilf auch uns heraus aus den Gräbern der Traurigkeit.

Tagesgebet
Du Gott des Lebens! An Ostern hat dein Sohn den Tod besiegt und uns so alle Türen geöffnet. Darum begehen wir in Freude das Fest seiner Auferstehung. Lass auch uns einmal auferstehen durch Christus, unseren Herrn.

Evangelium von Ostern
Das Grab ist leer: Lk 24,1–12.

Sprechspiel als Predigt
L.: Es wäre zu wenig, am Fest der Feste bei Frühlingsblumen, Ei und Osterhase stehen zu bleiben. Darum werden uns jetzt Kinder helfen, mit Symbolen die Tiefe von Ostern auszuloten.

(Bitte auswählen!)

1. *(Eine Lehrerin mit einer riesigen Fotoapparat-Attrappe, um die die weiteren Symbole auf- oder herumgelegt werden:)*
   Wir werden täglich von einer Flut oft oberflächlicher Bilder überschwemmt. Darum leben viele heutzutage ohne Tiefenschärfe. Diese Kamera hier ist auf »unendlich« eingestellt. An Ostern dürfen wir uns und die Welt in der Tiefenschärfe Gottes sehen: Wir leben in einer Welt, die auf die Herrlichkeit Gottes warten darf.

2. *(Kind mit einem weißen Ei:)*
   Aus solch einem Ei kann – für alle überraschend – ein Küken schlüpfen. So waren die Christen überrascht, dass Jesus aus dem Grabe erstand. Vielleicht leben wir in einem riesigen Ei und können die Schalen erst zerbrechen, wenn wir anders sehen lernen. *(legt das Ei zu dem Fotoapparat)*

3. *(Kind mit einem Osterhasen:)*
   Der Hase gilt in vielen Ländern als Symbol für neues Leben, weil er sich wahnsinnig schnell vermehren kann. Wir stellen ihn als Zeichen der Fruchtbarkeit neben das Ei. Hase und Ei können helfen, das Geheimnis von Ostern

zu erklären: In Jesus Christus ist uns neues, ewiges Leben geschenkt. *(stellt den Osterhasen neben das Ei)*

4. *(Kind mit einem gemalten Schmetterling:)*
So wunderschöne Schmetterlinge haben Kinder im KZ gemalt. Auch krebskranke Kinder malen sie gerne – wie aus dem Unterbewusstsein. Der Schmetterling steht für die gute Nachricht: Unser Raupendasein auf dieser Erde – wie auf Stummelfüßen und manchmal schmerzgekrümmt – ist nicht alles. Es wartet ein Leben in Herrlichkeit auf uns. *(lehnt den Schmetterling gegen den Fotoapparat)*

5. *(Kind mit einer kleinen brennenden Osterkerze auf einem Ständer:)*
Die Osterkerze verkündet das Geheimnis von Ostern: Die Wunden verklären sich im Licht Gottes. Jesus ist das Licht in der Dunkelheit des Todes. *(Kind stellt die Kerze vor oder auf den Apparat)*

6. *(Kind mit einem gebackenen Osterlamm ohne Fähnchen:)*
Das Blut des Lammes auf den Türpfosten der Israeliten in Ägypten ließ den Todesengel weitergehen. Jesus zeigt sich als das neue Lamm: Sein Blut auf dem Holz des Kreuzes hat uns vom ewigen Tod befreit. *(Kind stellt das Lämmchen auf oder neben den Fotoapparat)*

7. *(Kind mit einem Fähnchen:)*
Kinder schwenken als Fans gerne die Fahne ihrer Clubs. Für ihr Bekenntnis stecken sie sogar Prügel ein. Unter dem Fähnchen des Osterlammes möchte Jesus seine Fans um sich scharen. Begeisterung ist gefragt; denn durch ihn ist uns etwas zugesagt, was kein Verein der Welt bieten kann: Mit Jesus brauchen wir den Tod nicht zu fürchten! *(Kind steckt das Fähnchen ins Osterlamm)*

8. *(Kind mit einem Felsbrocken:)*
Denn in seiner Auferstehung hat Jesus den schwersten Felsbrocken im Leben weggewälzt: den Tod. Darum können wir jetzt auch alle Stolpersteine, die unser Zusammenleben schwierig machen, zur Seite schieben. *(Kind legt den Stein neben den Fotoapparat)*

9. *(Kind mit einer Zeichnung des Sagenvogels »Phönix«, der in Flammen aufgeht:)*
Eine alte Ostersage erzählt: Der Wundervogel Phönix verbrennt am Ende seines Lebens. Aus seiner Asche entsteht der junge Phönix. – Ähnlich ist Jesus Christus aus der Glut des Leidens und des Todes siegreich auferstanden. *(Kind stellt die Zeichnung gegen den Fotoapparat)*

10. *(Kind mit einem gemalten Regenbogen:)*
Der Regenbogen bei Noach soll daran erinnern, dass ein Bund zwischen Himmel und Erde besteht. Jesus hat diese Brücke zwischen Himmel und Erde erneuert. Über sie können alle Menschen ins Reich Gottes gelangen. *(heftet den Regenbogen auf den Fotoapparat)*

11. *(Kind mit dem Verkehrszeichen »Freie Fahrt«:)*
Ich zeige ein Symbol, das gar nicht österlich ist. Aber jeder Autofahrer kennt es gut: Wenn man ewig lange im Stau geschlichen ist, freut man sich auf die »freie Fahrt«! Jesus hat den Weg ins eigentliche Leben von allen Hindernissen frei geräumt. *(Kind stellt das Verkehrsschild gegen den Fotoapparat)*

12. *(Kind mit einem Spaten:)*
Jesus offenbarte sich Maria Magdalena nach seiner Auferstehung als Gärtner. Darum wird er oft mit einem Spaten dargestellt. Mit Jesus im Rücken können wir alle Kriegsbeile begraben und die »Liebe« ausgraben. *(übergibt den Spaten L.)*

L.: Darum dürfen wir an Ostern den feiern, den niemand eingraben konnte, der uns aber zu neuem Leben »ausgraben« kann. Jedenfalls gilt das für alle, die die Welt in der Tiefenschärfe Gottes sehen. *(L. lehnt den Spaten neben den Fotoapparat an den Altar)*

Fürbitten

L.: Wir rufen zu Gott, der Jesus nicht im Grabe ließ:

1. Für die ganze Welt:
Schenke allen deine österliche Freude und den Frieden.

2. Für alle in Ängsten, Sorgen und Schmerzen:
Der Herr stehe ihnen zur Seite und erlöse sie aus aller Not.

3. Für alle verfolgten Christen:
Rette sie aus aller Bedrohung und Enttäuschung.

4. Für uns selbst: Gib, dass sich unser Kampf für das Gute
stärker erweisen wird als das Böse.

L.: Denn du bist der Erste und der Letzte und der Lebendige. Dir vertrauen wir jetzt und in Ewigkeit.

Gabengebet

Gott, du Quelle allen Lebens! Voller Freude bringen wir dir am Fest der Auferstehung Brot und Wein. Durchwirke sie ganz mit deiner Kraft, damit sie uns auf wunderbare Weise auf unserem Weg stärken – durch Christus, unseren Herrn.

Vaterunser – Friedensgruß

Meditation nach der Kommunion

1. Spr.: Aus dem Kreuz erblühen Blumen.
Aus dem Stein entspringt ein Bach.
Auch aus dir will Leben kommen:
Stehe auf und werde wach!

2. Spr.: Aus den Schwertern werden Pflüge.
Aus der Nacht wächst Zuversicht.
An dem Wort zerbricht die Lüge.
Stehe auf, versäum es nicht!

3. Spr.: Aus den Trümmern wird ein Garten.
Klage wandelt sich zum Lied.
Auf die Stunde musst du warten.
Dann steh auf und ziehe mit!

Arnsteiner Liederbuch

Alternativ:

1. Spr.: Was sucht ihr den, der lebt, bei den Toten?
Was seid ihr noch so traurig? Sucht ihn nicht mehr in seinem Grab!

2. Spr.: Er lebt! Und auch ihr werdet leben!
Seht, er ist auferstanden! Auch ihr werdet auferstehen!

1. Spr.: So geht denn an die Grenzen der Erde.
Beginnt von Jesus zu singen: Er ist Wahrheit und Leben!

2. Spr.: Erhebt euch, all ihr Schwestern und Brüder!
Denn die Nacht hat ein Ende. Es kommt schon der helle Tag!

Schlussgebet

Gott, du Mitte allen Lebens. Wir durften das »Halleluja!«, den österlichen Jubelruf, anstimmen. Bewahre und beschütze uns in deiner Liebe und führe uns zum neuen Leben in deiner Herrlichkeit – durch Christus, unseren Herrn.

16. Bleibt mit mir verbunden: Weinstock – Reben
(Fünfter Sonntag der Osterzeit Lesejahr B)

Lieder
Zu Beginn – Tr 115: Meine engen Grenzen
Vor dem Evangelium – GL 218: Gelobt sei Gott, bes. Strophe 4 – 6
Zur Gabenbereitung – Tr 135: Dass du mich einstimmen lässt
Zum Abschluss – GL 213: Christ ist erstanden

Begrüßung
Im Kreuz laufen die vier Himmelsrichtungen zusammen. Wir stehen hier also auch stellvertretend für die ganze Welt, wenn wir unser Erkennungszeichen über uns legen: Im Namen des Vaters …

Hinführung
Unsere Grenzen sind wirklich eng, wenn wir das Christsein empfinden wie das Bemühen eines Radfahrers, der gegen den Wind und womöglich noch im Regen strampeln muss. Auch im Glauben was leisten müssen? Nein, sagt Jesus, bleibt nur mit mir verbunden, dann wachsen die Früchte wie von selbst.

Tagesgebet

Herr, unser Gott. Wie die Reben mit dem Weinstock verbunden sind und von daher ihre Kraft schöpfen, so lass uns in guten und bösen Tagen mit dir verbunden bleiben. Dann können wir leichter Freude erfahren und geduldiger Leid ertragen. Darum bitten wir durch Christus, unseren Herrn.

Evangelium nach Johannes

Einleitung: Ohne mich könnt ihr in den Augen Gottes nichts vollbringen. –

Ich bin der Weinstock, ihr seid die Reben. Wer in mir bleibt und in wem ich bleibe, der bringt reiche Frucht; denn getrennt von mir könnt ihr nichts vollbringen. Wer nicht in mir bleibt, wird wie die Rebe weggeworfen, und er verdorrt. Mein Vater wird dadurch verherrlicht, dass ihr reiche Frucht bringt und meine Jünger werdet. (Joh 15,5.6a.8)

Ansprache

Der kleine Franz ist auf eins besonders stolz: Seine Paten pflanzten zu seiner Taufe einen Weinstock an die Sonnenseite des Hauses, in dem er aufwächst. Es ist also *sein* Weinstock. Inzwischen sind die Reben schon sehr hoch gewachsen und er hat bereits Trauben davon ernten dürfen.

Eines Tages kommt ein Sturm auf, der sich zum Orkan steigert: Er reißt alles ab, was nicht niet- und nagelfest ist. Dann prasselt Hagel herab und zerschlägt alles, was ihm in den Weg kommt.

Als das Unwetter abgezogen ist, steht Franz traurig vor seinem Weinstock: Die Triebe sind abgerissen oder geknickt, die Fruchtstände zerschlagen, die Blätter liegen zerfetzt am Boden. Da hat er eine Idee. Er läuft in die Werkstatt seines Vaters – da kennt er sich aus –, holt Baumleim und Kordel und beginnt, die herumliegenden Rebzweige und Blätter anzukleben oder anzubinden. Er hat nämlich davon gehört, dass ein durch einen Unfall abgerissener Finger wieder anwächst, wenn er nur schnell genug angenäht wird. Aber da steht auch schon die Mutter neben ihm, nimmt ihn in den Arm und sagt: »Franz, in diesem Jahr darfst du nicht mit saftigen Trauben rechnen. Im nächsten wieder – so Gott will!«

Jesus sagt: Ich bin der Weinstock, ihr seid die Reben. bleibt mit mir verbunden, sonst könnt ihr in den Augen Gottes keine Frucht bringen. Jesus gebraucht auch andere Bilder dafür, zum Beispiel im Gleichnis vom Hirt und den Schafen. Ein Schaf *allein* kann dort nicht überleben, wo Jesus gelehrt hat. Eine Gefahr geht nicht nur vom Wolf aus; ein Sandsturm ist nicht minder gefährlich. Um ihn zu überstehen, legen sich die Schafe wie zu einer Traube zusammen; sie stecken einander den Kopf tief ins Fell. So überleben sie und ersticken nicht in den Sandmassen, und ein guter Hirt findet danach wieder den Weg zum Brunnen.

Mit Jesus verbunden bleiben – wie geht das denn? Wir brauchen keine Leistung zu vollbringen. Jesus ist ja der Weinstock. Wir brauchen nur verbunden bleiben im Gebet. Das Gebet ist wie der Saft in den Adern der Christen; oder auf Jesu Wort hören – so wie eben; oder sein lebendiges Brot empfangen – das kann ich nicht im Wald und im Bett. Da muss ich schon diese Gemeinschaft aufsuchen, in die wir hineingetauft sind. Auch in jeder guten Tat fließen die Kräfte vom Weinstock her.

Oft binden Winzer zwei Triebe zu einem Herzen zusammen. Früher war dieser »Herzschnitt« üblicher als heute. Wir können uns gut vorstellen, wie aus diesem Herzen die kleinen Triebe mit ihren Fruchtansätzen wachsen; wie im Sommer ein Teil der Blätter entfernt wird, damit viel Sonne die Früchte erreicht, sie reifen und schließlich geerntet werden können. Die ganze Kraft des Weinstocks konzentriert sich auf das Herz. Wir brauchen solche Früchte aus dem Herzen: Güte, Mut zum Dienen, einander lieben!

Fürbitten

L.: Wir rufen zu Jesus, der gesagt hat: »Ich bin der Weinstock, ihr seid die Reben«:

1. Für unsere Welt, die in den Stürmen der Zeit so viele Reben abreißen und verdorren lässt. Gib, dass sie sich wieder an dich anbinden lassen!

2. Für alle, die die Verbindung mit dir losgelassen haben oder gleichgültig geworden sind: Lass sie bereit sein, wieder zur fruchtbringenden Reife zu gelangen.

3. Für uns, denen mancher Wildwuchs zu viele Kräfte nimmt: Lass uns Einschnitte dulden, um mehr Früchte zu bringen!

L.: Denn dann loben und ehren wir dich, den Geber aller Gaben, durch Christus, unseren Herrn.

Gabengebet

Guter Gott. Die ganze Erde ist dein Weinberg. Gieße Segen aus über diese Gaben von Brot und Wein, der Frucht des Weinstocks, damit wir aus ihnen Kräfte schöpfen für unser Leben – bis hin zum ewigen Leben. Das erbitten wir durch Christus, unseren Herrn.

Vaterunser

Hinführung: Wir bleiben immer hinter unseren Möglichkeiten zurück. Darum strecken wir jetzt beim »Gebet des Herrn« unsere Hände vor wie Bettler und bitten: Vater unser …

Friedensgruß

Einleitung: Gemeinsam fällt alles leichter. Und weil wir alle durch denselben Weinstock verbunden sind, gebt einander ein Zeichen der Einheit und des Friedens!

Einladung zur Kommunion

Seht, wer uns mit Gott und untereinander verbinden will!

Meditation nach der Kommunion

1. Spr.: Herr, lass mich ein Rebzweig sein an deinem Weinstock,
auch wenn ich mich manchmal verdorrt fühle
und nicht mehr fest mit dir verbunden bin.
Ich brauche dich. – Du hältst mich fest. –
Du richtest mich auf.

2. Spr.: Herr, lass mich ein starker Rebzweig sein!
Es gibt Zeiten, da habe ich Angst abzubrechen.
Wenn ich Ungeduld, Ärger und Enttäuschung spüre,
lass mich deine Mitte wieder sehen!

1. Spr.: Herr, lass mich immer ein Rebzweig sein
an deinem Weinstock.
Und so von deiner Liebe gehalten werden.

2. Spr.: Und lass mich fest verbunden bleiben mit dir
und der Gemeinschaft derer, die an dich glauben.

Schlussgebet

Herr, was wir hier empfangen haben, durchdringe unser Inneres: Vertiefe unser Vertrauen, stärke unsere Hoffnung und entzünde unsere Liebe! Das erbitten wir durch Christus, unseren Herrn.

Familienmesskreis St. Pankratius, Bergheim

17. Freunde Jesu sein

(Sechster Sonntag der Osterzeit, Lesejahr B)

Hinweis:
Das Sprechspiel zur Predigt muss von den vier Kindern gut geübt sein!

Lieder
Zu Beginn – GL 222: Nun freue dich, du Christenheit
Vor dem Evangelium – Tr 790: Wo Menschen sich vergessen
Zur Gabenbereitung – Tr 193: Wenn das Brot, das wir teilen
Zum Abschluss – Tr 129: Ich lobe meinen Gott

Begrüßung
Wir legen das Zeichen über uns, an dem wir einen Christen erkennen können:
   Im Namen des Vaters …

Hinführung
Hast du einen richtig guten Freund oder eine echte gute Freundin? Das ist ungeheuer wichtig! Kann er oder sie zuhören? Kann er oder sie ein Geheimnis für sich bewahren? Bist du sicher, dass er oder sie gut von dir spricht, wenn du den Raum verlassen hast?

Bußakt
Für alle, die sich manchmal sehr alleine fühlen oder hinter dem Fernseher oder Computer langsam ohne Freunde verkümmern, rufen wir: Herr, erbarme dich! …
   Vergebungsbitte: Wir rufen den an, der unser Freund sein möchte – egal, wie wir sind.

Tagesgebet
Herr, unser Gott. Mit einem guten Freund an der Seite ist kein Weg zu lang. Wir bitten dich: Lass uns deinen Sohn Jesus Christus in guten und in bösen Tagen an unserer Seite spüren. Darum bitten wir durch den, der mit dir lebt und liebt in alle Ewigkeit.

Kurzgeschichte

Einleitung: Freunde in der Not gehen zehn auf ein Lot. Wir hören von dieser Erfahrung in einer alten Geschichte:

Zwei Freunde hatten den gleichen Weg. Als ihnen nun ein Bär entgegenkam, kletterte der eine von ihnen in seiner Angst auf einen Baum und versteckte sich; der andere aber, da er allein des Bären nicht Herr werden konnte und voraussah, dass er von ihm überwältigt werde, warf sich auf die Erde und stellte sich tot.

Als der Bär herangekommen war, beschnüffelte er mit der Schnauze Ohren und Zwerchfell. Der Liegende hielt aber mit aller Kraft den Atem an. Da hielt ihn der Bär für tot und ging weiter (man sagt ja, dass der Bär einen Toten nicht anrührt). Als er fort war, kam der andere vom Baum herunter und fragte, was ihm das Tier ins Ohr geflüstert habe. »Er sagte mir, ich solle von jetzt an nicht mehr mit Freunden zusammen wandern, die in Gefahren nicht standhalten.«

Evangelium nach Johannes

Einleitung: Was das heißt, ein Freund Jesu zu sein, davon erzählt uns das heutige Evangelium.

Einmal sprach Jesus zu seinen Jüngern und er sagt es jetzt zu uns:

Das ist mein Gebot: Liebt einander, so wie ich euch geliebt habe. Es gibt keine größere Liebe, als wenn einer sein Leben für seine Freunde hingibt. Ihr seid meine Freunde, wenn ihr tut, was ich euch auftrage. Ich nenne euch meine Freunde; denn ich habe euch alles mitgeteilt, was ich von meinem Vater gehört habe. Dies trage ich euch auf: Liebt einander! (Joh 15,12–15.17)

Ansprache

1. Gespräch der Kinder über die Freundschaft mit Jesus
(Vier Kinder [1.–4.] oder Jugendliche zum Vorlesen)

1. Habt ihr das gehört, was uns im Evangelium vorgelesen wurde? Da hat Jesus gesagt: Ihr seid meine Freunde!

2. Ja, ein paar Mal kam das vor: Meine Freunde!

3. Die Apostel waren ja auch seine Freunde.

4. Dann hatte Jesus aber viele Freunde.

1. Nicht nur die zwölf Apostel, auch Lazarus und seine Schwestern Maria und Marta und Maria Magdalena.

3. Und bestimmt noch mehr Männer und Frauen, von denen wir die Namen nicht wissen.

1. Ich finde das ganz toll, dass Jesus so viele Freunde hatte.

3. Verheiratet war er ja nicht, aber auf Freundschaft hat er nicht verzichtet.

4. Darauf kann man auch nicht verzichten.

2. Das stimmt. Ohne Freundschaft kann man nicht leben.

1. Ich glaube, Freundschaft ist eines der schönsten Geschenke, das Gott uns gemacht hat.

3. Aber das muss eine richtige Freundschaft sein.

1. In einer richtigen Freundschaft muss man über alles reden können.

4. Einem Freund muss man was anvertrauen können.

2. Und der muss auch kapieren, um was es mir da geht. Zuhören muss der können.

4. Und der muss das auch für sich behalten können.

1. Ohne Vertrauen geht eine Freundschaft nicht.

3. Man muss sich aber auch mögen.

4. Logo – damit fängt die Freundschaft an.

2. Damit fängt sie nicht nur an – davon lebt sie auch.

4. Und als sein Freund Lazarus gestorben war, hat Jesus richtig geweint.

1. Und die Leute, die dabei waren, sagten: »Seht mal, wie lieb Jesus den Lazarus hat.«

2. Eben im Evangelium hat Jesus ja auch gesagt: »Ich nenne euch meine Freunde, denn ich habe euch alles gesagt, was ich von meinem Vater gehört habe.«

4. Manchmal haben sie sich gar nicht richtig dafür interessiert, was Jesus ihnen sagte. Da waren sie nur mit sich selbst beschäftigt.

2. War denn Judas auch sein Freund? Der hat ihn doch verraten!

4. Auch Judas war sein Freund. Als er im Ölgarten Jesus verraten hat, da sagte Jesus zu ihm: »Mein Freund, wozu bist du gekommen?«

2. Das finde ich ja toll!

4. Petrus war auch sein Freund – sogar sein bester!

3. Aber als Petrus Angst hatte, tat er so, als ob er Jesus nicht kennen würde.

1. Wenn man das bei seinem Freund erlebt, tut das weh!

4. Als Petrus den auferstandenen Jesus dann wiedersah, hat er bestimmt gedacht: Jetzt kriege ich was zu hören!

2. Aber Jesus hat überhaupt nicht geschimpft. Er hat den Petrus nur gefragt: »Liebst du mich?«

1. Und Petrus hat gesagt: »Herr, du weißt alles von mir. Und weil du alles weißt, weißt du auch, dass ich dich liebe.« Das finde ich unheimlich ehrlich von Petrus.

3. Jesus war der beste Freund! Da war Petrus überglücklich.

4. Wisst ihr, worüber ich die ganze Zeit schon nachdenke? Hat Jesus eigentlich nur die von damals seine Freunde genannt oder meint er auch uns?

2. Du meinst: unsere Eltern, uns Kinder und alle, die jetzt hier in der Kirche sind?

4. Ja, genau. Was meint ihr?

1. Ich denke, wenn wir hier die Worte Jesu hören, dann sind wir genauso gemeint wie die damals.

3. Ja, das glaube ich auch!

2. Dann sagt also Jesus auch zu uns: Ihr seid meine Freunde!

4. Ja. Und alles, was wir hier über Freundschaft gesagt haben, gilt auch für die Freundschaft zwischen Jesus und uns.

2. Ich glaube, ich habe Jesus auch schon manchmal enttäuscht.

1. Ich auch.

3. Wir alle – ganz bestimmt.

4. Aber Jesus ist so ein guter Freund, dass er uns auch einfach nur fragt: »Liebst du mich? Dann ist alles gut.«

2. Wir sind nicht nur Kinder unserer Eltern in unserer Gemeinde N.N., wir sind auch Freunde Jesu!

3. Das kann man von außen nicht sehen. Aber es ist so!

4. Ich bin richtig froh, dass es so ist!

Hans Albert Höntges
Aus: Ders., Wir Kinder sind in Gottes Hand, © Verlag Herder

2. Kurze Worte zum Sprechspiel

Ein paar Gedanken darf ich kurz hervorheben, wenn wir uns das Geschenk einer Freundschaft zu einem Menschen genau vor Augen stellen:

– Kann der Freund ein Geheimnis für sich behalten oder weiß die ganze Klasse am nächsten Tag, was ich ihm anvertraut habe?

– Kann der Freund mir ehrlich sagen, was ich falsch mache? Aber die Wahrheit sollte nicht wie ein nasser Schwamm im Gesicht ankommen, sondern sie sollte wie ein hingehaltener Mantel sein, in den ich hineinschlüpfen kann. –

– Und jetzt erst fängt das eigentlich Christliche an:

– Wie gehe ich mit dem Verrat eines Freundes oder einer Freundin um? Oder: Wie reagiere ich, wenn er oder sie – wie Petrus – mich verleugnet, weil er oder sie sich gerade in der anderen Clique aufhält? Gebe ich dann der Freundschaft eine neue Chance?

Fürbitten

L.: Mächtiger Gott. Wir ringen um Halt und Hilfe und rufen zu dir:

1. So viele fühlen sich allein gelassen. Schenke ihnen Menschen an die Seite, denen sie vertrauen können.

2. So viele Freundschaften zerbrechen. Begleite uns dabei, Freundschaft im Geben und Nehmen zu vertiefen.

3. So viele sehnen sich nach einem Menschen, der gemeinsam mit ihnen durch dick und dünn geht. Sei ihnen ein Freund, der sie nie verlässt und den sie nie verlassen.

L.: Ja, Herr, geh mit uns heute und alle Tage – bis ans Ende der Zeit!

Gabengebet

Herr, unser Gott. Du willst unser ganzes Leben verwandeln. Lass diese Gaben von Brot und Wein auf dem Altar uns für deine Freundschaft fähiger machen. Darum bitten wir durch Christus, unseren Herrn.

Vaterunser – Friedensgruß

Einleitung: Als Kinder des einen Vaters können wir in geschwisterlicher Freundschaft zueinander stehen und sprechen: Vater unser …

Meditation nach der Kommunion

1. Spr.: Du kannst alles durchstehen – mit einem Freund.
Ein Freund in deinem Leben
ist wie Brot und Wein – eine wirkliche Wohltat.

2. Spr.: Danke, guter Gott, für unsere Freunde.
Sie sind wie ein Schutzschild aus Treue, Nähe und Güte.
Hilf mir, auch ein guter Freund zu sein.

Schlussgebet

Ewiger Gott. Erfülle uns mit der Kraft aus deinem Wort, deinem Brot und unserem freundschaftlichen Zusammensein hier. Und lass uns zuversichtlich den Weg zur himmlischen Gemeinschaft wagen. Darum bitten wir durch Christus, unseren Herrn.

18. Ein Herz für die Mutter
(Muttertag)

Vorzubereiten:

1. *Für das Spiel eine Mutter ansprechen!*
2. *Die Abbildung mit Bastelanleitung auf Seite 95 kann den Kindern vergrößert bei der »Aktion« am Ende des Gottesdienstes mitgegeben werden.*

Lieder
Zu Beginn – GL 594: Maria, dich lieben –
Vor dem Evangelium – Tr 530: Mutter Maria
Zur Gabenbereitung – GL 490: Was uns die Erde Gutes spendet
Zum Abschluss – GL 258: Lobe den Herren

Begrüßung
Wir stellen uns mit Maria unter das Kreuz und beginnen: Im Namen des Vaters …

Hinführung
Wir feiern bald den Ehrentag unserer Mütter. An diesem Tag macht man oft große Versprechungen. Ob wir sie auch halten?

Spiel (bitte auswählen!)
(Personen: M. = Mutter; sieben Kinder = 1.–7.)

L.:   Zu Beginn unseres Gottesdienstes wollen wir uns mal etwas anhören, was uns vielleicht gar nicht so passt.

1.:   Heute war es richtig lustig auf dem Spielplatz. Alle Kinder waren da und alle haben mitgespielt. Aber jetzt, Mama, jetzt habe ich großen Hunger. Was gibt es denn heute?

M.:   Was es heute gibt? Nichts! Ich hatte keine Zeit, denn im Fernsehen war ein so schöner Film; darüber habe ich das Kochen vergessen. *(5 Sek. Stille)*

2.:   Mutti, ich finde mein neues T-Shirt nicht. Ist es vielleicht noch in der Schmutzwäsche?

M.:   Das ist schon möglich! Ich habe in der letzten Woche keine Zeit gehabt, die

Wäsche zu waschen. Ich wollte auch einmal frei haben. Zieh einfach etwas anderes an! *(5 Sek. Stille)*

3.: *(zeigt einen Socken mit Loch)* Mutter, schau, in meinem Socken ist ein großes Loch! Was soll ich denn jetzt anziehen?

M.: Das ist mir egal. Es wird ohnedies bald warm, dann kannst du ohne Strümpfe laufen. Zieh den Socken wieder an. In den Schuhen sieht man das Loch sowieso nicht. *(5 Sek. Stille)*

4.: *(mit einem Heft)* Mutti, kannst du mir bei dieser Aufgabe helfen? Ich kenne mich da nicht aus.

M.: *(mit einem Romanheft im Sessel)* Pass besser auf in der Schule! Ich habe jetzt keine Lust. Ich möchte jetzt endlich meinen Roman zu Ende lesen; der ist gerade so spannend. *(5 Sek. Stille)*

5.: Mama, warum gibt es an diesem Sonntag denn keinen Kuchen? Du hast doch immer für sonntags Kuchen gebacken!

M.: Ich mag nicht mehr. Jede Woche die blöde Backerei! Das hängt mir schon zum Hals heraus. Iss ein Butterbrot, das ist genauso gut! *(5 Sek. Stille)*

6.: Mutter, wann machen wir wieder einmal einen Ausflug? Das letzte Mal war es so schön und lustig! Ich freue mich schon richtig darauf!

M.: Einen Ausflug plane ich zwar, aber diesmal bleibt *ihr* zu Hause. Ich möchte auch einmal etwas davon haben und nicht immer euer Gejammer anhören. Diesmal fahren Vater und ich ohne euch fort! *(5 Sek. Stille)*

7.: *(mit einem Spielzeugauto)* Mama, darf ich mir ein neues Rennauto kaufen? Es gibt jetzt wieder ganz neue Modelle! Sie kosten nicht viel, und mein Freund hat schon drei verschiedene Rennautos!

M.: Was interessiert das mich! Ich spare jetzt für ein neues Kleid für mich. Da brauche ich selber das Geld! *(5 Sek. Stille)*

Bußakt

Wäret ihr mit so einer Mutter zufrieden? Ich glaube, da würde keiner Muttertag feiern und Dankeschön sagen. Aber wenn wir jetzt etwas nachdenken und die Rollen einmal tauschen, dann wird vielleicht mancher von euch zugeben müssen: Manchmal bin *ich* so wie die Mutter in diesem Spiel! Wir drücken uns vor der Arbeit; wir wollen nicht mithelfen; wir haben oft keine Zeit für kleine Besorgungen usw. Darum wollen wir uns jetzt besinnen und über unsere Fehler nachdenken. *(Stille)*

Weil wir oft nur meckern, schlampig sind, nicht helfen wollen:

Herr, erbarme dich! … und hilf uns, für ein gutes Miteinander zu Hause zu sorgen.

Gebet

Guter Vater, wir wollen heute ganz besonders unseren Müttern dafür danken, dass sie immer für uns da sind. Mit ihrer Liebe zu uns geben sie uns ein Beispiel deiner Liebe zu uns Menschen. Lass auch uns dabei helfen! Darum bitten wir durch Christus, unseren Herrn.

Überleitung zur Schriftlesung

Immer wieder ist Maria für uns das große Vorbild. Wie Maria vor Gott ihren Weg gegangen ist, so möchten auch wir unseren Weg gehen. Das Evangelium berichtet uns, wie Maria die Nachricht aufgenommen hat, dass sie Mutter von Gottes Sohn werden soll.

Evangelium nach Lukas

Einleitung: Wir hören, wie Maria reagierte, als ihre große Hilfe gefragt war.
(E. = Erzähler, G. = Erzengel Gabriel, M. = Maria)

E.: Im sechsten Monat wurde der Engel Gabriel von Gott in eine Stadt in Galiläa namens Nazaret zu einer Jungfrau gesandt. Sie war mit einem Mann namens Josef verlobt, der aus dem Hause David stammte. Der Name der Jungfrau war Maria. Der Engel trat bei ihr ein und sagte:

G.: Sei gegrüßt, du Begnadete, der Herr ist mit dir.

E.: Maria erschrak über die Anrede und überlegte, was dieser Gruß zu bedeuten habe. Da sagte der Engel zu ihr:

G.: Fürchte dich nicht, Maria, denn du hast bei Gott Gnade gefunden. Du wirst ein Kind empfangen, einen Sohn wirst du gebären: dem sollst du den Namen Jesus geben. Er wird groß sein und Sohn des Höchsten genannt werden. Gott, der Herr, wird ihm den Thron seines Vaters David geben. Er wird über das Haus Jakob in Ewigkeit herrschen, und seine Herrschaft wird kein Ende haben.

E.: Maria sagte zu dem Engel:

M.: Wie soll das geschehen, da ich keinen Mann erkenne?

E.: Der Engel antwortete ihr:

G.: Der Heilige Geist wird über dich kommen, und die Kraft des Höchsten wird dich überschatten. Deshalb wird auch das Kind heilig und Sohn Gottes genannt werden. Auch Elisabet, deine Verwandte, hat noch in ihrem Alter einen Sohn empfangen; obwohl sie als unfruchtbar galt, ist sie jetzt schon im sechsten Monat. Denn für Gott ist nichts unmöglich.

E.: Da sagte Maria:

M.: Ich bin die Magd des Herrn. Mir geschehe, wie du es gesagt hast.

Nach Lk 1,26–38

Predigtgespräch

über das Verhalten der Mutter im Spiel und unser eigenes Verhalten.
Vergleich: Das Spiel am Beginn und das Verhalten Mariens im Evangelium.
Unser Vorsatz: Hinweis auf die »Aktion« mit dem Herzen.

Fürbitten

L.: Guter Vater, du hast deinen Sohn einer irdischen Mutter anvertraut, damit sie ihn mit Liebe umsorgt. Auch unsere Mütter umsorgen uns mit Liebe. Darum wollen wir dich bitten:

1. Beschütze alle Mütter und steh ihnen bei mit deiner Kraft.

2. Stärke ihre Liebe und bewahre sie vor Enttäuschungen.

3. Belohne ihre Mühen, die sie immer wieder auf sich nehmen.

4. Lass uns nicht nur am Muttertag dankbar sein, sondern immer wieder.

L.: Gott, so lohne ihnen ihre Arbeit. Darum bitten wir durch Christus, unseren Herrn.

Gabengebet

Vater, wir bringen Brot und Wein zum Altar. Erfülle diese Gaben mit deinem guten Geist, damit auch wir Mut haben zum Dienen – durch Christus, unseren Herrn.

Vaterunser – Friedensgruß

Meditation nach der Kommunion

1. Spr.: Herr, ein Lob ist wie eine Feder.
          Wenn wir ab und zu die Mutter loben,
          wachsen ihr Flügel.

2. Spr.: Wenn keiner sieht, was die Mutter alles schafft,
          ihr nur Fehler aufgezählt werden,
          dann macht ihr die Arbeit keine Freude.
          Es ergeht ihr genauso wie uns.

1. Spr.: Wir dürfen sie nicht erdrücken
          mit all unseren Ansprüchen.
          Mit Flügeln geht alles leichter.
          Deshalb braucht jeder Mensch von Zeit zu Zeit ein Lob.

Schlussgebet

Vater, wir haben das Gedächtnis deines Sohnes gefeiert. Segne ganz besonders unsere Mutter, und lass sie nicht nur am Muttertag spüren, dass wir dankbar bleiben wollen. Darum bitten wir durch Christus, unseren Herrn.

Aktion

Die Kinder bekommen einen Ausschneidebogen mit nach Hause, mit dem sie ein Herz basteln können (siehe Abbildung). In dieses Herz können sie ihr Versprechen für den Muttertag hineinschreiben.

Bastelanleitung

Dieses Herz mit Platz für ein Versprechen ist einfach zu basteln. Ihr müsst nur die Herzen ausschneiden, auch die Türchen zum Öffnen einschneiden, dann zusammenkleben. An den schwarzen Punkten in den Türchen ein Band durchziehen – und schon ist das Herz fertig! Ihr könnt es auch bunt anmalen oder verzieren.

Nach Ludwig Wöß

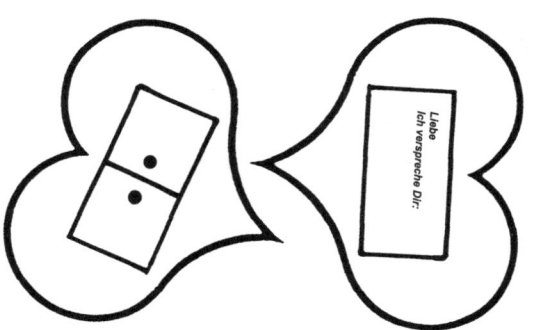

19. Unsere Kerze und die Flamme Gottes
(Um Pfingsten)

Vorzubereiten:
Zwei Kerzen mitbringen.

Lieder
Zu Beginn – GL 245: Komm, Schöpfer Geist
Vor dem Evangelium – Tr 82: Dein Geist weht, wo er will
Zur Gabenbereitung – Tr 8: Einer hat uns angesteckt
Zum Abschluss – Tr 7A: Ein Funke ist genug
      Oder: Tr 428: Du, Herr, gabst uns dein festes Wort

Begrüßung
Wir stellen uns voller Vertrauen in den Schutz Gottes und legen dazu das Kreuzzeichen über uns: Im Namen des Vaters …
      Gottes guter Geist sei mit euch!

Hinführung
Zwei freie Tage winken uns Pfingsten, weil wir Christen eins der höchsten Feste feiern. Aber nur wenige wissen genau, warum wir dieses Fest feiern.
      Zunächst helfen uns zwei Kinder, uns einzustimmen:

Bußakt
1.   Herr, auch wenn ich Angst habe,
        will ich sagen: Ich vertraue auf dich.
        Auch, wenn ich allein dastehe,
        will ich sagen: Du bist bei mir!

2.   Herr, auch wenn es dunkel um mich wird,
        will ich sagen: Ich glaube an dein Licht.
        Auch, wenn ich nicht mit dir sprechen will,
        will ich sagen: Du bist mein Freund!

1.   Herr, auch wenn ich einmal in Not bin,
        will ich sagen: Du gibst mir täglich das Brot.

Auch, wenn ich mich schwach fühle,
will ich sagen: Du gibst mir Kraft!

2.   Herr, auch wenn es still um mich ist,
will ich sagen: Du bist mir ganz nahe.
Auch, wenn alles gegen dich spricht,
will ich sagen: Ich glaube an dich!

L.:   Herr, erbarme dich!

Alle: Herr, erbarme dich!

L.:   Christus, erbarme dich!

Alle: Christus, erbarme dich!

L.:   Herr, erbarme dich!

Alle: Herr, erbarme dich!

L.:   *Vergebungsbitte* … und hilf uns, dir fest zu vertrauen.

Tagesgebet

Gott, du unser Licht! Leuchte bis in unser Herz hinein, damit alle Angst darin weichen muss und wir uns bei dir geborgen wissen. Darum bitten wir durch Christus, unseren Herrn.

Evangelium nach Johannes

Einleitung: Damals vergingen auch die Jünger Jesu vor Angst. Wir hören, wie sich das änderte.

Damals hatten die Jünger alle Türen verschlossen. Sie fürchteten, dass es ihnen so ergehen könnte wie Jesus. Da trat Jesus in ihre Mitte und sprach zu ihnen: Friede sei mit euch! Wie mich der Vater gesandt hat, so sende ich euch! Nachdem er das gesagt hatte, hauchte er sie an und sprach zu ihnen: Empfangt den Heiligen Geist! (Joh. 20,19.21.22)

Ansprache

(L. nimmt beide Kerzen und entzündet eine an den Altarkerzen) An diesen beiden Kerzen darf ich euch zeigen, was immer wieder geschehen kann und damals an Pfingsten geschehen ist:

1.   *(L. hebt die brennende Kerze)* Diese brennende Kerze meint das Feuer Gottes. Wenn du dich *(L. zeigt dabei die noch nicht entzündete Kerze)* von Gott ent-

zünden lassen willst, musst du ganz nahe gehen *(L. tut es langsam)*; irgendwann springt das Feuer über und hat dich erfasst.

Gott ganz nahe gehen heißt: mit ihm sprechen, auf ihn hören = beten; im Gottesdienst mit den Gedanken ganz dabei sein; das Brot vom Himmel empfangen, also die heilige Kommunion, die uns ganz eng mit Jesus verbindet; oder Begegnungen mit anderen Menschen suchen, die aus Freude über Gott tanzen, singen und spielen. Es ist ein Geschenk Gottes, dass der Funke überspringt und du dich entzündet fühlst *(spätestens jetzt brennt auch die zweite Kerze)*. Jetzt hast du auch die Chance, auf andere Kerzen = Menschen zuzugehen und sie zu entzünden. Du kennst das Geheimnis: Je mehr Kerzen brennen, umso heller wird es – außen und innen. *(L. löscht die Ich- oder Du-Kerze)*

2. Pfingsten ging es umgekehrt! Du siehst: die Kerze der Jünger, die schon in der Begegnung und in der Freude über Jesus gebrannt hat, war ausgelöscht: Zu viel Trauer über den Tod Jesu saß in ihren Herzen und dass er nicht mehr sichtbar bei ihnen war! Dann aber kam Pfingsten. Mauern und verschlossene Türen können den unsichtbaren Jesus nicht aufhalten. Plötzlich steht er mitten unter den ängstlichen Jüngern. Und er haucht sie an – wie eine Mund-zu-Mund-Beatmung haucht er ihnen neues Leben ein oder – so heißt es an anderer Stelle: Feuerzungen fallen vom Himmel und entzünden die Herzen und Seelen der Jünger neu *(hier zündet L. die andere Kerze wieder an)*. Sie werden – ob sie wollen oder nicht – entflammt und sind so begeistert, dass sie alle Türen weit öffnen. Petrus steigt sogar mutig aufs Dach! Er begeistert die Menschen so, dass sich dreitausend taufen lassen – mit Wasser und Feuer, um ebenso begeistert und mutig zu werden.
Wenn wir ganz nahe an Jesus herangehen, wenn wir seinen Atem in uns zulassen, dann können auch wir uns für ihn begeistern.

Fürbitten

L.: Jesus ist nicht aus dieser Welt geflohen. Er bittet bei seinem Vater für uns. Wir rufen ihn an:

1. Entflamme die christlichen Kirchen und alle Getauften immer wieder neu mit dem Feuer Gottes.

2. Dein guter Heiliger Geist brenne in aller Not und Todesangst.

3. Hilf den Christen, für ihren Herrn und Meister begeistert die Fahne zu schwenken.

4.   Schenke uns den Atem Gottes, der uns beflügelt und Mut macht.

L.:   Dann lebt und liebt deine Kirche, das sind auch wir, heute und in Ewigkeit.

Gabengebet

Herr Jesus Christus! Du bist mitten unter uns. In den Gestalten von Brot und Wein willst du uns mit deinem Heiligen Geist erfüllen. Dafür danken wir dir – heute und alle Tage unseres Lebens.

Vaterunser – Friedensgruß

Meditation nach der Kommunion

1. Spr.:   Wir danken Gott, der uns aus Liebe heraus geschaffen hat.
           Aus dieser Liebe will immer neues Leben wachsen.
           Wo diese Liebe fehlt, zerfällt die Welt.

2. Spr.:   Wir danken Jesus Christus, der die Güte selbst war.
           Er ließ Gnade vor Recht ergehen.
           Er blieb auch unsichtbar seinen Jüngern ganz nahe.

3. Spr.:   Wir danken dem Heiligen Geist.
           Er verbindet uns mit dem Vater und dem Sohn.
           Er kann immer wieder unsere Herzen entflammen.

4. Spr.:   Wir danken für die heilige Kirche.
           Auch wenn sie Fehler macht, bleibt sie im Kern heilig.
           Denn ihre Mitte ist Gottes Sohn.
           Darum braucht sich in ihr keiner einsam zu fühlen.

Schlussgebet

Lebendiger Gott! Unauslöschliche Flamme in aller Finsternis! Wir danken dir, dass du uns immer wieder entzünden willst, um die Welt heller zu machen – durch den, der mit dir liebt und lebt in alle Ewigkeit.

20. Komm, Schöpfer Geist!
(Um Pfingsten)

Vorzubereiten:

1. *Für das Sprechspiel werden folgende Gegenstände benötigt: Ein Krug mit Wasser und eine Schale; Chrisamöl (beim Küster erfragen), eine Kerze mit großem Docht; ein Windrad, Salzstreuer, Magnet und Nadeln / Büroklammern; eine gebastelte Tür, die sich öffnen lässt.*

2. *Zum Friedensgruß werden Besucher nach oben gebeten, die den Satz »Wir wünschen der ganzen Welt den Frieden« in verschiedenen Sprachen vortragen. Es wäre gut, vor Beginn des Gottesdienstes darauf aufmerksam zu machen, damit sich diejenigen, die das möchten, innerlich darauf vorbereiten können.*

Lieder
Zu Beginn – Tr 82: Dein Geist weht, wo er will
Vor dem Evangelium – Tr 65: Die Sache Jesu braucht Begeisterte
Zwischen den Fürbitten – Tr 8: Einer hat uns angesteckt (nur den Refrain)
Zur Gabenbereitung – GL 245: Komm, Schöpfer Geist
Zum Abschluss – Tr 90: Unser Leben sei ein Fest

Begrüßung
Wir legen das Kreuz über uns, an dem man Christen erkennen kann:
> Im Namen des Vaters …

Hinführung
Wir können an Petrus erkennen, was Pfingsten geschehen ist: Obwohl er gerade noch furchtsam Jesus verleugnete, tritt er nun aus der Reihe der verängstigten Jünger und spricht voller Begeisterung zur Menge.

Bußakt
Damit auch wir manche Glut unter der Asche wieder entfacht bekommen, rufen wir: Herr, erbarme dich! …
> *Vergebungsbitte* … und verbrenne in uns, was kalt und hart ist!

Tagesgebet
Mächtiger Gott! Du willst die ganze Welt erfüllen, alle Völker und Nationen! Was du am Anfang der Kirche so machtvoll gewirkt hast, das entflamme auch heute in

den Herzen aller, die an deine Kraft glauben. Darum bitten wir durch Christus, unseren Herrn.

Evangelium nach Johannes
Einleitung: Schon das Anhauchen kann Glut unter der Asche wieder entflammen.

Am Abend des ersten Tages der Woche, als die Jünger aus Furcht vor den Juden die Türen verschlossen hatten, kam Jesus, trat in ihre Mitte und sagte zu ihnen: Friede sei mit euch! Nach diesen Worten zeigte er ihnen seine Hände und seine Seite. Da freuten sich die Jünger, dass sie den Herrn sahen. Jesus sagte noch einmal zu ihnen: Friede sei mit euch! Wie mich der Vater gesandt hat, so sende ich euch. Nachdem er das gesagt hatte, hauchte er sie an und sprach zu ihnen: Empfangt den Heiligen Geist! (Joh 20,19–22)

Sprechspiel als Predigt
Nachdem die Kinder ihren Text gesprochen haben, stellen sie sich mit den Gegenständen vorne zu einem Halbkreis auf.

L.: Ohne den Heiligen Geist läuft wenig Gutes in der Welt, auch nicht in der Kirche. Einige Kinder werden uns dies anschaulich nahe bringen. Achtet einmal darauf, wie viele Geschenke des Heiligen Geistes uns gezeigt werden!

1. *(Kind bringt einen Glaskrug mit Wasser und eine Schale):* Ich bringe Wasser. Ohne Wasser gibt es kein Leben. *(Kind gießt etwas Wasser in die Schale – nahe am Mikrofon!)* Menschen und Tiere müssen jeden Tag trinken. Auch Pflanzen vertrocknen schnell ohne Wasser. Deutlich wird dies besonders in der Wüste, wo nur in den Oasen Leben möglich ist. – In der Taufe wurden wir mit dem Wasser des Heiligen Geistes getauft. Dadurch sind wir lebendige Mitglieder in der Kirche, die wachsen und reifen sollen.

2. *(Kind bringt Chrisam):* Ich bringe Chrisam. Mit diesem Öl wurden wir alle in der Taufe und werden wir später noch einmal bei der Firmung gesalbt. Die Worte dabei lauten: »Sei besiegelt durch die Gabe Gottes, den Heiligen Geist.« – Dadurch empfingen wir Kraft, unseren Glauben zu bekennen und in der Kirche mitzuarbeiten, zum Beispiel als Ministrantin oder Ministrant.

3. *(Kind bringt eine brennende Kerze mit großem Docht):* Ich bringe Feuer. Es wärmt und leuchtet. An *einem* Feuer kann man viele andere Feuer entzünden. So lassen auch wir uns vom Heiligen Geist manchmal anstecken und zu guten Taten begeistern, zum Beispiel eine Lichterkette bilden gegen Ausländerhass.

4. *(Kind bringt ein Windrad):* Ich bringe ein Windrad. Dieses Kinderspielzeug funktioniert nur, wenn ein guter Wind weht *(Kind bläst und setzt das Windrad*

in Bewegung). Wind bringt frische Luft und hat Antriebskraft. Er kann nicht nur Segelboote und Surfer vorantreiben, sondern auch große Windräder für die Stromerzeugung bewegen. So will Gottes Geist auch uns in Bewegung setzen, zu helfen und zu leuchten

5. *(Kind bringt einen Salzstreuer)*: Ich bringe Salz. Ohne Salz schmeckt alles schal. Was wären Pommes ohne Salz? Mit Salz kann man aber auch Nahrungsmittel haltbar machen, zum Beispiel Heringe. Man kann auch Glatteis zum Schmelzen bringen. – Wir können als Christen Geschmack in die Suppe unserer Gemeinschaft tragen.

6. *(Kind bringt einen Magnet und Nadeln / Büroklammern)*: Das ist ein Magnet. Selbst in diesem kleinen Magnet steckt große Anziehungskraft. Im Nu kann ich damit Büroklammern und Nadeln auflesen. *(Jetzt wird der Magnet über Büroklammern und Nadeln geführt.)* – Auch der Heilige Geist ist wie ein Magnet, der uns und andere magnetisieren und mitziehen will.

7. *(Kind zeigt eine gebastelte Tür, die sich öffnen lässt)*: Ihr seht hier eine Tür. Sie ist geschlossen. Aber sie sollte offen sein *(Tür öffnen!)*, damit wir offen sind für andere.

L.: Es waren sieben Symbole, die von der Wirkkraft des Heiligen Geistes erzählten. Ohne den Geist Gottes geschieht wenig Gutes, auch nicht in der Kirche: Er ist unsere große Hilfe gegen so viel Ungeist in der Welt – wenn wir uns für seine Geschenke öffnen.

Fürbitten
L.: Wir rufen zum dreifaltigen Gott:

1. Sende unserer Kirche deinen Geist, der alles durchdringt und zu neuem Leben erweckt. – *Liedruf*

2. Mache die Christen bereit, sich für das Wirken dieses Geistes zu öffnen und an einer besseren Welt mitzuarbeiten. – *Liedruf*

3. Durchdringe uns mit deinem Heiligen Geist, damit wir mutig und unbeirrt zu unserem Glauben stehen. – *Liedruf*

L.: Dann loben und ehren wir dich, den wahren Herrn der Welt – durch Christus, unseren Herrn.

Gabengebet
Erfülle, guter Gott, die Gaben von Brot und Wein mit Heiligem Geist, damit sie uns

eine Hilfe sind gegen so viel boshaften Geist in der Welt. Darum bitten wir durch Christus, unseren Herrn.

Einleitung zum Friedensgruß

L.: Ich bitte alle die nach vorn, die uns in irgendeiner Sprache sagen wollen: »Wir wünschen der ganzen Welt den Frieden!«

(Hier einige Vorschläge:)
Englisch: We wish the whole World to live in peace!
Finnisch: Rauka Olkoon Kaussasi!
Französisch: Nous souhaitons la paix au monde!
Polnisch: Zyczymy calemu swiatu jednosci, zqody i pokoju!
Russisch: Jelajem Swetu Mira!
Ukrainisch: Bajaemo Switöu Uyru!
Ungarisch: Bekét kivánunk mindenkinek! …

L.: Gebt einander ein Zeichen, an dem jeder erkennen kann, dass wir zum Frieden in der Welt in Gottes gutem Geist beitragen möchten.

Meditation nach der Kommunion

1. Spr.: Pfingsten ist immer dann:
wenn uns ein Wort trifft, das unsere Hemmungen sprengt;
wenn uns ein Blick trifft, der uns ins Herz sieht.

2. Spr.: Pfingsten ist immer dann:
wenn wir die Kraft spüren, die vom Wort Jesu ausgeht;
wenn Gottes Liebe in einen Menschen fällt.

1. Spr.: Pfingsten ist immer dann:
wenn wir voll Freude das Herz sprechen lassen
und ansteckend wirken.

2. Spr.: Pfingsten ist immer da, wo Liebe möglich ist
und wir die Gelegenheit wahrnehmen,
Frieden zu stiften.

Schlussgebet

Herr, unser Gott. Du hast uns wieder mit Gaben des Himmels beschenkt. Erhalte uns die »Kraft aus der Höhe«, den Heiligen Geist, damit er uns immer wieder neu aufrichtet und entflammen kann. Darum bitten wir durch Christus, unseren Herrn.

Familienmesskreis St. Pankratius, Bergheim

SONNTAGE IM JAHRESKREIS

21. Salz für die Erde

(Dritter Sonntag Lesejahr A)

Vorzubereiten:
Am Eingang erhält jeder ein Tütchen mit etwas Salz.

Lieder
Zu Beginn – GL 297: Gott liebt diese Welt
Vor dem Evangelium – GL 521: Herr, gib uns Mut
Zur Gabenbereitung – GL 622: Hilf, Herr meines Lebens
Zum Abschluss – Ihr seid das Salz der Erde

»Ihr seid das Salz der Erde«

Refr.: Ihr seid das Salz der Er-de, ihr seid das Licht der Welt. Helft, dass mehr Lie-be wer-de, mehr Licht ins Dun-kel fällt. 1. Die Welt bleibt kalt und trü-be, wenn ihr nicht Bo-ten seid für Wahr-heit, Recht und Lie-be und für Ge-rech-tig-keit.

2. Ihr fangt erst an zu leben, wenn auch zu Herzen geht das Unheil eures Bruders, der krank am Wege steht.

3. Wie lang noch zögern, zagen? Es bleibt euch nicht viel Zeit. Ihr Müsst mehr Liebe wagen, macht euer Herz bereit!

T/M: Hubert Janssen   Aus: Ameländer Jugendmesse   © unbekannt

Begrüßung
Wir stellen uns in den Stromkreis der Liebe Gottes: Im Namen des Vaters …

Hinführung
Wer einmal ins Heilige Land fährt, sollte einen Abstecher zum Toten Meer nicht versäumen. »Tot« wird es genannt, weil sein hoher Salzgehalt kein Leben zulässt, aber die 23 Prozent Salzgehalt haben einen Vorteil: Ich kann mich auch als Nichtschwimmer ins Meer wagen, weil ich nicht untergehe, ja, wie auf einer Luftmatratze im Liegen Zeitung lesen kann.

»Ihr seid das Salz der Erde«, sagt Jesus heute. »Ihr seid das Salz, das trägt«.

Bußakt
Weil wir aber oft nicht tragen – in der Schule, auf dem Schulhof und in der Nachbarschaft –, rufen wir: Herr, erbarme dich! …

Vergebungsbitte … und gib uns neue Kraft und neuen Schwung.

Tagesgebet
Guter Gott. Dein Sohn war wie Salz, der nie seinen Geschmack und seine Würze verloren hat; der sich ganz mit uns verband. So hilf auch uns, nicht schal und müde zu werden – durch Christus, unseren Herrn.

Kurzgeschichte
Einleitung: Wir hören ein Märchen, das uns verraten will, wie wichtig Salz ist.

Es war einmal ein König. Er hatte drei Töchter, die er alle aufrichtig liebte. Nun wollte der König aber herausfinden, welche seiner drei Töchter ihn wohl am meisten liebte. Ihr würde er seine Krone geben. Er rief sie zusammen und fragte sie, wie ihre Liebe beschaffen sei.

Die Älteste sprach: »Vater, ich liebe dich wie das Licht meiner Augen.« Die Zweite sagte: »Vater, ich liebe dich so sehr, wie ich mein Leben liebe.« Die Jüngste aber erklärte: »Vater, ich liebe dich wie das Salz.« Da schrie der König empört: »Hinweg aus meinen Augen, die du deinen Vater verspottest! Ich will dich nie wieder sehen.«

So musste die jüngste Königstochter draußen als Dienstmagd bei fremden Menschen arbeiten. Aber weil sie tüchtig und fleißig war, kam sie bald zu Wohlstand und konnte sich einen Palast bauen. Zu einem großen Fest lud sie auch den König, ihren Vater, ein, der sie aber nicht erkannte. Als er von dem prächtigen Mahl kostete, stellte er fest, dass alle Speisen ungesalzen waren, und legte enttäuscht den Löffel hin. Auf die Frage der Gastgeberin, warum er die köstlichen

Speisen verschmähe, antwortete der König: »Ungesalzen ist jede Speise ungenießbar. Salz ist das notwendigste Gewürz und wo es fehlt, fehlt alles.«

Nun erhob sich die Gastgeberin lächelnd und sprach: »Lieber Vater, das meinte ich damals, als ich sagte, ich liebe dich wie das Salz.«

Da geriet der König in höchstes Erstaunen. Er umarmte seine Tochter und schenkte ihr seine Krone und sein Reich.

Verkürzt nach einem Märchen aus Malta

Evangelium nach Matthäus

Einmal sagte Jesus, und er sagt es jetzt zu uns: Ihr seid das Salz der Erde. Wenn das Salz seinen Geschmack verliert, womit kann man es wieder salzig machen? Es taugt zu nichts mehr: Es wird weggeworfen und von den Leuten zertreten!
(Mt 5,13)

Ansprache

Früher gehörte zur Taufe, dem Kind eine Prise Salz auf die Zunge zu streuen. Damit wurde den Umstehenden klar: »Ihr seid das Salz der Erde.« Wir dürfen mithelfen, die »Suppe« für alle Menschen schmackhaft zu machen.

Wir wollen jetzt das Salz auch einmal bewusst schmecken: Wir öffnen das Tütchen, feuchten den Zeigefinger an und kosten ein wenig Salz (Zeit lassen!). Spüren wir die Kraft des Salzes? Da werden uns die folgenden Bedeutungen des Salzes klar:

1. **Salz gibt Geschmack.** Wie schmecken eine Suppe, Brot oder Pommes frites ohne Salz? Der König im Märchen legte enttäuscht den Löffel zurück: So sind Speisen kaum genießbar.
    Wir Christen sollen nicht Würze für diese Welt sein, wir sind es, falls wir noch nicht schal sind. Und wo Christen nicht auf den Geschmack kommen, ganz mit Jesus und in seiner Kraft zu leben, da werden sie von den Menschen und den öffentlichen Meinungen »zertreten«.

2. **Salz erhält Leben.** Wer an heißen Sommertagen nicht zusätzlich Salz zu sich nimmt, weil er wegen der Hitze viel davon ausschwitzt, der kann zusammenbrechen. Viele Menschen in den heißen Ländern Afrikas erkranken oder sterben oft nicht vor Hunger, sondern an Salzmangel.

3. **Salz bringt Eis zum Schmelzen.** Deshalb wird es bei Eis und Schnee auf verkehrsreiche Straßen und Wege gestreut. Es wirkt schnell (wenn es auch nicht sehr umweltverträglich ist und die Bäume am Straßenrand gefährdet) und lässt sofort auftauen. Wie viele Unfälle verhindert es dadurch!

Manche Menschen haben sich Eispanzer aus Leid, Enttäuschung und Verbitterung ums Herz gelegt: Da grüßen Nachbarn nicht mehr, Schulkinder sind aufeinander neidisch, Vater und Mutter begegnen sich mit eisiger Kälte.

Wenn Jesus uns mit Salz vergleicht, erwartet er, dass wir helfen, das Eis zu schmelzen: Da sagen wir Gutes vom Nachbarn weiter; da helfen sich Schulkinder gegenseitig; da entdecken Vater und Mutter gegenseitig wieder ihre Liebe zueinander.

Wie hieß es am Anfang? Salz trägt! Salz für die Erde sein heißt: Die Welt würzen, Leben erhalten, Eis zum Schmelzen bringen!

Fürbitten

L.: Herr, unser Gott. Du sagst nicht: »Ihr sollt das Salz der Erde sein«, sondern: »Ihr seid das Salz der Erde!« – Wir bitten dich:

1. Herr, es ist so viel Geschmacklosigkeit in der Welt: in Kriegen, Terror und Gemeinheiten. – Hilf den Christen, Würze für diese Welt zu sein, die anderen wieder Mut zum Leben gibt.

2. Herr, die Herzen der Menschen sind oft mit einer dicken Eisschicht umgeben: Kälte zwischen Eheleuten, Eltern und Kindern, Nachbarn und Freunden. – Lass die Christen wie Salz wirken: auflösend und aufbrechend und die Eispanzer lösend!

3. Herr, manchmal sind wir erschlagen von den schlechten Nachrichten, verlieren den Mut und sind wie gelähmt. – Trau uns zu, Salz der Erde zu sein, das reinigt und Leben schenkt.

L.: Denn dann erfüllen wir deinen Auftrag – durch Christus, unseren Herrn.

Gabengebet

Herr, unser Gott. Lege in diese Gaben von Brot und Wein deine Kraft, damit das Salz der Christen unserer Welt neue Würze schenkt. Darum bitten wir durch Christus, unseren Herrn.

Vaterunser – Friedensgruß

Einleitung: Vereint sind viele Salzkörner eine Macht, die jedes Eis durchdringt. Gebt gegenseitig ein Zeichen, an dem die Kraft des guten Miteinanders sichtbar wird.

Meditation nach der Kommunion

1. Spr.: Salz ist Würze und gibt den rechten Geschmack.
Herr, du nennst *uns* das Salz der Erde, Würze für die Welt.
Würze, die dem Verzweifelten wieder Geschmack am Leben gibt. –
Eine Prise Freude bewirkt so viel!

2. Spr.: Salz trägt und lässt uns nicht so schnell untergehen.
Herr, du nennst *uns* das Salz der Erde, Stütze für diese Welt,
tragender Grund für alle, die unterzugehen drohen.
Um wie viel weniger drücken Probleme,
wenn wir anderen tragen helfen!

1. Spr.: Salz erhält Leben.
Herr, du nennst *uns* das Salz der Erde.
Es soll das Leben dieser Welt erhalten.
Wie viel schöner ist das Leben durch ein liebes Wort zur rechten Zeit!

2. Spr.: Salz lässt Eis schmelzen.
Herr, du nennst *uns* das Salz der Erde, Taumittel für diese Welt.
So viele Eispanzer verschließen die Herzen der Menschen!
Lass uns den ersten Schritt zur Versöhnung wagen!

Schlussgebet

Mächtiger Gott. Durch diese Feier gestärkt, lass uns wieder Salz für die Welt sein, das sie am Leben hält. Darum bitten wir durch Christus, unseren Herrn.

Aktion

Nehmt das Tütchen Salz mit nach Hause. Jedes Mal, wenn ihr denkt oder sagt: »Dazu habe ich keine Lust«, besteht die Gefahr, langweilig und schal zu werden. Dann nehmen wir eine Prise Salz, um uns an das Wort Jesu zu erinnern.

22. Überfordert das Gebot, den Feind zu lieben?

(Siebter Sonntag Lesejahr C)

Lieder
Zu Beginn – Tr 115: Meine engen Grenzen
Vor dem Evangelium – GL 624: Auf dein Wort, Herr, lass uns vertrauen
Zur Gabenbereitung – Unfriede herrscht auf der Erde (siehe unten)
Zum Abschluss – Tr 284: Gib uns Frieden jeden Tag

»Unfriede herrscht auf Erde«

2. In jedem Menschen selbst herrschen
Unrast und Unruh' ohn' Ende,
selbst, wenn wir ständig versuchen,
Frieden für alle zu schaffen.
Refr.: Friede soll mit euch sein …

3. Lass uns in deiner Hand finden,
was du für alle verheißen.
Herr, fülle unser Verlangen,
gib du uns selber den Frieden.
Refr.: Friede soll mit euch sein …

T/M: Zofia Jasnota
© bei der Autorin

Begrüßung
Wir versiegeln jetzt unser Inneres mit dem Kreuz, damit Böses und Gemeines uns jetzt nicht erreichen können: Im Namen des Vaters …
Der Gott des Friedens sei mit euch!

Hinführung
So viele bekämpfen sich. Ob die Menschheit überlebt, entscheidet sich auch daran, ob wir ein friedliches Miteinander versuchen. – Wir besinnen uns.

Bußakt
1. Wir vergessen vielleicht, wo wir die Friedenspfeife vergraben haben, aber niemals, wo das Beil liegt. (Mark Twain)

L.: Herr, erbarme dich!

Alle: Herr, erbarme dich!

2. Selbst im Mörder, im Schwerverbrecher und Feind gibt es noch den »Brückenkopf des Guten«, den göttlichen Funken, auf den wir zusteuern können.

L.: Christus, erbarme dich!

Alle: Christus, erbarme dich!

3. Einen offenen Krieg zu führen, kostet heute ein paar Billionen Dollar. Dafür könnte sich jede betroffene Familie ein Häuschen bauen.

L.: Herr, erbarme dich!

Alle: Herr, erbarme dich!

L.: *Vergebungsbitte* … und hilf uns, aus unüberwindlichen Mauern des Hasses ein paar Steine herauszubrechen.

Tagesgebet

Gott, du Quelle allen Lebens. Unsere Erde blutet aus zahlreichen Wunden – bis in unsere Familien hinein. Erfülle uns jetzt mit deinem guten Geist, damit er uns erkennen lässt, wo wir dem Frieden dienen können – durch Christus, unseren Herrn.

Kurzgeschichte vom selbstsüchtigen Riesen
(für zwei Sprecher/innen)

L.: Wir hören von einem mächtigen Riesen, der die Kleinen lieben lernt.

1.: Die Kinder spielten gerne im Garten des Riesen. Da gab es weiches, dichtes Gras; da standen prächtige Bäume und die Vögel sangen so schön. Hier waren sie glücklich.

2.: Aber eines Tages kam der Riese mürrisch von einer langen Reise zurück. Mit grober Stimme jagte er die Kinder fort. Er zog eine hohe Mauer um den Garten und hängte das Warnschild auf: Betreten bei Strafe verboten.

1.: Als im nächsten Jahr der Frühling kam, waren wieder überall Blüten zu sehen und die jungen Vögel zwitscherten vergnügt. Nur im Garten des Riesen war noch Winter. Weil keine Kinder da waren, wollten die Vögel nicht singen und die Bäume vergaßen zu blühen. Der Riese wunderte sich. In seinem Garten blies der kalte Nordwind. Frost und Schnee tanzten abwechselnd zwischen den Bäumen.

2.: Aber eines Morgens hörte der Riese eine wunderschöne Musik. Und köstlicher Duft strömte durch das geöffnete Fenster. Er sah hinaus und entdeckte die Kinder, die einfach über die Mauer geklettert waren. Deshalb flogen die Vögel umher; deshalb blühten die Bäume! Und die Blumen schauten lachend aus dem frischen Rasen. Nur in einer Ecke des Gartens war noch Winter. Dort sah er einen kleinen Jungen, der ging weinend um einen Baum herum. Er war noch zu klein, um hoch klettern zu können.

1.: Jetzt verstand der Riese, warum es in seinem Garten nicht Frühling werden konnte. Er öffnete leise die Haustür und trat in den Garten. Sofort rannten die Kinder voller Angst davon. Augenblicklich wurde es wieder Winter. Nur der kleine Junge lief nicht fort. Er konnte den Riesen nicht sehen, weil seine Augen mit Tränen gefüllt waren. Der Riese nahm ihn sanft in seine Hand. Er setzte ihn in den Baum. Sofort erstrahlte der Baum in einem Blütenmeer. Und die Vögel kamen und sangen. Der Junge aber streckte seine Arme aus. Er schlang sie dem Riesen um den Hals und küsste ihn.

2.: Die anderen Kinder sahen, dass der Riese nicht länger böse war. Sie kamen schnell zurück. Und mit ihnen kam der Frühling.

1.: Da nahm der Riese eine Axt und riss die Mauer nieder. Er sagte lächelnd: »Von nun an, Kinder, ist dies euer Garten!« Und er spielte immer wieder mit ihnen in seinem wunderschönen Garten. Jeden Tag besuchten die Kinder den Riesen und spielten mit ihm. Nur der kleine Junge tauchte nie mehr auf. Dabei hatte der Riese ihn besonders lieb. Oft sagte er: »Wie gerne würde ich ihn wiedersehen!«

2.: Die Jahre vergingen. Der Riese wurde alt und schwach. Im Lehnstuhl sah er den Kindern zu. Manchmal sagte er zu sich selbst: »Ich habe viele herrliche Blumen im Garten, aber die Kinder sind die schönsten von allen.«
An einem Wintermorgen rieb sich der Riese verwundert die Augen. In der entlegensten Ecke des Gartens war ein Baum über und über mit herrlich weißen Blüten bedeckt. Und unter dem Baum – da stand der kleine Junge, den er so liebte. Der Riese hastete über die Wiese, so gut er noch konnte, und näherte sich dem Kind. Da sah er entsetzt auf den Handflächen des Kindes die Wunden von zwei Nägeln; auch an seinen kleinen Füßen.

1.: Der Riese fragte: »Wer bist du?« Und er kniete sich nieder vor dem kleinen Jungen. Der aber lächelte den Riesen an. Er sagte zu ihm: »Du hast mich einst in deinem Garten spielen lassen. Heute sollst du mit mir in *meinem* Garten spielen. Komm mit mir in das Paradies!«

2.: Am Nachmittag fanden die Kinder den Riesen tot – über und über mit Blüten bedeckt.

Stark verkürzt nach Oscar Wilde

Evangelium
Die Feinde lieben können?: Lk 6, 27–36 (= 7. Sonntag Lesejahr C)

Ansprache
(Sie ist mehr für weiterführende Schulen formuliert. Für GrundschülerInnen bitte einfacher und direkter sprechen.)
Einen Feind lieben? Überfordert uns da Jesus nicht? Versuchen wir einmal tastende Schritte.

1. Der »Feind« Löwenzahn
Da legte ein Mann auf seinem neuen Grundstück einen wunderbaren Rasen an. An den Rändern sollten ausgesuchte bunte Blumen das tiefe Grün des Rasens so rich-

tig zur Geltung bringen. Aber dann zeigte sich eines Tages ein Löwenzahn-Pflänz-chen und noch eins und noch eins. Er stach sie aus, aber schließlich half kein chemisches Mittel und auch die erfahrenen Landwirte wussten keinen Rat. Bis ihm ein alter Gärtner riet: »Fang doch an, den Löwenzahn zu lieben.«

Nach Norbert Lechleitner

2. Die »hässliche« Eidechse

Als ein Tourist in Indien sein Zimmer bezog, saß plötzlich eine dicke, fette, häss-liche Eidechse vor ihm. Hilfe! Mit dem Viech wollte er nicht zusammenleben. Aber so sehr er sich Mühe gab, sie einzufangen, immer wieder entwischte sie ihm; bis sie hinter einem Schrank unerreichbar schien. Er war zu stolz, fremde Hilfe zu holen. So überlegte er hin und her.

Da kam ihm die Idee, doch zu versuchen, das Tier gern zu haben; positiv zu denken. Es war nicht einfach … Nach einigen Tagen gab er ihr einen Namen. Er sprach mit ihr, suchte beim Eintreten »seine« Eidechse. So kamen auch die nütz-lichen Eigenschaften des Tierchens zum Vorschein: Es ernährt sich nämlich von gefährlichen Moskitos. Da erkannte er: Das Problem waren nicht die äußeren Um-stände, sondern lag in ihm selbst.

Nach Ph. Schmitz

3. Friede mit Feinden ist möglich

Hier liegt die Lösung! Das Problem liegt nicht in den äußeren Umständen, sondern in uns selbst. Es läuft immer auf dasselbe hinaus: Am Ende der Straße wohnen Italiener oder Türken, die manchmal sehr laut sind. Und wenn etwas gestohlen wird, waren die das bestimmt! Wer aber Kontakt sucht, kann feststellen, die leben anders; aber ihr Leben zeigt Qualitäten, die uns abgehen. Ein Miteinander würde beide Seiten bereichern. Wie es schon Winston Churchill sagte, der große eng-lische Staatsmann, der zwei Weltkriege mitmachte: »Lieber bla-bla als peng-peng!«

Ähnlich der Unsympathische im Verein oder in der weiten Verwandtschaft: Wer sich auf eine Begegnung einlässt, wer im Gespräch zuhören kann, wird fest-stellen, dass leicht Vorurteile abgebaut werden können.

So auch in Problem Nummer eins, das unsere Welt bedroht: der Islam. Der größtem Teil der Muslime lehnt Terror und Gewalt ab und schämt sich dieser Selbstmordattacken. Es gibt nur *einen* Weg, die breiten Gräben zwischen Muslimen und Christen zu überbrücken: Indem wir miteinander ins Gespräch kommen.

Auch der selbstsüchtige Riese, von dem wir in der Kurzgeschichte hörten, konnte erst dann die Mauern abreißen, als er sich dem kleinen Jungen näherte und – sich von ihm küssen ließ.

Einen Feind lieben können wir natürlich nur dann, wenn auch die andere Seite Bereitschaft signalisiert. Aber wer nur Mauern zur Abwehr errichtet, nimmt dem Christentum die Sprengkraft, die Jesus und viele seiner Nachfolger vorgelebt haben.

Fürbitten

L.: Lebendiger Gott – mitten unter uns. Die Welt liegt dir am Herzen. Wir rufen dich an:

1. Lass die christlichen Kirchen und die anderen Weltreligionen für die Menschen da sein und zum guten Miteinander in der Welt beitragen.

2. Hilf den Staaten, Wege zur Gerechtigkeit und zum Frieden zwischen den Völkern zu ebnen.

3. Tröste alle, die entrechtet, gedemütigt und benachteiligt sind, und lass uns dabei helfen, damit dem Terror der Boden entzogen wird.

L.: Denn du willst das Reich des Friedens und der Gerechtigkeit – jetzt und einmal in seiner ganzen Fülle – durch Christus, unseren Herrn.

Gabengebet

Herr, unser Gott. Auch die Gaben von Brot und Wein preisen deine Größe und Güte. Lass uns aus den verwandelten Gaben Kräfte des Himmels schöpfen, die uns Mut machen, an deinem Reich zu bauen. Darum bitten wir durch Christus, unseren Herrn.

Messkanon von der Versöhnung

Vaterunser

Einleitung: Erlöse uns von aller Gewalt und allem Terror! Vater unser …

Friedensgruß

Einleitung: Das Wichtigste in der Welt ist der Frieden – außen und innen. Er fängt bei uns an. Darum gebt ein Zeichen des Friedens und des Miteinanders!
Der Friede des Herrn sei allezeit mit euch!

Meditation nach der Kommunion

1. Spr.: Wir loben die kleinen Schritte zum Frieden:
Die Faust in der Tasche; die nicht zugeschlagene Tür.

2. Spr.:	Wir loben die kleinen Schritte zum Frieden:
	Die zur Versöhnung ausgestreckte Hand;
	ein Vorschlag, der kompromissbereit ist.

3. Spr.:	Wir loben die kleinen Schritte zum Frieden:
	Das heruntergeschluckte gemeine Wort;
	Blicke, die Gräben zuschütten.

Schlussgebet

Guter Gott. Ein Krieg beginnt immer in unserem Denken. Hilf uns durch diese Feier, ein gutes Miteinander in der Welt zu versuchen oder wenigstens aus der feindlichen Mauer *einen* Ziegelstein herauszuziehen – durch Christus, unseren Herrn.

23. Vom Tief zum Hoch: Zachäus begegnet Jesus
(Einunddreißigster Sonntag Lesejahr C)

Hinweise

1. Die Grundidee zu diesem Gottesdienst entstammt dem Buch von Ursula Klauke / Norbert Brockmann, »Angedacht«, Matthias-Grünewald-Verlag 1997, mehrfach variiert durch Horst Rausch, Dresden.

2. Dieser Gottesdienst ist auf viele andere Personen aus dem NT übertragbar, die nach der Begegnung mit Jesus im »Hoch« fortgingen.

Vorzubereiten:

Aus Pappe wird ein großes Barometer gebastelt mit einem beweglichen Zeiger und folgenden Aufschriften: »Tief« links, »veränderlich« in der Mitte, »Hoch« rechts.

Lieder
Zu Beginn – GL 298: Herr, unser Gott, wie bist du zugegen
Vor dem Evangelium – Tr 707: Kleines Senfkorn Hoffnung
Zur Gabenbereitung – Tr 53: Gottes Schöpfung, gute Erde
Zum Abschluss – Tr 335: Bewahre uns Gott

Begrüßung
Das Kreuz Jesu hat uns hier versammelt. Wir legen es andächtig über uns:
> Im Namen des Vaters …

Hinführung
Die ersten Minuten des Tages, ob gehetzt, depressiv oder ruhig und gelöst, bestimmen den ganzen Tag mit. Auch die Minuten hier können uns positiv verwandeln. Wir besinnen uns:

Kyrie
1. Herr, manchmal fühle ich mich wie abgestürzt.
    Die Flügel meiner Seele sind abgebrochen.

L.: Herr, erbarme dich! Alle: Herr, erbarme dich!

2. Herr, wie eine Blume die Sonne braucht, um zu blühen,
    so braucht ein Mensch die Zuneigung anderer, um zufrieden zu bleiben.

L.:   Christus, erbarme dich! Alle: Christus, erbarme dich!

3.   Herr, ich darf dich mit ausgebreiteten Armen sehen:
Das führt zur liebevollen Begegnung mit dir.

L.:   Herr, erbarme dich! Alle: Herr, erbarme dich!

L.:   *Vergebungsbitte* ... und schenke uns jetzt einen neuen Anfang!

Tagesgebet

Barmherziger Gott. Wir sind hier eingetaucht in deine große Gegenwart. Nimm alles von uns, was uns auf dem Weg zu dir aufhält, damit wir deinen ausgebreiteten Armen entgegengehen können. Darum bitten wir durch Christus, unseren Herrn.

Evangelium

Ein Mensch findet ins Leben zurück, weil er vielleicht zum ersten Mal Liebe und Zuwendung erfährt: Lk 19,1–10 (Zachäus).

Ansprache

(L. zeigt das Barometer) Solch ein Barometer zeigt den Luftdruck an und sagt uns voraus, ob uns schönes oder mieses Wetter erwartet, oder ob das augenblickliche Wetter sich verändern wird. Die Stimmung bei Zachäus war sicherlich mies. Weil ihn die Menschen meiden, ist er ungenießbar. Dabei ist er es selbst schuld: Er betrügt ja die anderen, hält mit der verhassten Besatzungsmacht der Römer zusammen und hat es auf krummen Wegen zu großem Reichtum gebracht. Das ruft Neid und Verachtung hervor.

Ihr wisst, was das heißt, unerwünscht zu sein, wie Luft behandelt zu werden: Das ist das Schlimmste, was einem passieren kann, dass Menschen von einem wegrücken, wenn man sich zu ihnen setzen will. Ihr seid also damit einverstanden, dass ich den inneren Stimmungsanzeiger des Zachäus auf »Tief« drücke.

Aber er neigt zu »veränderlich«, weil der berühmte Jesus in die Stadt kommen will. Da wird er neugierig und ist irgendwie von neuer Hoffnung erfüllt, irgendwie. Je höher er auf den Baum steigt, umso mehr hellt sich sein Gesicht auf. Und dann wäre er vor Schreck beinahe vom Baum heruntergefallen: Jesus bleibt unter dem Baum stehen, schaut hoch und spricht ihn, den Halsabschneider und Dieb, *freundlich* an. Wie sehr hätten sich die anderen gefreut, diesen berühmten Rabbi in ihr Haus aufnehmen zu können! Aber nur zu ihm sagt er: »Zachäus, ich muss heute in deinem Haus zu Gast sein.« Ich muss! Nicht: Wäre es vielleicht möglich? Ich muss!! Das innere Barometer des Zachäus steigt beträchtlich. Aber noch nicht ins Hoch. Denn die Leute um ihn herum murren, ja sind empört: Bei diesem Sünder kehrt er ein! Kann dieser Jesus denn gut sein, wenn er sich bei so einem wohlfühlt? Diese Stimmung zieht den Zeiger wieder runter. Richtig freuen kann man sich nur, wenn sich andere mitfreuen und nicht neidisch wegschauen. Du kannst nicht *alleine* einen schönen Geburtstag feiern.

Doch der freundliche Blick dieses Rabbi bleibt ja. Das beflügelt Zachäus. Er tischt ihm und seinen Jüngern das Beste auf. Und er denkt nach. Ja, er ist sehr nachdenklich geworden. Warum kommt dieser Jesus gerade zu ihm? Wenn er seinen Namen kennt, weiß er doch auch, wie viel Schuld er auf sich geladen hat! Und dann schnellt sein Barometer höher: Seine Antwort auf diesen Jesus, der ihn so angenommen hat, wie er ist: »Ich teile! Ich gebe die Hälfte meines Vermögens den Armen und wenn ich von jemand zu viel gefordert habe, gebe ich ihm das Vierfache zurück.« Das setzt Zachäus in die Tat um – eine wirkliche Umkehr. Und als die Menschen staunen und merken, dass Zachäus nicht mehr der Halsabschneider sein will, und ihm beifällig zumurmeln, da springt der innere Stimmungsanzeiger des Zachäus mitten ins »Hoch.«

Das ist das Angebot Jesu in jedem Gottesdienst, ob wir im Tief hängen oder unsere Herzen für uns ein »veränderlich« aufgemacht haben: Er nimmt dich an, wie du bist, heute, morgen und immer. Und das ist der Grund, mit einer Super-Stimmung aus einer Begegnung mit Jesus – ob im Gebet oder Gottesdienst – nach Hause zu gehen. Oder?

(L. dreht das Barometer so, dass der Zeiger jetzt auf »Hoch« steht.)

Fürbitten

L.: Wir rufen zu unserem Gott, der die Flügel unserer Seelen heben kann:

1. Lass es den christlichen Kirchen gelingen, die Herzen vieler Menschen aus einem seelischen Tief zu holen.

2. Bewege die Menschen, den Alten, Kranken und Einsamen zu helfen.

3. Lass uns mit Dankbarkeit und Freude am Gottesdienst deiner Gemeinde teilnehmen.

L.: Damit dein Reich sichtbarer werde, der du lebst und liebst bis in alle Ewigkeit.

Gabengebet

Herr, unser Gott. Nimm diese Gaben von Brot und Wein an und schenke sie uns zurück, gefüllt mit deinem Erbarmen. Das erbitten wir durch Christus, unseren Herrn.

Vaterunser – Friedensgruß

Meditation nach der Kommunion

1. Spr.: wussten sie schon
dass die nähe eines menschen
gesund machen, krank machen
tot und lebendig machen kann
wussten Sie schon
dass die nähe eines menschen
gut machen, böse machen
traurig und froh machen kann

2. Spr.: wussten sie schon
dass das wegbleiben eines menschen
sterben lassen kann
dass das kommen eines menschen
wieder leben lässt
wussten sie schon
dass das wort
oder das tun eines menschen
wieder sehend machen kann
einen
der für alles blind war
der nichts mehr sah
der keinen sinn mehr sah in dieser welt
und in seinem leben

1. Spr.: wussten sie schon
dass das zeithaben für einen menschen
mehr ist als geld, mehr als medikamente
unter umständen mehr, als eine geniale operation

2. Spr.: das alles wusstest du schon?

Wilhelm Willms,
aus: wussten sie schon, in: ders., der geerdete himmel
© *1974 Verlag Butzon & Bercker, Kevelaer, 7. Aufl. 1986, 5.5*

Schlussgebet

Gütiger Gott. Dein Wort, dein Brot und unser Zusammensein hier wirke in uns, damit wir fähiger werden, mit positiven Gedanken und Worten in den Alltag zu gehen und den Weg zum ewigen Leben nicht aus den Augen verlieren. Darum bitten wir durch Christus, unseren Herrn.

FERIEN – SCHÖPFUNG – ERNTEDANK – WELTTIERSCHUTZTAG

24. Im Zeichen des Regenbogens
(Zum Ferienbeginn; auch Schuljahresende)

Vorzubereiten:

Ein Regenbogen, der aus den einzelnen Farben Rot, Orange, Gelb, Grün, Hellblau, Dunkelblau (= Indigo), Lila – so die richtige Reihenfolge von oben nach unten – zusammengesetzt wird.

Lieder

Zu Beginn – Tr 774: Die Erde ist schön
Vor der Lesung – Tr 1023: Erde, kleines Schaukelschiff
Zur Gabenbereitung – Tr 284: Gib uns Frieden jeden Tag
Zum Abschluss – Tr 141: Laudato si – Sonnengesang
    Oder: Tr 334: Möge die Straße uns zusammenführen

Begrüßung

Wenn Ferien locken, fällt alles leichter. So legen wir auch beschwingt und dankbar das Zeichen des Kreuzes über uns: Im Namen des Vaters …

Hinführung

Das Wort »Ferien« wirkt wie ein leuchtender Regenbogen über dem vergangenen Schuljahr. Bevor wir den langsam aufgehen sehen, wollen wir uns aber zuerst besinnen. Dabei helfen uns drei Kinder.

Bußakt

L.:   Der Regenbogen soll wie eine Versöhnung sein:

1.   Manchmal waren wir hässlich zueinander.
    Haben aufeinander losgeschlagen und andere verpetzt.
    Vergib uns unsere Schuld!

Alle: Vergib uns unsere Schuld!

2.   Manchmal haben wir über die Lehrpersonen geschimpft.
    Haben Wutanfälle bekommen,
    wenn die Eltern mit den Hausaufgaben nicht zufrieden waren. –
    Vergib uns unsere Schuld!

Alle: Vergib uns unsere Schuld!

3.   Manchmal möchten wir nicht lernen.
      Haben lieber im Kopf die Videospiele ablaufen lassen.
      Vergib uns unsere Schuld!

Alle: Vergib uns unsere Schuld!

L.:   Ja, der allmächtige Gott erbarmt sich unser, vergibt uns unsere Schuld, wenn
      sie uns leid tut, und schenkt uns einen neuen Anfang.

Tagesgebet

Gott, du Sonne über unserem Leben. Wir legen all die Tränen eines Schuljahres vor
dich hin und wissen: Wenn Regen auf Sonne trifft, dann leuchtet uns dein Regenbogen. Dann verbindet sich der Himmel mit der Erde. Und darum bitten wir durch
Christus, unseren Herrn.

Lesung aus dem Buch Genesis

Einleitung. Wir hören vom kleinen Schaukelschiff damals, der Arche, die wunderbar das Leben rettete.

Als Menschen und Tiere aus der Arche ausstiegen, da stand ein wunderbarer
Regenbogen über der Erde. Und Gott sprach: Diesen meinen Bogen setze ich in die
Wolken. Er soll mein Zeichen sein zwischen Himmel und Erde. Er will euch an
meinen Bund mit euch erinnern. Balle ich Wolken über der Erde, dann vertraut mir
fest: Nie mehr wird das Wasser so zur Flut werden, dass sie alles vernichtet. Steht
der Regenbogen in den Wolken, so werde ich auf ihn sehen und an unseren Bund
denken. (nach Gen 8–9)

Und Jesus, der Menschensohn, hat diesen Bund zwischen Himmel und Erde
am Kreuz erneuert. Deshalb dürfen wir über das Kreuz auch immer einen Regenbogen malen.

Predigt als Sprechspiel

L.:   Die Vorfreude auf die Ferien ist groß. Sieben Kinder setzen uns jetzt einen
      Regenbogen zusammen, der uns die Strapazen des Schuljahres vergessen
      lässt und die Augen öffnet für die Schönheiten in den Ferien:

1.   Ich bin das **Rot**. – Ich leuchte als Morgenrot und auch als Abendrot.
      Deinen Lippen gebe ich meine Farbe. Auch dein Blut ist rot – egal, welche
      Hautfarbe du hast. – Vergiss die Mühen der Schule und denke an:
      Klatschmohn – Rosen – flackerndes Feuer – und an die Liebe.

Ferien – Schöpfung – Erntedank – Welttierschutztag

(Kind stellt sich als Anfang eines Halbkreises oder heftet die Farbe ganz nach oben)

2. Ich bin das **Orange**. – Die Farbe der wohlschmeckenden Orangen.
Die Farbe der Vorfreude: auf das Liegen am Strand,
auf das Besteigen der Berge, auf das Schwimmen im Meer.
(Kind stellt sich auf oder heftet den Bogen an)

3. Ich bin das **Gelb**. – Ich strahle und wärme als Sonnenstrahl und mache,
dass alles wächst und blüht. – Vergiss die anstrengenden Stunden und denke
an: Löwenzahn – Raps – Sonnenblumen – den Zitronenfalter.
Ich bin die Farbe des Lichtes, die alles hell macht.
(Kind stellt sich auf oder heftet den Bogen an)

4. Ich bin das **Grün**. – Auf der Schultafel wollte ich schon dein Auge entspannen. Mich findest du in den Blättern der Bäume und auf saftigen Wiesen. Ja auch im Wasser und im hüpfenden Frosch. In meiner Nähe entspannst du dich. Und vergiss nicht: Ich bin die Farbe der Hoffnung!
(Kind stellt sich auf oder heftet den Bogen an)

5. Ich bin das **helle Blau**. – Als Farbe des Himmels küsse ich das Vergissmeinnicht. Auch Schmetterlinge tragen meine Farbe.
Das helle Blau steht für Freundschaft, die du so sehr ersehnst.
(Kind stellt sich auf oder heftet den Bogen an)

6. Ich bin das **dunkle Blau**. – Ich gab der Blaumeise das Mützchen und der Kornblume die Blüte. Im Enzian und Rittersporn findest du mich.
Auch im tiefen See und im Meer. Und ich bin die Farbe der Treue
und des Glaubens an Gott.
(Kind stellt sich auf oder heftet den Bogen an)

7. Ich bin das **Violett**. – Im Veilchen und im Flieder erfreue ich dich.
Ich gelte als Farbe der Ruhe, die du nach vielen Wochen der Schule verdient
hast. In der Ruhe kannst du auch Gott leichter begegnen.
(Jetzt stellen sich die Farben zusammen oder die letzte Farbe wird aufgeheftet)

Nach Grundschule Niederzier-Ellen

L.: Die sieben Farben des Regenbogens stehen leuchtend und versöhnend über dem Schuljahr. Ihr habt es ja bei Noach mit seiner Arche gehört: Gott möchte Himmel und Erde mit seinen großen Händen halten und nie mehr vernichten. All die Katastrophenfilme brauchen uns den Urlaub nicht verderben.

Wir wünschen euch eine schöne Ferienzeit, selbst wenn die Sonne auf sich warten lässt.

Fürbitten

Wir werden kurz still, um für das Schuljahr zu danken, aber auch darum zu bitten, dass alle wieder Mut haben und schöne Tage in den Ferien erleben – zu Hause oder in der Ferne. *(Stille)*

Gabengebet

Du Gott, der das Leben will. In diesen Gaben von Brot und Wein schenken wir auch alles, was wir im Schuljahr ernten durften und was schief gegangen ist. Nimm alles an und verwandle es in ein gutes Ende, das auch einen neuen Anfang schenkt – durch Christus, unseren Herrn.

Vaterunser – Friedensgruß

Meditation nach der Kommunion

1. Spr.: Du, mein Jesus, bist mein Ziel
bei der Arbeit und beim Spiel.
Du sollst immer mit mir gehen;
was auch immer mag geschehn.

2. Spr.: Du, mein Jesus, bist mein Freund.
Ganz bin ich mit dir vereint.
Du in mir und ich in dir.
Herzlich dank ich dir dafür.

Schlussgebet

Ja, Herr, wir danken dir für deine ausgestreckte Hand, die wir auch in diesem Schuljahr als Hilfe ergreifen konnten. In Darstellungen sehen wir dich manchmal auf einem Regenbogen, weil du den Bund mit Gott erneuert hast. So schenke uns deine Nähe auch in den Wochen der Ferien, der du lebst und liebst in alle Ewigkeit.

25. Von Indianern lernen
(Erntedank)

Lieder
Zu Beginn – Tr 409: Alle Kinder dieser Welt
Vor dem Evangelium – Tr 998: Kumbayah, my Lord
Zur Gabenbereitung – Tr 196: Wenn jeder teilt (statt »gibt«), was er hat;
    nur den Refrain
Nach der Kommunion – Tr 833: Jeder Teil dieser Erde (Kanon)
Zum Abschluss – Tr 141: Laudato si

Begrüßung
Über die ganze Welt spannt sich das Kreuz. Oft auf den Bergen zu sehen in allen
Ländern der Welt oder am Wegrand. Wir legen es andächtig über uns: Im Namen
des Vaters …

Hinführung
Wenn ich das richtig beobachtet habe, dann spielt ihr oft und gerne Indianer. Auch
Bücher über dieses Volk werden immer noch viel gelesen. Neu für Erwachsene zum
Beispiel »Das Dschungelkind«. Wir werden heute sehen, dass wir viel von ihnen
lernen können.

Aber zuerst helfen uns zwei Kinder, uns vor denen zu verneigen, die wir hier
besonders nahe spüren können:

1. Kind: Wir glauben an dich, Vater im Himmel.
    Du willst, dass alle Menschen glücklich sind.

2. Kind: Wir glauben an dich, Jesus Christus.
    Du hast am Kreuz viele Schmerzen und Angst gehabt.
    Aber du hast das für uns Menschen ertragen.

1. Kind: Wir glauben an dich, Heiliger Geist.
    Du kannst die Traurigen wieder froh machen.
    Du hilfst uns, das Böse durch das Gute zu überwinden.

2. Kind: Wir glauben an die Kirche.
    Sie will uns helfen auf dem Weg zu Gott.
    Trotz ihrer Fehler lieben wir sie, weil Jesus ihr Herr ist.

Tagesgebet

Guter Gott. Wir danken dir für die schwarzen und weißen, gelben und braunen Menschen und heute besonders für die roten: Nimm sie unter deinen Schutz, weil sie aus Habgier wegen ihrer Reichtümer immer wieder getötet oder vertrieben werden. Darum bitten wir durch Christus, unseren Herrn.

Evangelium nach Johannes

Einleitung: Was wir von den Indianern besonders lernen können: Die Liebe, mit der sie mit der Schöpfung umgehen. Die Liebe hat uns auch Jesus aufgetragen.

In jener Zeit sagte Jesus: Das ist mein Gebot: Liebt einander, so wie ich euch geliebt habe. Tut das, damit meine Freude in euch ist und sie immer mehr in euch wächst. (nach Joh 15,12.11)

Ansprache

Von Indianern lernen. Dazu erzähle ich euch drei Geschichten:

1. Einmal stellte eine neue weiße Lehrerin zehn Indianerkinder an die Tafel, gab ihnen eine Rechenaufgabe und sagte: »Wer von euch zuerst fertig ist, dreht sich um!« Aber die Kinder warteten ab, bis alle die Aufgabe gelöst hatten und drehten sich dann gemeinsam um.

Die Lehrerin wurde ärgerlich und schimpfte. Da sagten die Kinder: »Das ist kein gutes Benehmen, was Sie da von uns verlangen. Denn die später fertig sind, müssten sich doch schämen. Richtig ist aber, dass sich keiner hervortun soll. Eher wäre es richtig, dem Schwächeren zu helfen!« –

Nach Ruth Dirx

2. Eine Indianerin hatte ein Reh erlegt. Sie beugte sich über das Tier und sagte: »Es tut mir leid, kleiner Bruder, dass ich dich töten musste. Aber meine Kinder hungern, ich brauche dein Fleisch. Darum vergib mir, kleiner Bruder! Ich will deine Kraft und Schönheit ehren. Sieh her: Ich hänge dein Geweih an diesen Baum. Jedes Mal, wenn ich vorbeikomme, werde ich an dich denken und deinem Geist Ehre erweisen. Es tut mir wirklich leid, dass ich dich töten musste. Vergib mir, kleiner Bruder!« –

Eine Cherokee-Indianerin

3. Indianerkinder sind klug. Sie haben beobachtet, dass der Wiesenmaus die Früchte des Erdbohnenstrauches gut schmecken und sie diese massenhaft in ihre unterirdischen Kammern bringen. Da diese Bohnen aber sehr schwer zu pflücken sind

Ferien – Schöpfung – Erntedank – Welttierschutztag

und die Indianerkinder sie auch sehr gerne essen, beobachten sie die Bohnenmäuse ganz genau. Und dann brauchen sie nur mit der Hand in die Erdhöhlen zu greifen, um eine schöne Menge Bohnen für sich herauszuholen.

Aber sie berauben die wehrlosen Tierchen nicht. Sie legen ihnen als Gegenleistung ein Stück Speck oder Fett oder Mais in die Vorratskammern. Denn sie wissen: Niemand darf das Gleichgewicht in der Schöpfung ungestraft zerstören.

Nach Werner Müller

Sind diese Beispiele nicht beeindruckend und toll? Da meinen manche, Indianer seien primitiv. Die Weißen sind oft tollpatschig und egoistisch aufgetreten und haben Büffel und Adler aus Spaß getötet. Und so die Schöpfung vernichtet und darin die Lebewesen.

Fürbitten
Wir wollen still werden und Gott bitten, dass wir mit der Mutter Erde gut umgehen. Denn wenn wir sie zerstören, vernichten wir uns letztlich selbst. *(Stille)*

Zur Gabenbereitung
Alle: Tr 196:
> Wenn jeder teilt, was er hat, dann werden alle satt; nur Refrain

1. Wir leben auf einer Insel des Wohlstandes. Uns geht es so gut.

2. Um uns herum liegen Ozeane der Armut. – Wir vergessen so gerne.

Alle: Refrain wie oben

1. Die Gaben, die wir zum Altar bringen, sind nur ein Anfang.
    Wir beginnen, an einer besseren Welt zu bauen.

2. Jede kleine Gabe soll sich vermehren.
    Sie soll wachsen, bis alle satt sind.

Alle: Refrain wie oben

1. Brot für die Welt ist ein Strohhalm voll Hoffnung.
    Das Brot der Liebe brauchen wir alle.

2. Jesus im Brot ist ein Friedenszeichen für alle.
    Jesus im Brot ist immer wieder ein neuer Anfang.

Alle: Refrain wie oben

Vaterunser – Friedensgruß

Meditation nach der Kommunion

1. Spr.: Ein Indianerhäuptling schreibt: Jedes summende Insekt,
jeder sandige Küstenstreifen ist meinem Volk heilig.
Denn wir sind ein Teil der Erde, und sie ist ein Teil von uns.

2. Spr.: Die duftenden Blumen sind unsere Schwestern.
Das Reh, das Pferd, der große Adler – sie sind unsere Brüder.
Auch die Luft ist dem roten Mann unendlich wertvoll.

1. Spr.: Lehrt eure Kinder, was wir unseren Kindern gelehrt haben:
Die Erde ist unsere Mutter.
Wer auf sie spuckt, spuckt auf sich selber.

2. Spr.: Die Erde ist so kostbar.
Sie zu verletzen heißt, den Schöpfer verachten.
Jeder Teil dieser Erde ist meinem Volk heilig!

Segen

Der Herr öffne unsere Augen, damit wir die Raupe,
die Eidechse und das Schneckenhaus sehen und nicht zertreten.
Er öffne uns die Ohren, damit wir den Specht,
den Kuckuck und den Eichelhäher hören.
Er öffne uns die Nase, damit wir die Tannen, das Harz und die Pilze riechen.
Er öffne uns das Herz, damit uns das Schöne auffällt,
wir das Staunen nicht verlernen und dich hinter allen Herrlichkeiten suchen.

26. Solidarität in der Schöpfung
(Schöpfung)

Vorzubereiten:
Ein Arrangement aus Pflanzen, in denen Stofftiere stehen oder eine Bilderwand mit Herrlichkeiten der Schöpfung.

Lieder
Zu Beginn – Tr 973: Er hält das Leben in der Hand
Vor dem Evangelium – Tr 109: Wie ein Vogel im Nest
Zur Gabenbereitung – Tr 53: Gottes Schöpfung, gute Erde
Zum Abschluss – Tr 141: Laudato si

Begrüßung
Der dreifaltige Gott erfülle jetzt unseren Geist, unsere Seele und unseren Leib:
Im Namen des Vaters … Der Herr, die Quelle des Lebens, sei mit euch!

Hinführung
In der Öffentlichkeit erleben wir Schöpfung oft nur in Negativmeldungen:
BSE, Würmer im Fisch, Vogelgrippe, Käfighühner, ausgesetzte Haustiere.
Heute wollen wir einmal manch wunderbare Vorgänge in der Schöpfung beobachten, von denen wir Menschen uns eine Scheibe abschneiden können.
Wir besinnen uns.

Kyrie
1. Jesus Christus: Du Schöpfer einer wunderbaren Welt!

L.:   Herr, erbarme dich!

Alle: Herr, erbarme dich!

2. Jesus Christus: Du Erlöser auch der leidenden Kreatur!

L.:   Christus, erbarme dich!

Alle: Christus, erbarme dich!

3. Jesus Christus: Ziel der jubelnden Schöpfung mit Engeln und Menschen, mit Tieren und Pflanzen.

L.: Herr, erbarme dich!

Alle: Herr, erbarme dich!

L.: **Vergebungsbitte** ... und führe uns einmal ins Reich deiner Herrlichkeit.

Tagesgebet
Mächtiger Gott. Wir danken dir für die Treue und den Schutz des Hundes, für das Pferd als Weggefährten, für das Lied des Kanarienvogels, für alle Tiere als Freunde des Menschen. Wir bitten dich: Hilf uns, das Kleid deiner Herrlichkeit nicht zu besudeln durch Missbrauch und Ausbeutung. Das erbitten wir durch Christus, unseren Bruder und Herrn.

Evangelium
Wir sind noch kostbarer als Pflanzen und Tiere: Mt 6,26–30.

Ansprache (bitte auswählen!)
Gott hat seine Schöpferkraft und Fantasie auch in die Tierwelt gelegt. Weil sie alle von Gott geschaffen sind, müssen wir ihnen Achtung und Ehrfurcht entgegenbringen: Denn in ihrer Schönheit, Treue und ihrem Vertrauen erzählen sie uns etwas von Gott. Manchmal machen sie uns in ihrem Verhalten sogar etwas vor. Darum zum Staunen oder zum Nachdenken einige Beobachtungen.

»Seht euch die Vögel des Himmels an«, sagt Jesus. Wir hören zwei Beispiele aus der Vogelwelt:

1. Wenn ein Zugvogel während des Fluges krank wird, verlassen zwei Vögel die Formation, um ihm zu helfen und ihn zu schützen. Sie bleiben so lange bei ihm, bis er wieder flugfähig ist oder stirbt.

2. Wenn Kälte und Stürme am Südpol selbst Menschen in Hightech-Kleidung nicht lange überleben lassen, dann stellen Pinguine sich dicht zusammen. Die Jungtiere und Weibchen stehen in der Mitte, wo es am wärmsten ist. Außen stellen sich die Männchen wie eine Wagenburg mit dem Gesicht nach innen auf. Da aber der mörderische Sturm von **einer** Seite tobt, dreht sich der äußere Kreis langsam, so dass jedes männliche Tier einmal den Sturm voll ertragen muss, sich dann aber wieder im Windschatten erholen kann.

Nach Franz Neumair

Da herrscht also eine regelrechte Solidarität, die wir bei den Menschen mit ihrer hohen Intelligenz oft vermissen. Aber noch weitere Beispiele der Solidarität:

3. Die Wüstenfüchse, die Fenneke, klauben die goldgelben Schnecken an den dürren Bäumchen in der Wüste nie ganz ab. Sie fressen höchstens zwei bis drei, obwohl es auf den Bäumchen vor Schnecken manchmal nur so wimmelt. Die Wüstenfüchse gehen dann zum nächsten »Wirtshaus«. Würden sie alle Schnecken herunterholen, so wäre schnell der ganze Bestand vernichtet und auch die eigene Existenz letztendlich gefährdet. Das Gleichgewicht zu erhalten, das wäre auch weltweit unter den Völkern not-wendig!

Das ökologische Gleichgewicht muss erhalten bleiben! Das wissen Tiere wohl instinktiv; nur die Krone der Schöpfung, der Mensch, kümmert sich zu wenig darum. – Noch ein letztes Beispiel von Solidarität aus der Welt der Bienen:

4. Die Bienen können nur als Gemeinschaft überleben. Wenn sie irgendwo eine sogenannte »Trachtquelle«, also z. B. einen blühenden Baum entdecken, dann behalten sie das nicht für sich, sondern sie fliegen schnell zurück zum Bienenstock, beginnen auf der Wabe einen Rundtanz – bei größerer Entfernung auch den »Schwänzeltanz« – und verraten darin genau die Richtung, in die die anderen Bienen fliegen müssen, um die Trachtquelle zu finden. So verständigen sie sich!

Würdest du den anderen offen von einem Schatz berichten, den du gefunden hast!?

Jesus sagte im Evangelium: »Sie alle säen nicht, sie ernten nicht und doch ernährt sie mein Vater im Himmel!« Wer an einem abgeernteten Kornfeld vorbeigeht, kann die Laufstraßen der Mäuse gut erkennen, die ihre Kammern für den langen Winter gefüllt haben. Noch ist die Erde reich genug, um allen Menschen Freude am Leben zu schenken. Es müsste nur mehr Solidarität unter den Menschen herrschen – wie manchmal unter den Tieren!

Fürbitten

L.: Wir erheben unsere Augen zu dem, der in Himmel und Erde seine Gesetze legte und bitten:

1. Lass die christlichen Kirchen die Achtung und Ehrfurcht vor deiner Schöpfung überall verkünden.

2. Hilf den Mächtigen in Staat und Wirtschaft, verantwortungsvoll mit den Lebewesen und Schätzen der Erde umzugehen.

3. Schenke allen, die sich für den Schutz der Schöpfung engagieren, genug Eindringlichkeit und Tatkraft, sich für ausgebeutete Tiere und Pflanzen Gehör zu verschaffen.

4. Bewege die christlichen Organisationen, nach dem Vorbild des heiligen Franziskus und des heiligen Hubertus für den Erhalt der Schöpfung zu kämpfen.

L.: Denn wir sollen Zeugen deiner Herrlichkeit sein – durch Christus, unseren Herrn.

Gabengebet
Gütiger Gott. Wir danken dir für den Segen, den du in die Schöpfung gelegt hast, damit sie die Menschen ernähre und erfreue. Wir danken dir für Brot und Wein als tägliches Geschenk. Erfülle sie mit einer Kraft, die uns auch das Teilen nicht vergessen lässt. Darum bitten wir durch Christus, unseren Herrn.

Vaterunser – Friedensgruß

Meditation nach der Kommunion
1. Spr.: Unsere Erde ist ein wunderbarer Wohnplatz.
   Wir Menschen und Tiere, Bäume und Blumen atmen dieselbe Luft, leben von derselben Sonne und ernähren uns von den Früchten derselben Mutter Erde.

2. Spr.: Jeder Anschlag auf die Natur ist ein Anschlag auf uns selbst.
   Wer zulässt, dass das natürliche Gleichgewicht auf unserer Erde zerstört wird, macht aus diesem wunderbaren Wohnplatz eine dürre Wüste.

1. Spr.: Der Mensch, das Ebenbild Gottes, hat zwar den Auftrag:
   »Macht euch die Erde untertan!« Aber das ist kein Freifahrtschein, herrliche Wälder abzuholzen, Wale zu torpedieren,
   Mastvieh in Boxen zu halten und Tiere in Versuchen zu quälen.

2. Spr.: Der Brudermörder Mensch sorgt für eine zerquälte Erde.
   Der Moloch Technik frisst den Zauberlehrling;
   denn seine größte Sünde ist die Habgier.

1. Spr.: Herr, lass die Schönheit deiner Schöpfung nicht besudelt werden.
   Wir brauchen ihre klaren Quellen,
   den jubelnden Chor der Vögel und das Lied der Amsel am Abend.

Schlussgebet

Lebendiger Gott. Wir danken dir für den wunderbaren Reichtum der Schöpfung.
Hilf uns, die Solidarität, die wir manchmal in ihr beobachten können, auf alles
auszudehnen, was leben will. Das erbitten wir auf die Fürbitte des heiligen Franziskus und des heiligen Hubertus, durch Christus, unseren Herrn.

27. Danke auch für die Tiere
(Erntedank / Welttierschutztag / Franziskus)

Vorzubereiten:

1. *Die Kinder dürfen ihre Stofftiere mitbringen.*
2. *Für die Vogelpredigt nach Möglichkeit ein Franziskanergewand ausleihen und Vogelkostüme für einige Kinder (= bunte Federn auf der Kleidung) basteln lassen. Wenn der Zelebrant auch der Prediger ist und den hl. Franziskus personifiziert, kann er bis zur Predigt auf das Messgewand verzichten und nur in Albe, Gürtel und Stola in Erscheinung treten. Zur Gabenbereitung legt er dann die Kutte nicht ab, sondern eine große Stola über.*
3. *Wenn die »Vögel« heranfliegen, kann Vogelgezwitscher über eine Kassette eingespielt werden.*

Lieder
Zu Beginn – Tr 108: In Ängsten die einen
Vor dem Evangelium – Tr 109: Wie ein Vogel im Nest
Zur Gabenbereitung – Tr 206: Brich mit den Hungrigen dein Brot
Zum Abschluss – Tr 141: Laudato si – Sonnengesang des heiligen Franziskus

Begrüßung
Wir legen das Zeichen dessen über uns, der zum großen Plus für die ganze Schöpfung geworden ist: Im Namen des Vaters …

Hinführung
Es fällt nicht schwer, bei der herrlich geschmückten Kirche Erntedank zu feiern. Kurz nach Erntedank feiern wir immer das Fest des heiligen Franziskus, der ein ganz besonders gutes Verhältnis zu Tieren hatte. An seinem Gedenktag, dem 4. Oktober, feiern wir auch den Welttierschutztag. Wir nehmen also heute die Tiere – vertreten durch eure Stofftiere – mit in unseren Erntedank auf, weil sie uns so vielfältig dienen. – Zuerst wollen wir beten.

Tagesgebet
Gott, unser Vater. Immer noch ist die Erde reich genug für alle. Wir danken für die Ernte des Jahres. So segne (+) diese Gaben der Erde, die Tiere und die ganze Schöpfung, damit alle Menschen genug zu essen haben. Hilf uns, die wir so reich gesegnet sind, beim gerechten Teilen der Erntegaben, damit uns nicht die Augen zu-

wachsen. Das erbitten wir – auch auf die Fürsprache des heiligen Franziskus – durch Christus, unseren Herrn.

Das Leben des heiligen Franziskus
(Je jünger die Kinder, auswählen und mit eigenen Worten erzählen.)
Bruder Franz lebte vor rund 800 Jahren in der italienischen Stadt Assisi. Er war der Sohn eines reichen Textilkaufmanns und trat zunächst wie ein Playboy auf: Er war temperamentvoll und leidenschaftlich, ein draufgängerischer Offizier, Dichter und Sänger; er hatte viele Mädchenfreundschaften.

Plötzlich veränderte er radikal sein Leben: Er kümmerte sich um Arme und Aussätzige, trennte sich vom reichen Elternhaus und ging als Bettler ohne Geld ins Gebirge. Im Gebet dachte er monatelang über Jesus nach. Danach strahlte er so viel Liebe und Überzeugung aus, dass sich ihm viele junge Menschen anschlossen, die genauso leben wollten wie er, nämlich ohne Besitz, gewaltfrei und hilfsbereit zu Menschen, Tieren und Pflanzen. Sie gründeten den Franziskanerorden, der auch heute noch in Krankenhäusern und Altenheimen arbeitet, bei Schwererziehbaren und sozial Schwachen, in Schulen und Klöstern. Franziskus starb ziemlich jung mit 44 Jahren. Er wurde in seiner Armut und Liebenswürdigkeit Jesus so ähnlich – auch durch den Empfang der Wundmale –, dass er der »zweite Christus« genannt wird.

Weil Franziskus ein besonders gutes Verhältnis zu der ganzen Schöpfung hatte, wurde er zum Schutzheiligen der Umweltschützer. An seinem Fest, dem 4. Oktober, begehen wir auch den Welttierschutztag. Noch heute spricht man vom franziskanischen Geist, wenn einer sich freiwillig arm, gewaltlos und voller Schwung und Hoffnung für Menschen und die Schöpfung einsetzt.

Evangelium
In der »Vogelpredigt«, die wir gleich hören, erwähnt Franziskus eine Stelle aus der Heiligen Schrift. Wir hören sie: Mt 6,25–26.31–33.

Ansprache
Zunächst ziehe ich jetzt das Gewand eines Franziskaners an: eine braunes Gewand, einen Strick mit den drei Knoten (= Gelöbnis, arm zu sein, zu gehorchen und nicht zu heiraten) auf der rechten Seite (auf Bildern oft in der Mitte), links wird der Rosenkranz eingehängt, und dann folgt noch die Kapuze … So, jetzt fehlen nur noch die »Vögel«!

1. Die Vogelpredigt
(Bei Vogelgezwitscher vom Band kommen einige Kinder als Vögel verkleidet nach vorne und stellen sich vor »Bruder Franz« auf.)

So habe ich als Bruder Franz damals Tausenden von Vögeln gepredigt, die von überall her zusammengeflogen waren:

»Liebe Vögel, meine gefiederten Freunde! Ihr seid mir wie Brüder und Schwestern, weil ihr wie ich und alle Menschen von Gott erschaffen seid. Ihr seht so bunt und schön aus, jeder anders! Dankt Gott mit eurem Gesang, denn ihr sät nicht und erntet nicht und müsst doch keinen Hunger leiden. Gott hat euch Flügel geschenkt, mit denen ihr durch die Lüfte segeln könnt. Es muss doch ein herrliches Gefühl sein, die schöne Welt von oben zu betrachten! Und ihr habt doppelte Kleidung, ein Federkleid für den Sommer und eins für den Winter und braucht nie zu frieren. Lobt und dankt Gott mit eurem Gesang!«

Da reckten die Vögel ihre Hälse, öffneten die Schnäbel und breiteten die Flügel aus. Damit zeigten sie an, dass sie mit dem einverstanden waren, was ich gesagt hatte. Und ich segnete sie mit einem großen Kreuz, in dem ja alle vier Himmelsrichtungen zusammenfließen. Dann flogen sie in alle Himmelsrichtungen davon! *(»Vögel« fliegen davon)*

2. Der Wolf von Gubbio

Ich erzähle euch noch von einer weiteren Begegnung mit einem Tier: Es war bei der Stadt Gubbio. Ein grimmiger Wolf riss nicht nur kranke und alte Tiere – dafür ist er ja da – nein, er vergriff sich auch an Kindern und alten Leuten. Niemand wagte sich mehr vor die Stadtmauern. Die Menschen warnten mich. Aber ich ging trotzdem ruhig auf den Wald zu. Da kam er schon angerannt, furchtbar anzusehen, mit rot angelaufenen Augen, den Rachen gierig aufgerissen. Ich rief ihm entgegen: »**Bruder** Wolf!« Solch eine Begrüßung war er nicht gewohnt; er erlebte nur schreiende, weglaufende Menschen, die leicht zu fangen und zu zerreißen waren. Der Wolf bemerkte meine Ruhe und blieb stehen.

»Bruder Wolf«, sagte ich, »du weißt, dass du über kranke und schwache Tiere herfallen darfst, aber die Menschen sind dir von Gott verboten. So darfst du nicht weitermachen!« Da sagte der Wolf, der mich verstand, genauso wie ich ihn verstehen konnte: »Aber ich finde nicht mehr genug Tiere als Nahrung, weil die Menschen zu viele wegfangen! Ich will mit meinen Kindern doch auch leben!«

»Wenn das so ist«, sagte ich, »dann werde ich mit den Stadtbewohnern sprechen, dass sie dir und deinem Nachwuchs genug Fressen an die Stadtmauern legen. Aber du musst mir versprechen, keinen Menschen mehr anzufallen! Darauf möchte ich deine Pfote. Komm, gib sie mir! Du kannst mir vertrauen!« Da kam der Wolf langsam näher. Den Menschen auf der Stadtmauer stockte der Atem. »Jetzt springt der Wolf ihn an!«, dachten sie. Aber der Wolf legte ganz artig seine Pfote in meine Hand, was hieß: »Ich bin einverstanden!«

Ich ging zur Stadtmauer zurück und sagte den vielen Menschen: »Der Wolf gibt *euch* die Schuld. Er findet für sich und seine Jungen nicht mehr genug Nahrung, weil ihr zu viele Tiere weggefangen habt. Wenn ihr genügend Fressen an die Stadtmauer legt, wird er keinem mehr etwas zu leide tun!«

Und richtig. Der Wolf wurde so zahm, dass er durch die Straßen der Stadt lief und die Kinder mit ihm spielen konnten.

Es gibt auch heute Wölfe – mit Menschengesichtern, die rücksichtslos Touristen erschießen, um an deren Geld zu kommen. Wir lesen und hören fast jede Woche davon. Wenn ich mit denen reden würde, dann sagten sie wahrscheinlich auch: »Wir brächten keine Menschen um, wenn wir genug hätten für unsere Zukunft. Weil ihr in den reichen Ländern nicht viel von Gerechtigkeit haltet, erpressen wir uns auf diese wölfische Art, was wir brauchen!«

Wie hieß es im Evangelium? Sorgt euch zuerst um Gottes Reich – und das hat eine Menge mit Gerechtigkeit zu tun, dann gerät die Welt auch jetzt schon in einen Gleichklang. »Wenn jeder teilt, was er hat, dann werden alle satt!«

Fürbitten

L.: Wir rufen zu Gott, der durch das Leben des heiligen Franziskus verherrlicht wurde:

1. Lass die Menschen wie Bruder Franz sorgsam und liebevoll mit der Schöpfung umgehen, damit die Welt eine Zukunft hat.

2. Hilf uns, die wir im Überfluss leben, die reichen Gaben deiner Erde gerechter zu verteilen.

3. Schenke uns etwas vom Feuer der Begeisterung, mit dem Franziskus Jesus und seine Kirche liebte.

L.: Darum ehren wir dich, Vater, dem wir für die Schönheit und den Reichtum unserer Welt danken, durch Christus, unseren Herrn.

Gabengebet

Herr, unser Gott. Von den Früchten der Erde liegen Brot und Wein auf dem Altar. Heilige diese Gaben, damit sie uns helfen auf dem Weg zum ewigen Leben. Darum bitten wir – auf die Fürbitte des heiligen Franziskus – durch Christus, unseren Herrn.

Präfation

Ja, wir danken dir, Vater im Himmel, weil du uns so reich gesegnet hast. Wir danken dir für das Dach über unserem Kopf, für die Kleider auf unserem Leib, für Speise und Trank auf unserem Tisch. Alles kommt letztlich als Geschenk aus deinen Händen. Du möchtest, dass wir auch damit dein Reich bewirken, ein Reich der Gerechtigkeit, des Friedens und der Geschwisterlichkeit mit der Natur. Erst wenn wir wieder *mit* der Natur leben, klingt unser Singen und Beten in deinen Ohren nicht verzerrt. So möchten wir dir zur Ehre mit allen Engeln und Heiligen singen: …

Vaterunser

Einleitung: Wir reichen einander die Hände und stehen wie eine große Familie vor Gott, dem Vater. Schließt eure Stofftiere nicht aus. Denn ohne die »Brüder und Schwestern« können auch wir nicht überleben. So beten wir: Vater unser …

Friedensgruß

Einleitung: Die eine Hand nimmt, die andere gibt. Nur in dieser Haltung des Nehmens und Gebens, des Gebens und Nehmens können wir überleben. Der Friede des Herrn sei allezeit mit euch!

Meditation nach der Kommunion
(Eine Lehrerin und ein Lehrer lesen)

1. Spr.: Wir hören Verse aus dem Sonnengesang des heiligen Franziskus:

Ferien – Schöpfung – Erntedank – Welttierschutztag

2. Spr.: Gepriesen seist du, mein Herr, mit allen deinen Geschöpfen,
zumal der Herrin, Schwester Sonne,
denn sie ist der Tag und spendet uns das Licht. –
Gepriesen seist du, mein Herr, durch Bruder Mond und die Sterne;
am Himmel hast du sie gebildet, hell leuchtend und kostbar und schön.

1. Spr.: Gepriesen seist du, mein Herr, durch Bruder Wind und durch Luft
und Wolken und heiteren Himmel und jegliches Wetter,
durch welches du deine Geschöpfe unterhältst. –
Gepriesen seist du, mein Herr, durch Schwester Wasser,
gar nützlich ist es und demütig und kostbar und keusch.

2. Spr.: Gepriesen seist du, mein Herr, durch Bruder Feuer,
durch das du die Nacht erleuchtest;
es ist schön und liebenswürdig und kraftvoll und stark. –
Gepriesen seist du, mein Herr, durch unsere Schwester, Mutter Erde,
die uns ernährt und lenkt und mannigfache Frucht hervorbringt
und bunte Blumen und Kräuter.

1. Spr.: Gepriesen seist du, mein Herr, durch jene, die verzeihen
um deiner Liebe willen, und Schwachheit ertragen und Drangsal.
Gepriesen seist du, mein Herr, durch unseren Bruder,
den leiblichen Tod; ihm kann kein Mensch lebend entrinnen.

2. Spr.: Lobet und preiset meinen Herrn und erweist ihm Dank
und dient ihm mit großer Demut!

Vgl. Hardick / Grau: Die Schriften des hl. Franziskus von Assisi,
Coelde, Werl 1980, S. 210f

Schlussgebet

Gütiger Gott. In dieser Feier haben wir für die Ernte des Jahres gedankt: Für die Früchte des Feldes und die Tiere, die uns – wie Franziskus es sah – wie Brüder und Schwestern mit auf den Weg gegeben sind. Lass uns verantwortlich mit der Schöpfung umgehen! Darum bitten wir durch Christus, unseren Herrn.

Familienmesskreis St. Pankratius, Bergheim

ENGEL / HEILIGE – ALLERHEILIGEN – ALLERSEELEN

28. Menschen mit Herz sind auch »Engel«
(Engelfest)

Vorzubereiten:
Die Grafik von Seite 142 steht ausgeschnitten zur Verfügung. Das Herz muss so sein, dass es – hinter den Menschen gehalten – zum »Engel« wird (= Flügel werden sichtbar).

Hinweise:
Auf die Idee brachte mich eine Folge »Engel als Begleiter im neuen Jahr« in der Evangelischen Kinderkirche 1/2006, S. 19–31.
Der traditionelle Tag der Schutzengel ist in der katholischen Kirche der 2. Oktober.

Lieder
Zu Beginn – GL 270: Kommt herbei, singt dem Herrn, 1.–3. Strophe
Vor dem Evangelium – GL 607: Lasst uns den Engel preisen
Zur Gabenbereitung – GL 490: Was uns die Erde Gutes spendet
Zum Abschluss – GL 608: Ihr Freunde Gottes allzu gleich, bes. 2. Strophe

Begrüßung
Ja, er ist ein »Gott für uns« (= Bezug auf das Eingangslied). Darum legen wir wie zum Schutz das Kreuz über uns: Im Namen des Vaters …
Gottes allmächtige Nähe sei mit euch!

Hinführung
»Du bist ein Engel!« haben wir sicher schon einmal gehört. Mit Engel ist dann gemeint: Ich als Mensch habe Herz gezeigt, großes Herz. Das war für den anderen eine so schöne Erfahrung, dass er es himmlisch ausgedrückt hat: »Du bist ein Engel!« – Über Menschen mit Herz, die uns Flügel schenken, wollen wir heute nachdenken.

Bußakt

1. Es müssen nicht Männer mit Flügeln sein, die Engel.
   Oft gehen sie leise, sind alt und hässlich und klein, die Engel.

L.: Herr, erbarme dich!

Alle: Herr, erbarme dich!

2. Es müssen nicht welche mit weißem Gewand
   und dem Schwert in der Hand sein, die Engel.
   Oft wohnen sie neben dir oder geben dir die Hand, die Engel.

L.: Christus, erbarme dich!

Alle: Christus, erbarme dich!

3. Es müssen nicht Wesen mit Flügeln sein, die Engel.
   Oft haben sie Kranken das Bett gemacht oder dich gehört,
   wenn du rufst in der Nacht, die Engel.

L.: Herr, erbarme dich!

Alle: Herr, erbarme dich!

Nach Otto Wiemer

L.: ***Vergebungsbitte ...*** und hilf auch uns, zur Stelle zu sein, wenn Menschen uns brauchen.

Tagesgebet

Herr, unser Gott. Du bist ein Gott, der die Menschen liebt. Das hast du uns in deinem Sohn bewiesen. Und du hast uns mächtige Begleiter an die Seite gestellt: Engel, die uns deine Nähe ahnen lassen. So hilf uns, auch anderen zur Seite zu stehen, wenn sie Hilfe brauchen. Das erbitten wir durch Christus, unseren Herrn.

Lesung aus dem Buch der Psalmen

Einleitung: Wir leben unter dem Schutz des Höchsten. –
Wer im Schutz des Höchsten wohnt
und ruht im Schatten des Allmächtigen,
der sagt zum Herrn:
»Du bist für mich Zuflucht und Burg,
mein Gott, dem ich vertraue.«
Denn er befiehlt seinen Engeln,
dich zu behüten auf all deinen Wegen.
Sie tragen dich auf ihren Händen,
damit dein Fuß nicht an einen Stein stößt.
Du schreitest über Löwen und Nattern,
trittst auf Löwen und Drachen.
Gott spricht: Ich bin bei ihm in der Not,
befreie ihn und bringe ihn zu Ehren. (Ps 91,1–2.11–13.15)

Evangelium nach Matthäus

Einleitung: Die Engel Gottes führen auf den guten Weg.

Als die Sterndeuter wieder gegangen waren, erschien dem Josef im Traum ein Engel des Herrn und sagte: Steh auf, nimm das Kind und seine Mutter und flieh nach Ägypten. Dort bleibe, bis ich dir etwas anderes auftrage; denn Herodes wird das Kind suchen, um es zu töten. Da stand Josef in der Nacht auf und floh mit dem Kind und dessen Mutter nach Ägypten.

Als Herodes dann gestorben war, erschien dem Josef in Ägypten ein Engel des Herrn im Traum und sagte: Steh auf, nimm das Kind und seine Mutter und zieh in das Land Israel. Denn die Leute, die dem Kind nach dem Leben getrachtet haben, sind tot. Da stand er auf und zog mit dem Kind und dessen Mutter in das Land Israel. (Mt 2,13–14.19–21)

Ansprache

(bitte je nach Alter auswählen)
»Du bist ein Engel!« So ein Ausspruch gibt ein Echo auf eine *herz*liche Begegnung. Wir wollen also jetzt nicht über die himmlischen Boten und Beschützer nachdenken, sondern über die Tatsache: Wann küsst der Himmel die Erde und werden *Menschen* zu Engeln? Das ist ganz einfach. *(L. zeigt ein Herz)* Es kommt auf das Herz an. Und wenn ein Mensch *(L. zeigt die Umrisse des Menschen)* Herz zeigt, dann wird er für andere wie ein Engel. *(L. hält das Herz hinter den »Menschen«, so dass er jetzt wie ein Engel mit Flügeln aussieht.)*

Um ein Herz zu haben, braucht der Mensch aber zuerst zwei Ohren

(L. schiebt das Herz jetzt höher, so dass die Flügel zu übergroßen Ohren werden). Mit dem Hören fängt alles an. Ich muss den Hilferuf des anderen Menschen durch aufmerksames Hinhören überhaupt wahrnehmen. Dann erst kann alles zu Herzen gehen. *(L. schiebt das Herz wieder in Flügelhöhe.)*

Ich darf ein ausführlicheres Beispiel von einem Menschen vorstellen, der zum Engel wurde. Ich stelle euch den »Engel von Sibirien« vor, eine Frau, die diesen Ehrentitel allerdings wie die Pest hasste. Sie starb 1948. Als junges Mädchen hatte die Schwedin Elsa Brandström glanzvolle Bälle und Opernabende erlebt; sie rodelte wie ihre Brüder und trat selbstsicher auf. Aber dann langweilte sie das seichte Geschwätz auf den Tanzabenden. Sie ließ sich zur Schwesternhelferin ausbilden und reiste zum Entsetzen ihrer Verwandten und Freunde nach Sibirien. Was sie da im ersten Weltkrieg erlebte, verschlug ihr den Atem, schrieb es auf und veröffentlichte es: »Kranke und Gesunde lagen in gegrabenen lehmigen Höhlen, von den Eiszapfen an der Decke tropfte das Wasser, so dass die Pritschen immer nass waren. Das Essen wurde neben die Kranken gestellt. Nur wer noch Kraft besaß, aß. Die Ärzte operierten nicht selten mit Taschenmessern. Schwerkranke schleppten sich mit letzter Kraft hinaus, um ihren brennenden Durst mit Schnee zu löschen.« – Ihre Berichte wurden zu einem Bestseller. Als offizielle Delegierte des Schwedischen Roten Kreuzes verhandelte sie dann energisch mit mürrischen Lagerkommandanten, bombardierte die Behörden mit durchdachten Vorschlägen und marschierte mit peinlich berührten russischen Generälen durch die Baracken. In ganz Europa sammelte Elsa Brandström Wäsche, Decken und Geld. So herrisch sie Kommandanten und Generälen gegenüber auftreten konnte, so liebevoll wendete sie sich den Kranken und Sterbenden zu. Ein Häftling berichtete: »Wenn sie ins Zimmer trat, dann war es, als ob jemand eine Kerze angezündet hätte.«

Ihrer Tochter hinterließ der »Engel von Sibirien« folgendes Vermächtnis: »Ich sehne mich so nach Leben. Ich möchte am liebsten von vorn anfangen. Ich würde am liebsten allen jungen Menschen sagen: Habt vor nichts Angst. Das Leben ist aufregender, schöner und kraftvoller als ihr es euch vorstellen könnt. Wir aber sind viel stärker, als wir glauben.«

Elsa Brandström, geschildert nach Christian Feldmann, Kämpfer, Träumer, Lebenskünstler.
Große Gestalten und Heilige für jeden Tag, Verlag Herder 2005

Menschen mit Herz sind Engel. Es müssen nicht Männer mit Flügeln sein. Ich könnte viele Menschen aufzählen, die den Ehrentitel »Engel« bekommen haben, z.B. Mutter Teresa, der Engel von Kalkutta, die ketchupverschmierte ausgesetzte Kinder aus den Müllbergen zog, oder Sterbenden, aus deren Fleisch die Würmer krochen, auf der Straße noch Nähe schenkte, bis sie gestorben waren.

Oder der deutsche Augenarzt aus Bad Münstereifel, Friedrich Joseph Haass, der als »Doktor von Moskau« unter der Zarenherrschaft menschlichere Bedingungen für alle erkämpfte, die nach Sibirien verbannt wurden und den Weg dorthin in Ketten zurücklegen mussten. Er gab sein ganzes Vermögen für die Gefolterten und Verschleppten. Allein in den Gefängnisspitälern half er mehr als vierundsiebzigtausend Menschen. Auf seinem Grabstein von 1853 in Moskau steht: »Beeilt euch, Gutes zu tun!«

Ja, wir brauchen brotnötig Engel (*L. zeigt noch einmal Herz und Mensch, dann zum Engel zusammengefügt*): Menschen, die Herz zeigen!

Fürbitten

L.: Wir rufen zum barmherzigen Gott, dem seine Schöpfung am Herzen liegt:

1. Bewege die Herzen der Menschen, besonders denen zu helfen, die unter der Armutsgrenze leben.

2. Stärke alle, die sich in der Begleitung und Pflege der Kranken, Abgeschobenen und Ausgegrenzten engagieren.

3. Hilf auch uns, Herz zu zeigen, damit der Glaube an den guten Gott Früchte zeigt.

L.: Denn du willst, dass alle Menschen glücklich leben können. Das erbitten wir durch Christus, unseren Herrn.

Gabengebet

Gott, du Quelle des Lebens und des Erbarmens. Wir stellen die Gaben der Erde in Brot und Wein auf den Altar. Erfülle sie mit deiner himmlischen Macht, damit sie uns den Himmel spüren lassen, wenn wir sie empfangen. Das erbitten wir durch Christus, unseren Herrn.

Vaterunser – Friedengruß

Meditation nach der Kommunion

1. Spr.: Es gibt noch Engel mitten unter uns.
Meist haben sie keine Flügel.
Aber ihr Herz ist wie ein sicherer Hafen
in allen Stürmen des Lebens.

2. Spr.: Solche Engel wünsche ich mir,
die mich anlachen und Mut machen;
die mir helfen, den Friedensweg zu gehen;
die mich im Händedruck spüren lassen: Ich geh mit dir.

1. Spr.: Es müssen nicht Engel mit Flügeln sein,
sondern Gottes Boten im Alltagsgewand;
die nicht immer nur reden von Frieden,
sondern mich in die Arme nehmen.

2. Spr.: Sie haben ein offenes Ohr und ein weites Herz.
Schenken Vertrauen und Trost, wenn Blicke mich schneiden
oder Nachrichten mich lähmen.
Ich glaube, es gibt noch Engel unter uns!

Schlussgebet

Herr, unser Gott. Wir danken dir für deinen Schutz und all deine Engel, die du uns
an den Weg gestellt hast. Wir danken dir auch für die Menschen mit Herz, die uns
im Glauben bestärken, dass wir beschirmt sind. Und darum bitten wir durch
Christus, unseren Herrn.

29. Sankt Martin heute
(Heilige)

Lieder

Zu Beginn – Tr 108: In Ängsten die einen

Vor dem Evangelium – GL 619: Was ihr dem geringsten Menschen tut

Zur Gabenbereitung – GL 490: Was uns die Erde Gutes spendet

Zwischen den Fürbitten: – Tr 196: Wenn jeder teilt (statt »gibt«), was er hat

Zum Abschluss – Sankt Martin

»Da berühren sich Himmel und Erde«

2. Wo Menschen sich verschenken, die Liebe bedenken,
und neu beginnen, ganz neu, da berühren sich Himmel und Erde …

3. Wo Menschen sich verbünden, den Hass überwinden,
und neu beginnen, ganz neu, da berühren sich Himmel und Erde …

T: Thomas Laubach / M: Christoph Lehmann
Aus: Gib der Hoffnung ein Gesicht, 1989
© tvd-Verlag Düsseldorf

Begrüßung

Auch Sankt Martin ließ sich vom Kreuz einfangen. Wir legen es über uns: Im Namen des Vaters …

Hinführung

In diesen Tagen könnt ihr wieder überall die Fackelzüge sehen und das ganze Brauchtum, das sich um die Person des heiligen Martin rankt (hier auf die aktuelle Situation eingehen).

Vielleicht kannst du nachher noch den Weckmann nach Hause tragen, aber eigentlich ist das Entscheidende: Überall kannst du heute selbst wie ein Sankt Martin sein, wenn du die nicht übersiehst, die heute in Not sind!

Tagesgebet

Wir wollen zu beten versuchen. *(Stille)*
Herr, es gibt so viel Angst in der Welt. Öffne uns die Augen.
Herr, es gibt so viele unterdrückte Schreie um uns herum. Öffne unsere Ohren!
Herr, es gibt so viel Mauern um uns herum. Lass uns anpacken mit all unseren Kräften, um eine schönere Welt zu schaffen – wie es der heilige Martin tat. Das bitten wir durch Christus, unseren Herrn.

Evangelium nach Matthäus

Worauf es im Leben ankommt, ist in der Bibel ganz klar gesagt:

Am Ende der Tage wird sich Jesus in seiner ganzen Herrlichkeit zeigen. Und alle Völker werden vor ihm versammelt. Und er wird denen zu seiner Rechten sagen: »Kommt! Ihr werdet von meinem Vater gesegnet. Denn ich war hungrig – und ihr habt mich gespeist.

Ich war durstig – und ihr habt mich getränkt.

Ich war fremd – und ihr habt mich beherbergt.

Ich war nackt – und ihr habt mich bekleidet.

Ich war krank – und ihr habt mich besucht.

Ich war im Gefängnis – und ihr seid zu mir gekommen.

Engel / Heilige – Allerheiligen – Allerseelen

Denn: was ihr einem meiner geringsten Brüder und Schwestern getan habt, das habt ihr mir getan. (Mt 25,31 ff.)

Fragen als Meditation

1. Was aber werden wir sagen, wenn wir gefragt werden:
   Ist es durch uns besser geworden in dieser Welt?

2. Kann ich dann sagen: Herr, ich habe es versucht?
   Oder kann ich nur sagen: Herr, ich habe zu selten nachgedacht.

1. Was aber werden wir sagen, wenn wir gefragt werden:
   Sehen wir nicht genug all die, die ausgelacht, nicht ernst genommen und abgeschrieben sind?

2. Kann ich dann sagen: »Herr, ich habe auf der richtigen Seite gestanden!«?
   Oder kann ich nur sagen: »Ich habe das alles nicht als so schlimm angesehen!«?

Ansprache

Ein Beispiel aus unserer Zeit – von einem Sankt Martin *heute*:

Nachts um zwei Uhr schellt ein Mann an einer Haustür. Auf dem Messingschild steht der Name eines Zahnarztes. Der Mann schellt einmal, zweimal, dann anhaltend. Endlich wird ein Fenster im ersten Stock geöffnet. »Was gibt's?«, ruft der Zahnarzt nicht gerade freundlich.

Von unten kommt der unterdrückte Ruf: »Helfen Sie mir, ich habe schreckliche Schmerzen. Aber – ich habe kein Geld!«

Der Zahnarzt beugt sich weit aus dem Fenster. Im Licht der Laterne sieht er einen heruntergekommenen Mann. Er erkennt seine schmutzige Hose, seine Jacke, die zu lange Ärmel hat, und ein verwildertes Gesicht. »Ein Penner, ein Tippelbruder«, denkt er. Er zögert – dann brummt er: »Wenn's sein muss, kommen Sie herauf!«

Dann stehen sich beide gegenüber. »Na, betrunken?«

»Eine Flasche für zweifuffzig!«, sagte der Unbekannte, »aber Zahnschmerzen hab ich immer noch!« Er verzieht das Gesicht.

Als der Mann den Mund öffnet, hält der Zahnarzt den Atem an. Dann schimpft er: »Wie kann man sich so verkommen lassen. Arbeiten Sie denn nicht?«

Der Mann sieht den Zahnarzt an: »Ich habe Schmerzen!« Und der Zahnarzt hilft.

Als der Mann sich verabschiedet, sagt er: »Vielleicht kann ich Ihnen später mal das Geld bringen. Jetzt kann ich nur danken!«

»Ach, so schwer ließ sich der Zahn gar nicht ziehen. Dafür brauchen Sie nicht zu danken.«

Der Mann nickt. »Dafür will ich auch nicht danken.« Der Zahnarzt sieht ihn erstaunt an: »Wofür denn?«

»Ich danke Ihnen, dass Sie mich hereingelassen haben!«

Gekürzt nach der Geschichte »Der unbekannte Patient« von H. Erdmann in:
Vorlesebuch Religion Bd. I, S. 184ff

Fürbitten

L.: Wir rufen zu dem, der sich der Menschen erbarmt und denken nach:

1. Wir leben auf einer Insel des Wohlstandes. Uns geht es so gut.

2. Herr, lass uns die Meere der Armut nicht vergessen.

Liedruf: Tr 196: Wenn jeder teilt (statt »gibt«), was er hat (nur Refrain)

1. Die Gaben, die wir zum Altar bringen, sind nur ein Anfang.
    Wir beginnen, an einer besseren Welt zu bauen.

2. Herr, gib, dass sich jede kleine Gabe aus guter Hand vermehrt.
    Lass sie wachsen, bis alle satt sind.

Liedruf: wie oben.

1. Brot für die Welt ist ein Strohhalm voll Hoffnung.
    Das Brot der Liebe brauchen wir alle.

2. Vater, lass das Zeichen deines Sohnes mitten im Brot zu sein,
    für uns immer wieder ein neuer Anfang sein.
    Lass Jesus im Brot ein Friedenszeichen für alle werden.

Gabengebet

Herr, wie das Tröpfchen Wasser sich ganz mit dem Wein vermischt, so lass uns in dieser Feier mit Jesus verbunden werden. Dann werden wir verwandelt, dann haben wir wieder verstärkt Augen und Ohren für die, die in Not sind. Darum bitten wir heute und alle Tage unseres Lebens durch Christus, unseren Herrn.

Präfation

Ja, wir danken dir, Vater, dass du uns immer wieder Menschen schenkst, die uns die Güte deines Sohnes vorleben. Wir danken dir für den heiligen Martin und für alle Menschen, die heute gut zu uns sind. Darum singen wir voller Freude mit allen Engeln und Heiligen …

Vaterunser – Friedengruß

Schlussgebet

Herr, wir haben gehört, was du von uns willst. Du hast uns durch dein Brot gestärkt, um jetzt den richtigen Weg zu gehen. So lass uns heute – wie der heilige Martin damals – auf die Suche gehen, dich in den Menschen wieder zu erkennen. Darum bitten wir durch Christus, unseren Herrn.

30. Blühen – trotz Eis und Schnee
(Heilige / Allerheiligen)

Vorzubereiten:
Eventuell ist eine große Zeichnung oder ein vergrößertes Foto des Gletscherhahnenfußes im Altarraum zu sehen.
Alternativ: Eine Postkarte mit einer blühenden Blume in Eis oder Schnee oder eine Zeichnung zu diesem Motiv.

Lieder
Zu Beginn – GL 505: Du hast uns, Herr, gerufen
Vor dem Evangelium – Tr 429: Ja, wenn der Herr einst wiederkommt
Zur Gabenbereitung – GL 618: Brich dem Hungrigen dein Brot
Zum Abschluss – GL 608: Ihr Freunde Gottes allzugleich

Begrüßung
Wir legen das Zeichen über uns, an dem sich schon viele wie an einem rettenden Anker festgehalten haben: Im Namen des Vaters …

Hinführung
Wir feiern (bald) das Hochfest Allerheiligen und denken dabei an all die Frauen und Männer, die wir Heilige nennen. Ein sehr bedeutender Mann, Papst Johannes XXIII., hat einmal gesagt: »Man kann mit einem Hirtenstab in der Hand heilig werden, aber ebenso gut mit einem Besen.«

Weil die mit dem Besen in der Hand oft übersehen werden und vielleicht sogar nie in der Kirche heiliggesprochen werden, halten wir heute einmal besonders nach diesen Ausschau. – Lasst uns zuerst beten:

Tagesgebet
Guter Gott. Du hast manchen Menschen so viel Rückenwind geschenkt, dass wir sie »heilig« nennen. Schenke auch uns auf die Fürbitte so vieler Heiligen dein Erbarmen, damit auch wir Sinn und Ziel im Leben finden. Das erbitten wir durch Christus, unseren Herrn.

Evangelium

Einleitung: Wer in die neue Welt Gottes eintritt, dem verschlägt vor Staunen und Freude die Sprache. Jesus gab uns in seiner Bergpredigt einen Vorgeschmack davon: Mt 5,1–12 (Die Seligpreisungen).

Ansprache

(Je jünger die Kinder, umso mehr auswählen und die Sprache vereinfachen)
Heute gehen wir mal an den berühmten Stars unter den Heiligen vorbei. Um in der Sprache der Bergfreunde zu sprechen: Wir klettern noch höher als bis zur flammenden Alpenrose oder dem tiefen Blau des Enzians oder dem strahlenden Edelweiß. Diese schmücken natürlich Hotelschilder, Gasthäuser, Markengetränke, politische und militärische Embleme. Wir steigen noch höher zu einer Blume, die sich noch niemand stolz an den Berghut gesteckt hat. Ich meine den Gletscherhahnenfuß mit winzig weißer Blüte und goldenem Staubgefäßkern. Damit ziele ich auf Menschen guten Willens, die im Rückenwinde Gottes zu Taten fähig wurden, über die wir nur staunen können.

Warum bleibe ich beim Gletscherhahnenfuß stehen? Weil er ein Überlebenskünstler ist! In einer lebensfeindlichen Umgebung von Schnee und Eis blüht er bis in eine Höhe von 4200 m. Das müssen wir uns vorstellen: lange, harte Winter. Auch im Sommer kann plötzlich ein halber Meter Schnee darüber fallen. Da gibt es Wetterstürze, eisige Temperaturen, der Hagel peitscht. Tiere können sich verkriechen, aber der Hahnenfuß harrt aus. Er kann drei Jahre lang eingeschneit überstehen. Er ist also ein Trotz-dem-Blüher, der die feine Strahlung auffängt, die durch alle Wolken dringt und sofort die Sonne speichert, wenn sie denn mal durchbricht. Er blüht in eine widrige Welt hinein. *(Hinweis auf Karte oder Bild mit blühender Blume in Eis und Schnee.)*

So gibt es auch großartige Menschen in unserer Welt der Wetter- und Aktienstürze, die trotz allem blühen und Liebe zeigen. Es sind meist bescheidene Menschen, die gar nicht genannt und vorgezeigt werden wollen, die unverdrossen, ohne Berechnung und hartnäckig ihre Liebe im Alltag entfalten. Es gibt sie auch in unserer Stadt, in diesem Dorf, vielleicht sogar in der nächsten Straße. Ihre Blüten stehen nie in den großen Vasen der Festsäle, aber sie haben verstanden, was Jesus einmal gesagt hat: »Wer euch auch nur einen Becher Wasser zu trinken gibt, weil ihr zu Christus gehört – Amen, ich sage euch, er wird nicht um seinen Lohn kommen.« (Mk 9,41)

Drei Beispiele solcher Menschen möchte ich euch einmal erzählen. Ich weiß nicht mal, ob sie christlich, hinduistisch oder buddhistisch dachten. Das ist ja das Schöne an der Sonne Gottes, dass sie für alle Menschen leuchtet, die sich für ihre Strahlen öffnen.

1. Aus der Zeitung: Ein Flugzeug ist in einen Fluss voller Eisschollen abgestürzt. Ein Mann hält sich an einem abgebrochenen Flugzeugflügel fest. Der Rettungshubschrauber lässt das Rettungsseil herunter. Aber der Mann gibt es an eine Frau weiter. Beim zweiten Anflug gibt er das Seil wieder an einen anderen Schwimmer weiter. Als sie zum dritten Mal kommen, um *ihn* zu bergen, finden sie ihn nicht mehr. (1982)

2. Der frühere Bundespräsident Gustav Heinemann († 1976) hat einmal von einer alten Frau erzählt, die deutschen Soldaten in sowjetischer Gefangenschaft schon mal ein Stück Brot zuwarf. Darum wurde sie vor den Lagerchef zitiert, der sie anfuhr: »Hast du nicht gewusst, dass das strengstens verboten ist – ja oder nein?« Die Frau schaute ihm direkt in die Augen und sagte: »Ja, das habe ich gelesen. Aber man darf nicht verbieten, unglücklichen Menschen zu helfen!« Jetzt fragte der Lagerchef gefährlich leise zurück: »Heißt das, dass du ihnen auch weiterhin Brot geben wirst?« Die alte Frau sah ihm unerschrocken weiter in die Augen: »Genosse Direktor! Hören Sie mir bitte genau zu! Als die Deutschen hier Herren waren, habe ich russischen Kriegsgefangenen Brot gegeben. Als sie Juden hierher schleppten, habe ich ihnen Brot gegeben. Und jetzt gebe ich diesen Unglücklichen Brot. Und wenn Sie, Genosse Direktor, eines Tages ein Gefangener wären, dann würde ich auch Ihnen Brot reichen!« Sie drehte sich um und ging. Und der Lagerchef unternahm nichts gegen sie …

3. Das letzte Beispiel berichtet von einem elfjährigen Jungen. Dessen Bruder Enrico sollte gekidnappt werden, aber der war schwer Asthma leidend. Und dann geschah etwas, was in Italiens Lesebüchern noch lange nacherzählt wurde. Der elfjährige Mauro hielt die Banditen auf und rief: »Enrico geht es nicht gut. Nehmt mich mit!« Aus den zwei Stunden, die die Geisel nur festgehalten werden sollte, wurden 70 Tage. Alle Aufrufe bekannter Personen halfen nichts, auch nicht das Flehen des Papstes. Mauro musste für seine selbstlose Haltung leiden – bis der Vater den Bruder mit genügend Geld loskaufen konnte.

Es gibt sie, die Menschen, die nie heiliggesprochen werden, aber die wie der Gletscherhahnenfuß in Eis und Schnee blühen. Wir bleiben staunend und dankbar zurück. Dass wir in die Kirche gehen, genügt noch nicht; sie kann uns aber den Rückenwind geben, die Liebe wirklich zu leben.

Zum Vergleich mit dem Gletscherhahnenfuß inspirierte mich das Buch von Reinhold Stecher,
Der Gletscherhahnenfuß, Hoffnung und Ermutigung durch eine kleine Blume,
Tyrolia 2005

Fürbitten

L.: Viele Wege führen zu heilen und heiligen Menschen. Wir rufen Gott um Hilfe an:

1. Steh allen bei, die um ihres Glaubens willen verfolgt und verleumdet werden.

2. Schenke der Welt Vorbilder, die zeigen, worauf es im Leben wirklich ankommt.

3. Hilf, dass Menschen immer wieder über sich hinauswachsen.

4. Lass uns so leben und miteinander umgehen, dass dadurch deine Güte und Liebe in dieser Welt sichtbar werden.

L.: Darum bitten wir auf die Fürbitte so vieler Heiligen, durch Christus, unseren Herrn.

Gabengebet

Herr, unser Gott. Die Seelenlandschaften versteppen und der Grundwasserspiegel gültiger tragender Werte sinkt. Erfülle diese Gaben von Brot und Wein auf dem Altar mit deiner Kraft, und lass uns erfahren, dass die Heiligen für uns eintreten im Kampf für das Gute durch Christus, unseren Herrn.

Präfation

Vom Fest Allerheiligen.

Vaterunser – Friedensgruß

Meditation nach der Kommunion

1. Spr.: Selig der Mensch, der sein Leben Stück für Stück
in die Dienste der Mitmenschen stellt. –
Selig die Füße, die stundenlang über staubige Wege marschieren,
um Kranken zu helfen.

2. Spr.: Selig der Mund, der immer wieder
Worte des Mutes und des Trostes findet.
Selig die Hände, die immer frei sind, um Ausgestoßene zu umarmen.

1. Spr.: Selig die Ohren, die Tag und Nacht offen sind,
die Klage der Leidenden zu hören. –
Selig die Augen, die die vergossenen Tränen der Armen sehen.

2. Spr.: Selig das Herz, das nicht müde wird, Wärme auszustrahlen. –
Selig der Mensch, der sein ganzes Leben lang ein Mensch bleibt.

Antonio Sagardoy OCD

Schlussgebet

Ewiger Gott. Wir danken dir für alle Menschen, die unverdrossen, ohne Berechnung und hartnäckig die Liebe im Alltag entfalten. Wir werden wohl nie wie Enzian, Alpenrose und Edelweiß aufblühen, aber schenke uns etwas vom Gletscherhahnenfuß, dem Trotzdem-Blüher. Das erbitten wir auf die Fürbitte der Heiligen
durch Christus, unseren Herrn.

VOM UMGANG IN DER SCHULE: FRIEDEN – GEMEINSCHAFT – CHRISTSEIN

31. Schwarze Wörter

(Vom Umgang miteinander)

Lieder

Zu Beginn – GL 519: Komm her, freu dich mit uns
Zwischengesang – GL 521: Herr, gib uns Mut zum Hören
Zur Gabenbereitung – Tr 193: Wenn das Brot, das wir teilen
Zum Abschluss – GL 266: Nun danket alle Gott

Begrüßung

Wir stellen uns in den Stromkreis der Liebe Gottes: Im Namen des Vaters …

Hinführung

Haben wir schon einmal erfahren, wie ein einziges Wort aus unserem Munde Freude oder Streit gebracht hat? Hat es uns schon richtig leid getan, ein falsches Wort ausgesprochen zu haben? Hätte ich es doch nicht gesagt! Heute wollen wir über ganz schlimme Wörter nachdenken, über »schwarze« Wörter!

Bußakt

L.: Herr, unser Gott, wir stehen vor dir. Du schaust bis in unser Herz. So lass uns ehrlich nachdenken:

1. Haben wir alles, was wir von anderen weitererzählt haben, zuerst geprüft, ob es wahr ist?

L.: Herr, erbarme dich! Alle: Herr, erbarme dich!

2. War das, was wir von anderen weitererzählt haben, gut?

L.: Christus, erbarme dich! Alle: Christus, erbarme dich!

3. War alles, was wir von anderen weitererzählt haben, notwendig?

Nach der Geschichte von den drei Sieben

L.:   Herr, erbarme dich! Alle: Herr, erbarme dich!

L.:   *Vergebungsbitte* ... und schenke uns einen neuen Anfang!

Tagesgebet

Barmherziger Vater. Dein Sohn ist das Wort, durch das unsere Welt geworden ist. Dieses Wort ist wahr und gut, und lass uns deinem Sohn ähnlich werden. Darum bitten wir durch Christus, unseren Herrn.

Lesung

Einleitung: Wer seine Zunge beherrschen kann, erspart sich viel Ärger. Lesung aus dem Jakobusbrief.

Liebe Schwestern und Brüder! Die Zunge ist nur ein kleiner Teil des Körpers, vermag aber sehr viel: Wie klein kann ein Feuer sein, das einen großen Wald in Brand steckt! Auch die Zunge ist ein Feuer, eine Welt von Ungerechtigkeit. ... Die Zunge kann kein Mensch zähmen, dieses ruheloses Übel – voll von tödlichem Gift. Mit ihr preisen wir den Herrn und Vater, und mit ihr verfluchen wir die Menschen, die nach dem Bild Gottes geschaffen sind. Aus ein und demselben Mund kommen Lob und Fluch. Meine Brüder und Schwestern: So darf es nicht sein. Lässt etwa eine Quelle aus derselben Öffnung süßes und bitteres Wasser hervorsprudeln? (Jak 3,5–11 verkürzt)

Evangelium nach Matthäus

Einmal sagte Jesus: »Über jedes unnütze Wort, das die Menschen reden, werden sie am Tag des Gerichtes Rechenschaft ablegen müssen, denn auf Grund deiner Worte wirst du freigesprochen, und auf Grund deiner Worte wirst du verurteilt werden.« (Mt 12,36–37)

Ansprache

Es gibt böse verleumderische Worte, die uns lange nachlaufen können. *Ein* Wort der Kritik setzt sich tiefer in unserem Gedächtnis fest als zehn Lobreden. So sind wir Menschen. Darunter leiden auch Lehrerinnen und Lehrer! Es gibt verleumderische Worte, die nie wieder gutzumachen sind. Ein anschauliches Beispiel wird von einer geschwätzigen Frau erzählt, die von ihrem Beichtvater Folgendes als Buße auferlegt bekam: »Gehen Sie nach Hause, schlitzen Sie ein Kopfkissen auf, und streuen Sie die Federn auf die Straße. Danach kommen Sie wieder zu mir!« Und als sie zurückkam, befahl ihr der Priester: »Jetzt sammeln Sie alle Federn wieder ein!« Darauf die Frau: »Aber das geht doch nicht mehr; die Federn sind doch jetzt in alle Winde zerstreut!« Da bekam sie zur Antwort: »Eben. Genauso wie Ihre falschen Worte über andere!«

Es gibt aber auch Worte, die kann man nie wieder vergessen, vielleicht ein Leben lang nicht. Deshalb möchte ich sie »schwarze« Worte nennen. Ein paar Beispiele:

- Da schreit ein Kind im Jähzorn seine Mutter an, wenn es trotz »Theater« das Erwünschte nicht erreicht: »Ich hasse dich. Ich wünschte, du wärst tot!«
- Da sagt ein Lehrer zum Schüler, um ihn vor der Klasse fertigzumachen: »An dir ist sowieso Hopfen und Malz verloren.«
- Da spricht ein Lehrherr zu einem Mitarbeiter so von seinem »Stift«, dass der es auch hören kann: »Der ist ein kaputter Typ. Den kannst du vergessen!«
- Da ruft ein Vater wütend zum Sohn: »Dich hätten wir besser nicht!«
- Da meint ein Mann zu seiner Frau nach 30 Jahren Ehe: »Ich war im Grunde nie glücklich mit dir.«

Solch ein schwarzes Wort wurmt und bohrt weiter und verletzt wie ein zweischneidiges Schwert; auch dann noch, wenn derjenige, der es ausgesprochen hat, es vielleicht schon wieder vergessen hat. Ein Sprichwort lautet: Wer die Milch verschüttet, kann nicht alles wieder aufkratzen.

Jesus sagt im Evangelium: »Über jedes Wort müssen wir im Gericht Rechenschaft ablegen.« Da können wir nur sagen: »Herr, erbarme dich!«

Jesus sagt an einer anderen Stelle: »Nach dem Maß, mit dem ihr messt und zuteilt, wird euch zugeteilt werden!« (Mt 7,2b) Da können wir nur rufen: »Herr, erbarme dich!« An dieser Stelle möchte ich all die um Verzeihung bitten, die von mir vielleicht einmal ein schwarzes Wort zu hören bekamen oder es jedenfalls so aufgefasst haben. (Hier kann auch auf die Lesung eingegangen werden.)

Wir hören jetzt einen Text mit »schwarzen« Wörtern; aber in der letzten Zeile steht ein »goldenes« Wort:

1. Spr.:   Meine Mutter sagt: Du bist zu klein.

2. Spr.:   Der Lehrer meint: Du bist schwer von Begriff.

1. Spr.:   Der Pfarrer schimpft: Du bist verdorben.

2. Spr.:   Meine Kameraden lachen: Du hast verloren.

1. Spr.:   Der Berufsberater weiß: Du bist nicht geeignet.

2. Spr.:   Der Meister bestimmt: Der andere ist besser.

1. Spr.:   Der Leutnant brüllt: Du hast keine Haltung.

2. Spr.:   Gott sagt: Du bist mir ähnlich. – Gott sei Dank!

Gott sagt »ja« zu uns. Gott liebt sogar seine verlorenen Schafe, seine verlorenen Söhne; er freut sich über jede verlorene Drachme, die er findet (alle Lk 15). Wenn das so ist, müssten wir eigentlich alle »schwarzen« Wörter schlucken können.

Fürbitten

L.: Wir rufen zu dir, Herr, unser Gott, und bitten dich:

1. Für alle, die ohne ein gutes Wort auskommen müssen.

2. Für alle, die sich überflüssig vorkommen und an einen guten Gott nicht glauben können.

3. Für uns selbst, dass wir mehr Worte der Ermutigung und des Vertrauens aussprechen.

L.: Denn du willst, dass alle Menschen Freude am Leben haben, heute und alle Tage ihres Lebens.

Gabengebet

Herr, unser Gott. In diesem Opfer, das wir jetzt feiern wollen, nimm unsere Schuld von uns und gib uns auch die Kraft, unseren Schuldnern zu vergeben. Darum bitten wir durch Christus, unseren Herrn.

Vaterunser – Friedensgruß

Meditation nach der Kommunion

1. Spr.: Worte können wie Steine sein,
hart und verletzend, schwarz und kalt.
Keiner mag solche Worte, und dennoch werden sie ausgeteilt.

2. Spr.: Worte können auch wie Sonnenstrahlen sein,
die wärmen und aufrichten lassen, sich entfalten und wachsen.
Viele sehnen sich nach einem Sonnenbad.

1. Spr.: Worte können wie Schlüssel sein,
die neue Zugänge schaffen, Schatztruhen öffnen,
Einlass in Herzen gewähren. Geheimnisse tun sich auf.

2. Spr.: Worte können wie Brücken sein,
die Abgründe überwinden;
die Ich und Du zum Wir werden lassen; die tragen und halten.

Sr. Gabriele Hölzer

Schlussgebet

Gütiger Gott. Durch dein Wort und deine Speise gestärkt, schenke uns kleine Worte wie »Danke!«, »Das hast du gut gemacht!«, »Komm, ich helfe dir«, »Ich mag dich«, »Wie ginge das ohne dich?«, damit unsere Welt freundlicher wird und wir dich, den Geber alles Guten mehr spüren können. Darum bitten wir durch Christus, unseren Herrn.

32. Macht Frieden möglich!

(Frieden)

Vorzubereiten:

Den abgebildeten Aufkleber »Macht Frieden möglich« erhalten Sie meist kostenlos bei Pax-Christi, Postfach 1345, D-61103 Bad Vilbel, Tel. 06101/2073, Fax -65165. Die Aufkleber bitte erst vor der Predigt austeilen.

Lieder
Zu Beginn – GL 505: Du hast uns, Herr, gerufen
Vor dem Evangelium – Tr 284: Gib uns Frieden jeden Tag
Zur Gabenbereitung – Tr 198: Wir bringen gläubig Brot und Wein
Zum Abschluss – Tr 334: Möge die Straße uns zusammenführen

Begrüßung
Aus allen vier Himmelsrichtungen sind wir zusammengekommen, um Gott zu loben und zu danken. Die vier Himmelsrichtungen fließen auch im Kreuz zusammen. Wir legen es andächtig über uns: Im Namen des Vaters …
Der Herr sei mit euch!

Hinführung

Wir sehen in den Fernsehnachrichten des Tages oft genug, wie Bomben zerplatzen und die Menschen vor dem Krieg weglaufen. Oft geschehen aber auch bei uns Dinge, weswegen manche am liebsten weglaufen würden, wenn sie könnten. – Zwei Kinder helfen uns beim Nachdenken.

1. Gott wollte, dass die Menschen nicht sind wie Katz und Maus.
    Er sagt: Ihr sollt in Frieden leben in meinem Haus.

2. Gott wollte, dass die Menschen dem nichts antun, der weint.
    Er sagt: Ihr sollt euch freuen, wenn meine Sonne scheint.

1. Gott wollte, dass die Menschen nicht leiden Hass und Not.
    Er sagt: Ihr sollt austeilen dem Hungrigen mein Brot.

2. Gott wollte, dass die Menschen einander Freunde sei'n.
    Er sagt: Ihr sollt euch lieben; dazu ist keins zu klein.

Nach R. O. Wiemer

Bußakt

Weil wir das ja auch möchten, aber immer wieder die Freude verderben oder in Worten und Blicken Unfrieden zulassen, rufen wir:
Herr, erbarme dich! …
Vergebungsbitte … und führe uns auf den Weg des Friedens.

Tagesgebet

Ewiger Gott. Du willst den Frieden in deiner Schöpfung. Darum hast du deinen Sohn in unsere Welt gesandt, um uns den Frieden zu bringen. So hilf uns, ihn weiterzugeben, damit alle Menschen aufatmen können – durch Christus, unseren Herrn.

Evangelium nach Matthäus

Einleitung: Eine Mutter darf auch einem kleinen Kind für sein Verhalten auf der Straße nicht sagen: »Dann schlag zurück!« Wenn wir größer werden, erwartet Jesus erst recht etwas von uns, das weiterhilft.

Einmal sagte Jesus auf einem Berg zu allen, die ihm zuhörten: Ihr habt gehört, dass gesagt worden ist: Du sollst deinen Nächsten lieben, aber deinen Feind hassen. Ich aber sage euch: Liebt eure Feinde und betet für die, die euch verfolgen, damit ihr Söhne und Töchter eures Vaters im Himmel werdet, der seine Sonne aufgehen lässt über Bösen und Guten! (Mt 5,43–45)

Ansprache
(Zunächst werden jetzt die Aufkleber ausgeteilt)

Was erkennt ihr? *(Eine Rose wächst aus Stacheldraht)* Sie ist im KZ Auschwitz zu sehen als Zeichen der Versöhnung für all das Unrecht, das dort geschah.

Überall gibt es diese Machtblöcke: »Macht« und »Frieden«, sogar auf dem Schulhof und in der Klasse: Die einen setzen auf Macht – ihr seht das Wort links – und verbreiten manchmal Angst und Schrecken bis in die Toilettenräume hinein. Aber es gibt auch viele, die auf Frieden setzen – ihr seht das Wort rechts – und versuchen, dem »Stacheldraht« aus dem Wege zu gehen oder die Rose der Freude und das Miteinander zu schützen.

Das möchten wohl alle, was Jesus von uns verlangt. Und wer es mit Frieden versucht, hat auch den längeren Atem. Denn wenn du zurückschlägst, steigt deine Angst; weil du nicht weißt, was der andere als Nächstes im Schilde führt.

Wir hören eine Geschichte, die zeigt, dass man um des Friedens willen auch schon mal was runterschlucken muss.

Uli und ich

Quer durch meine Schrift ging ein Strich, und deswegen bekam ich keine Zwei. Zu Hause haben sie gesagt, ich brauchte es mir nicht gefallen zu lassen. »Ich will nicht mehr neben Uli sitzen«, habe ich zu meiner Lehrerin gesagt. »Wo willst du denn sitzen, Petra?«, hat sie gefragt. »Neben Peter«, habe ich gesagt.

Ich habe meine Sachen vom Tisch genommen und bin einfach gegangen und habe kein Wort zu Uli gesagt. Und Uli hat auch nichts gesagt. Er ist dagestanden und hat geguckt und ganz nasse Augen gehabt.

Dann hat Rolf sich zu Uli gesetzt. Und ich habe gedacht, wie lange das wohl gut geht. Gleich am nächsten Tag hat Rolf gepetzt: dass Uli mit dem Stuhl wackelt, dass Uli an den Füller stößt, dass Uli den Radiergummi nimmt, dass Uli abguckt. Jede Kleinigkeit hat Rolf angezeigt, und es hat mich ganz nervös gemacht.

Jörg ist wieder da, er war lange krank. Er hat sonst neben Peter gesessen, und es ist selbstverständlich, dass er seinen Platz wieder nimmt. In unserer Klasse sind vierzig Plätze, acht Plätze bleiben immer frei, weil wir nur zweiunddreißig sind. Ich gucke mich um. Ich sehe, der Platz neben Uli ist auch frei. Rolf fehlt. Ich weiß selbst nicht, weshalb ich mich auf meinen alten Platz setze.

Ich will meine Sachen auspacken; da sagt Uli: »Ich finde, man kann nicht einfach wiederkommen, wenn man einmal weggegangen ist.« Ich habe nicht erwartet, dass Uli so was sagt. Ich weiß nicht, was ich tun soll. Ich denke daran, dass er geweint hat, als ich weggegangen bin. Da fragt meine Lehrerin: »Was sagst du denn dazu, Petra?« Ich bringe kein Wort heraus. Da fragt sie nochmals. Ich sage: »Uli hat Recht.« – »Ja, und?«, fragt die Lehrerin. »Heute bleibe ich hier sitzen. Morgen kann ich mich ja woanders hinsetzen«, sage ich. Keiner hat weiter ein Wort dazu gesagt. Auch nicht am nächsten Tag. Und nicht die anderen Tage. Ich weiß nicht, wie lange ich schon wieder neben Uli sitze. Manchmal stößt er mich an, und verschrieben habe ich mich seinetwegen auch. Aber man kann sich auch was gefallen lassen, finde ich. Und so unruhig wie früher ist er gar nicht mehr.

Irmela Wendt, in: H.-J. Gelberg (Hg.), Geh und spiel mit dem Riesen,
Beltz Verlag, Weinheim und Basel, Rechte bei der Autorin

Haben wir verstanden?: Man kann sich auch was gefallen lassen.
Wer Bote des Friedens sein will, ja Tochter und Sohn Gottes, wie Jesus sagt, der darf sich den Aufkleber mitnehmen. Klebt ihn dorthin, wo es leicht zum Unfrieden kommen kann – um dich zu erinnern: Auf den Schulranzen, ans Fahrrad, auf deine Zimmertür …?!

Fürbitten

L.: Wir können Werkzeuge des Friedens werden und rufen Gott an:

1. Herr, hilf uns, dort zu lieben, wo Menschen sich an den Haaren reißen;
   zu verzeihen, wo man sich beleidigt.

2. Herr, hilf uns, dorthin Freude zu bringen, wo Menschen krank oder allein
   sind; wo Menschen Kummer haben oder weinen.

3. Herr, hilf uns, die Wahrheit zu sagen, wo einer lügen will.
   Und Glauben zu bringen, wenn uns einer belächelt.

4. Herr, hilf uns, Hoffnung zu wecken, wo Menschen verzweifelt sind.
   Und dein Licht anzuzünden, wo es dunkel ist.

Franz von Assisi zugesagt

L.: Darum bitten wir durch den, der den Frieden brachte, durch Christus, unseren Herrn.

Gabengebet

Du Gott des Friedens. Du schenkst uns genug Brot und Wein, damit wir uns nicht die Augen auskratzen. Verwandle diese Gaben, damit sie unsere harten Herzen erreichen und wir mehr miteinander teilen. Dann bringen wir Frieden in die Welt – durch Christus, unseren Herrn.

Vaterunser – Friedensgruß

Meditation nach der Kommunion
(L.: Wir schauen auf den Aufkleber)

1. Spr.: Panzer rollen, Schüsse fallen, Häuser brennen.
Menschen flüchten, werden erschossen oder grausam getötet.
Du, Jesus, kamst, um Frieden zu bringen.

2. Spr.: Es gibt auch Lüge, Zank und Streit in unserer Schule,
in unserer Familie und Nachbarschaft.
Du, Jesus, brauchst Menschen, die Frieden bringen.

1. Spr.: Der Friede wächst, wie Rosen blühen,
so bunt, so schön und still.
Der Friede kommt, wenn man ihn probiert,
wie Lachen, Dank und Vertrauen.

2. Spr.: Wo es den Stacheldraht zu überwinden gilt,
da braucht man jede Hand.
Macht oder Frieden? –
Sie liegen auch in meiner und deiner Hand!

Schlussgebet
Danke, Jesus, für dieses Mahl, das uns Frieden schenken wollte mit dir und untereinander. Lass dein Wunsch nach Frieden in unseren Herzen aufgehen und etwas zum Blühen bringen – heute und alle Tage unseres Lebens.

33. Der »Wolf« im »Lamm«: Vom Frieden in uns

Vorzubereiten:

Die unten abgebildete Grafik vergrößern und in Sperrholz aussägen (lassen):
Lamm und Wolf müssen auseinandernehmbar sein.

Lieder

Zu Beginn – Tr 685 A: Wie viele Straßen auf dieser Welt
Vor dem Evangelium – Tr 1: Herr, deine Liebe
Zur Gabenbereitung – GL 622: Hilf, Herr meines Lebens
Zum Abschluss – Tr 284: Gib uns Frieden jeden Tag

Begrüßung

Wir stellen uns unter das große Plus des Kreuzes: Im Namen des Vaters …
    Der gute Geist Gottes sei mit euch!

Hinführung

Wir fühlen uns wohl, wo Menschen froh und zufrieden sind. Dann spüren wir ein
wenig »Himmel«. Aber wo Menschen einander anschreien und quälen, da ist es
zum Weglaufen, da spüren wir, was mit »Hölle« gemeint ist.

    In diesem Gottesdienst überlegen wir, wie »Himmel« zwischen uns möglich
wird und was wir tun müssen, um der »Hölle« aus dem Weg zu gehen. – So lasst
uns beten:

Gebet

Herr, unser Gott. Du willst, dass Menschen im Frieden leben und dem, der weint, nichts antun. Lass deine starke Hand uns helfen, das Böse und Gemeine klein zu halten. So wie es deinem Sohn Jesus Christus gelungen ist – der mit dir lebt und liebt in alle Ewigkeit.

Evangelium nach Matthäus

Einleitung: Wir hören, was Jesus möchte. –

Einmal sagte Jesus und er sagt es jetzt zu uns: Ich bin gekommen, um Feuer auf die Erde zu werfen. Wie froh wäre ich, es würde schon brennen. Ich will, dass ihr euch für den guten Geist Gottes entscheidet – auch wenn noch so viele mit Gewalt und Krieg alles zerstören möchten. Entscheidet euch und stellt euch auf meine Seite! (frei nach Lk 12,49.51)

Alternativ:

Einleitung: Wir können nicht nur Freunde Gottes werden, nein, sogar seine Töchter und Söhne! Aber wie?

Einmal sagte Jesus und er sagt es jetzt zu uns: Freuen dürfen sich alle, die Frieden stiften; denn sie werden Töchter und Söhne Gottes genannt werden. (Mt 5,9)

Ansprache

(L. zeigt das Schaf mit dem Wolf darin so, dass er den Daumen auf das Maul des Wolfes legt und ihn so verbirgt). Könnt Ihr das Tier hier erkennen? (Kinder: Ein Schaf.)

(L. packt jetzt das Tier am anderen Ende) Und welches Tier erkennt Ihr jetzt? (Kinder: Einen Wolf) Davon muss ich euch erzählen: Ein Wolf im Lamm!

Das Tier läuft nicht irgendwo in einem Zoo herum; nein, das sitzt in jedem Menschen, auch in dir und mir. Das habt ihr doch schon gemerkt: Manchmal können wir wie ein Engel sein, wie ein Lamm; dann aber wie ein Bengel, wie ein Teufel, wie ein Wolf. Das kennt ihr doch: Heute ein Clown, morgen eine Nervensäge; heute ein Mäuschen, morgen ein Draufgänger.

Schlimm wird es, wenn der Wolf in uns immer grimmiger, immer habgieriger, immer zügelloser wird: Dann reißt er sich los und herrscht über das Lamm. Dann können nur noch alle weglaufen.

Wer dagegen kämpft, dass der Wolf in ihm die Oberhand gewinnt, der darf ihn aber nicht töten: Nur seine Kräfte an die Kette legen! Denn du brauchst manchmal die Kräfte des Wolfes in dir, wenn du dich wehren musst gegen etwas, was ungerecht oder gemein ist. Wenn du dann nur wie ein Schaf auftrittst, dann lachen die anderen, weil du dich nicht richtig wehren kannst. Die Kräfte des Wolfes an die

Leine gelegt, eingespannt und gesteuert, geben uns Ausdauer und Macht für den Kampf gegen alles, was uns bedroht.

Wie sagte Jesus im Evangelium?: Ich will, dass ihr euch für den guten Geist Gottes entscheidet. Und der ist wie Feuer, das uns beflügeln kann. Und Jesus hilft uns in diesem Kampf.

Fürbitten

L.: So manches bedrängt und bedroht uns. So rufen wir zu Gott, unserem mächtigen Helfer, und bitten:

1. Es gibt so viel Krieg, Terror und Wölfisches in der Welt.
   Schenk den Menschen eine starke Liebe, die alles überwinden kann.

2. Es gibt so viele, die rücksichtslos sind und nur an sich denken.
   Lass sich die Menschen auf ihre eigenen Kräfte besinnen und die blutende Welt zu heilen versuchen.

3. Es gibt so viel Böses, das Menschen bedrängt und zerstört.
   Stärke das Vertrauen auf dich und das Gute in uns und anderen.

4. Hilf uns da, wo wir stehen, mehr Engel als Teufel zu sein, mehr Lamm als Wolf.

L.: Denn dann loben und ehren wir dich, der will, dass wir im Frieden leben – durch Christus, unseren Herrn.

Gabengebet

Herr, unser Gott. In diesen Gaben von Brot und Wein schenke uns die Kraft, mit Gut und Bös in uns und in der Welt so umzugehen, dass wir im frohen Miteinander leben können. Das erbitten wir durch Christus, unseren Herrn.

Vaterunser – Friedensgruß

Gebt einander ein Zeichen, an dem wir erkennen können, dass wir nicht Wolf im Schafspelz sein möchten.

Meditation nach der Kommunion

1. Spr.: Wenn der Mensch den Wolf in sich nicht zügelt,
   wird er zum reißenden Tier:
   Überall fällt er die Menschen an:
   mit Worten, mit Blicken, mit Krallen, die wehtun.

2. Spr.: Wenn der Mensch das Lamm in sich stark macht,
lernt er zu lieben, zu helfen,
zu weinen, zu teilen, zu beten;
vor allem zu beschützen und zu verzeihen.

1. Spr.: So mach mich, Herr, zum Werkzeug des Friedens:
dass ich liebe, wo man hasst;
dass ich verzeihe, wo man beleidigt;
dass ich verbinde, wo Streit ist.

2. Spr.: So mach mich, Herr, zum Werkzeug des Friedens:
dass ich verteidige, wo einer unterdrückt wird;
dass ich für den kämpfe, der zu schwach ist;
dass ich tröste, wo einer weint.

Schlussgebet

Guter Gott. Du hast uns hier gestärkt, um zum Frieden in der Welt beizutragen. Lass es gelingen, wenn wir jetzt in unseren Alltag gehen – durch Christus, unseren Herrn.

34. Jede/r ist wichtig
(Gemeinschaft)

Vorzubereiten:
– Die im Spiel genannten Einzelteile des Fahrrads besorgen.

Lieder

Zu Beginn – GL 270: Kommt herbei, singt dem Herrn
Nach dem Tagesgebet – Tr 2: Liebe ist nicht nur ein Wort
Zur Gabenbereitung – Tr 135: Dass du mich einstimmen lässt
Zum Abschluss – Folgendes Lied: »Vergiss es nie«

2. Vergiss es nie: Niemand denkt und fühlt und handelt so wie du,
und niemand lächelt so, wie du's grad tust.
Vergiss es nie: Niemand sieht den Himmel ganz genau wie du,
und niemand hat je, was du weißt, gewusst.

3. Vergiss es nie: Dein Gesicht hat niemand sonst auf dieser Welt,
und solche Augen hast alleine du.
Vergiss es nie: Du bist reich, egal ob mit, ob ohne Geld,
denn du kannst leben! Niemand ist wie du.

Originaltitel: I got you, T/M: Paul Janz, Übersetzung: Jürgen Werth
© Paragon Music Corp., adm. by Unisong Music Publishers B.V.
Printrechte für D, A, CH: Hänssler Verlag, 71087 Holzgerlingen

Begrüßung

Wir legen das Zeichen über uns, das wir schon bei der Taufe auf die Stirn gezeichnet bekamen: Im Namen des Vaters …

Hinführung

Manchmal steht ein Kind in der Ecke und weint. Und niemand geht zu ihm. Das wäre besonders schlimm, wenn *du* das Kind bist. Ist so etwas in deiner Klasse möglich? Wir wollen darüber nachdenken. Drei Kinder helfen uns dabei.

Bußakt

1. Jeder von uns möchte von den anderen anerkannt sein.
Wir möchten miteinander in Frieden leben.
Aber manchmal kehren wir einander den Rücken zu.

L.: Herr, erbarme dich!

Alle: Herr, erbarme dich!

2. Wir spielen gerne miteinander.
Wir möchten nicht ausgeschlossen werden.
Aber manchmal schicken wir welche fort.

L.: Christus, erbarme dich!

Alle: Christus, erbarme dich!

3. Jesus will unser Rückenwind sein,
damit unser Miteinander leichter gelingt.
Aber manchmal lassen wir uns auch von ihm nichts sagen.

L.: Herr, erbarme dich!

Alle: Herr, erbarme dich!

L.: *Vergebungsbitte ...* und schenke uns eine starke Gemeinschaft!

Tagesgebet

Jesus, du unser Heiland. Du kamst, um die Menschen zu heilen. So hilf auch uns, keinem Menschenkind Wunden zuzufügen, der du lebst und liebst bis in alle Ewigkeit.

Lesung aus dem ersten Korintherbrief

Einleitung: Der Apostel Paulus gebraucht in einem seiner Briefe einen tollen Vergleich. Er schreibt:

Eine Gemeinschaft darf ich mit unserem Leib vergleichen, der ja viele Glieder hat: Das Auge kann nicht zur Hand sagen: Ich bin nicht auf dich angewiesen. Der Kopf kann nicht zu den Füßen sagen: Ich brauche euch nicht. Nein, Gott hat alles so zusammengefügt, damit im Leib kein Streit entsteht, wer wichtiger oder weniger wichtig ist. Alle sorgen einträchtig füreinander, damit das Ganze gelingt. (nach 1 Kor 12,20.21.25)

Evangelium nach Lukas

Einleitung: Jesus ging auch auf die Kranken zu und alle, die abgelehnt oder weggestoßen wurden, weil er meint: Jeder ist wichtig, so wie er ist. Wir hören, was er tat:

Als die Sonne unterging, brachten die Leute ihre Kranken, die alle möglichen Leiden hatten, zu Jesus. Er legte jedem Kranken die Hände auf und heilte alle. (Lk 4,40)

Ansprache als Spiel

L.: Jetzt kommen Kinder nach vorne und zeigen uns einmal an einem Fahrrad, wie wichtig jedes Teil für das Ganze ist.

(Die Kinder treten jeweils mit ihrem Teil auf und zeigen es gut sichtbar)

Lenker: Darf ich mich vorstellen? Lenker ist mein Name. Ich bin ein absolut wichtiges Teil. Ich bestimme hier, wo's lang geht.

Rahmen: Aber die Wirkung des Ganzen, die hängt von mir ab! Schaut doch mal auf diese schöne Farbe. Ich bin der Rahmen!

Kette: Ich bin zwar nicht so schön und werde oft gar nicht beachtet, aber ich bin unersetzlich. Ich bin die Kette. Ohne mich käme das Ganze nicht in Fahrt, und ich kann auch was aushalten!

Sattel:	Ich sorge für Bequemlichkeit. Wer möchte denn schon im Stehen Rad fahren? Ich bin der Sattel.
Reifen:	Ich habe Profil! Regen, Schnee, Sand – ich komme überall durch. Ich bin der Reifen!
Ventil:	Ich bin zwar klein, aber wenn ich nicht dicht halte, dann geht gar nichts. Ich bin das Ventil!
Bremse:	Und ich bin ein echter Lebensretter! Als Bremse hat man ganz schön was zu tun.
Pedale:	Auf mir wird immer rumgetrampelt.

(Reaktion der anderen Kinder: ein mitleidiges »Oooh«)

Pedale:	Aber das ist schon in Ordnung. Schließlich treiben die Pedalen das Rad an.
Felge:	Ich werde zwar oft nicht beachtet, aber ich bin diejenige, die den Reifen hält. Ohne Felge kein Fahrrad.

(Zwei »Speichen« treten auf)

1. Sp.:	Ich bin eine Speiche. Ich glaube, ich bin eigentlich gar nicht so wichtig.
2. Sp.:	Wir sind ja auch viele. Da ist die einzelne Speiche nicht so wichtig.
Rahmen:	Du bist ja gar nicht schön farbig!
Kette:	Und viel Kraft kannst du auch nicht haben, so dünn wie du bist!
Lenker:	Wer braucht schon Speichen!
1. Sp.:	Ich glaube, ich werde hier nicht gebraucht. Dann geh ich halt weg.

(geht zur Seite)

2. Sp.:	Halt! Wenn du gehst, dann muss ich viel mehr Kraft aufwenden. Das schaffe ich nicht allein. Da werde ich ganz krumm. Hilfe! Ich breche auseinander!
Felge:	Moment! So geht das nicht. Bei mir verzieht sich alles. Ich werde ganz schief und krumm.

Alle Spieler beginnen zu hüpfen.

Reifen:	Wie das hoppelt und wackelt! Nichts läuft mehr rund. Also da kann ich für nichts garantieren.
Lenker:	So kann ich die Richtung nicht mehr halten! Das wird gefährlich.
Bremse:	Bremsen!

Das Rad steht still.

Sattel:	Alle mal herhören! So sind wir gar kein richtiges Fahrrad mehr. Wir brauchen die Speiche!
Ventil:	Sie ist zwar klein und schwach, aber ohne sie geht gar nichts.
Kette:	Wir wollen die Speiche bitten, zurückzukommen. Einverstanden?
Alle:	Speiche, bitte komm wieder zurück! Wir brauchen dich!
1. Sp.:	Ich habe gar nicht gewusst, dass ich wichtig bin. Klar, ich mache wieder mit. Wir müssen schließlich zusammenhalten.

Die Kinder stehen zusammen, legen sich gegenseitig die Arme um die Schulter.

Helena Rimmele, Graben-Neudorf

L.:	Ihr seht, jede und jeder ist wichtig, wenn das Ganze gelingen soll. Das gilt für jede Gemeinschaft.

Fürbitten

L.: Gott, der du willst, dass wir leben. Wir bitten dich:

1. Richte alle auf, die meinen, sie seien zu nichts nütze.

2. Schenke uns mehr Selbstbewusstsein, weil wir alle besondere Fähigkeiten haben.

3. Hilf uns, so mit anderen umzugehen, wie wir es gerne hätten, dass mit uns umgegangen wird.

L.: Mit deiner Hilfe, göttlicher Jesus, fällt das gute Miteinander noch leichter. Darum bitten wir heute und alle Tage unseres Lebens.

Gabengebet

Gott, du unsere Stärke. Am Leibe sind die Glieder ganz füreinander da. So lass diese Gaben von Brot und Wein auf dem Altar helfen, eine gute Gemeinschaft zu werden – durch Christus, unseren Herrn.

Vaterunser – Friedensgruß

Meditation nach der Kommunion

1. Spr.: Ich möchte mit Kindern zu tun haben, die mir keine Angst machen,
die mir helfen, wenn ich weine,
die mich zu verstehen suchen, wenn ich mal aus der Reihe tanze.

2. Spr.: Ich möchte mit Erwachsenen zu tun haben,
die mir zur Seite stehen, wenn meine Kräfte nicht reichen;
die mich wieder annehmen, wenn ich Fehler gemacht habe.

3. Spr.: Ich möchte an einen Jesus glauben,
der mich in den Arm nimmt, wenn ich böse war;
der mir verzeiht, was mir leid tut.

4. Spr.: Dann wächst unser Miteinander.
Dann trägt unsere Gemeinschaft.
Dann fühlt sich jeder und jede wohl.

Schlussgebet

Gott, du machst uns stark. Wir haben wieder deinen göttlichen Sohn gefeiert, der jeden ernst genommen hat. Hilf uns auch jetzt, wenn wir draußen wieder zeigen können, dass jeder wichtig ist. Darum bitten wir durch Christus, unseren Herrn.

35. Gemeinsam sind wir stark
(Gemeinschaft / Fünfter Sonntag Lesejahr A)

Vorzubereiten:
Ein Bündel aus ca. 20 dünnen Haselnuss- und / oder Holunderstecken.

Lieder
Zu Beginn – GL 640: Gott ruft sein Volk zusammen
Vor dem Evangelium – Tr 973: Er hält das Leben in der Hand
Zur Gabenbereitung – Tr 439: Kommt, sagt es allen Leuten
Zum Abschluss – GL 514: Wenn wir jetzt weitergehen

Begrüßung
Wir legen das Zeichen dessen über uns, der uns hier zusammenführt. Im Namen des Vaters …

Hinführung
Wenn dich einer oder mehrere angreifen und du stehst allein, hast du schlechte Karten. Ein paar Kameraden um dich herum machen dich stärker. Darüber wollen wir heute nachdenken. Zuerst aber denken wir darüber nach, warum wir hier sind. Zwei Kinder helfen uns dabei.

1. Unser Vater im Himmel! Du bist immer bei mir.
   Mit dir bin ich nie allein.
   Auch wenn ich böse bin, behältst du mich lieb.

2. Jesus Christus! Du willst mir ein guter Freund sein.
   Du zeigst mir den guten Weg.
   Dein Wort hilft mir, mich nicht zu verirren.

1. Gottes guter Geist! Du willst in mir wohnen.
   Du willst die Angst aus mir vertreiben.
   Du bleibst bei mir, wenn alle mich allein lassen.

2. So kommt, Vater, Sohn und Heiliger Geist.
   Bleibt bei mir, solange ich lebe.
   Dann brauche ich nie zu große Angst zu haben.

Tagesgebet

Jesus, wir vertrauen auf dich. Sei du unsere Mitte. Dann können wir alles wagen. Dir sei Dank, der du lebst und liebst in alle Ewigkeit.

Evangelium nach Lukas

Einleitung: Auch Jesus wählte sich Freunde, die mit ihm ziehen sollten. Welche kennt ihr denn schon? (…)

Einmal verbrachte Jesus die ganze Nacht im Gebet mit Gott. Als es Tag wurde, rief er seine Jünger zu sich und wählte aus ihnen zwölf aus: Simon Petrus und seinen Bruder Andreas, Jakobus und Johannes, Philippus und Bartholomäus. Matthäus und Thomas, Jakobus, der Jüngere, und Simon, der Zelot (= Freiheitskämpfer), Judas, der Sohn des Jakobus und Judas Iskariot, der ihn später verriet. (nach Lk 6,12–16)

Ansprache

Jesus hat also lange gebetet, bevor er sich seine Freunde aussuchte. – Gemeinsam waren sie stärker. So wie dieses Bündel aus einzelnen Stäben *(L. zeigt es).*

Wer unter euch ist so stark, dass er es durchbrechen kann? *(Herausfordernd schauen)* Das schafft keiner! Nur ich! Ja, lacht nur! Nein, nicht übers Knie brechen. So! Mit beiden hochgehobenen Armen! Ich kann es *(L. zieht* einen *Stab heraus und bricht ihn)*! Seht ihr, wenn ich das mit allen Stäben mache, habe ich schließlich das ganze Bündel gebrochen!

Damit will ich zeigen: Als Einzelner bist du schwach; du brauchst Freunde. Gemeinsam mit ihnen bist du stärker. Das kennst du schon vom Schulhof her, wenn dir einer was will! Du weißt auch, was eine Mannschaft im Sport stark macht! Das rate ich dir auch, wenn du zur Lehrerin gehst, weil du etwas unfair findest: Nimm immer ein paar andere mit, dann bist du stärker.

Darum finde ich es auch gut, wenn sich viele zum Sternsingen melden: Wenn viele Gruppen gehen, fühlt ihr euch auch stärker und – ihr seid viel schneller rundgegangen. Das gilt auch für den Schulgottesdienst oder den Gottesdienst sonntags. Wenn ihr viele seid, dann macht es viel mehr Freude.

So umgab sich Jesus auch mit Freunden und schickte sie manchmal zu zweit durch die Dörfer und Städte. Und umso schneller und stärker wurde der Ruf: Von diesem Jesus geht eine Kraft aus, die alle heilen kann. (Lk 6,19)

(L. stellt das Bündel Stäbe vor den Altar)

Fürbitten

L.: Gemeinsam bestürmen wir jetzt den Himmel und rufen zu unserem Herrn und Gott.

1. Beschütze alle, die allein stehen und keine Freunde finden.

2. Steh allen bei, die mit Freunden etwas vorhaben, das allen weiterhilft.

3. Lass uns alle mit anpacken, wenn Hilfe nötig ist oder wir Armen und Hungrigen beistehen müssen.

L.: Dann haben alle etwas zu lachen. Und das möchte Jesus, heute und alle Tage unseres Lebens.

Gabengebet

Gott, du Quelle des Lebens. Die Körner auf dem Altar haben sich zusammengetan und sind zum Brot geworden, wie die Trauben zum Wein. So hilf auch uns, zu einer Gemeinschaft zu finden, die stark ist und die dich lobt und preist alle Tage des Lebens. Das erbitten wir durch Christus, unseren Herrn.

Vaterunser – Friedensgruß

Einleitung: Wir verbinden uns mit den Händen und bilden eine große Menschenkette. Seht mal, jetzt sind wir stark. Der Friede des Herrn sei allezeit mit euch!

Meditation nach der Kommunion

1. Spr.: Jesus, du bist uns Licht in allem Dunkel.
Du bist der gute Hirt, der retten kann.
Du bist die feste Burg, in der wir uns bergen können.

2. Spr.: Wir danken dir, dass du uns zusammengeführt hast.
Lass uns als Freunde einander stark machen.
Und sei du dabei unser Rückgrat.

Schlussgebet

Ja, Herr und Gott. Gemeinsam sind wir stärker. Auch im Beten und Singen. So hilf uns, auch draußen einander beizustehen. Das erbitten wir als Freunde Jesu, der lebt und liebt in alle Ewigkeit.

36. Licht für die Welt sein

(Christsein / Fünfter Sonntag Lesejahr A)

Vorzubereiten:
Eine Taschenlampe mit Batterien; ein Zettel mit entsprechender Aufschrift; vier Kerzen.

Lieder

Zu Beginn – GL 644: Sonne der Gerechtigkeit

Vor dem Evangelium – Tr 685A: Wie viele Straßen auf dieser Welt

Zur Gabenbereitung – Tr 620 oder 621: Ihr seid das Salz der Erde, ihr seid das Licht der Welt; siehe auch Seite 105 in diesem Buch.

Zum Abschluss – Tr 1078: Du bist das Licht der Welt

Begrüßung

Wir legen das Zeichen über uns, das Licht in die Welt gebracht hat: Im Namen des Vaters …

Hinführung

Im Dunkeln fürchten wir uns. Das Licht zieht uns an. Dunkel und Licht liegen auch in uns. Drei Kinder helfen uns, darüber nachzudenken.

Bußakt

1. Oft laufen wir mit einem finsteren Gesicht herum, zanken und streiten uns und finden nicht aus dem Teufelskreis heraus.

L.:   Herr, erbarme dich!

Alle: Herr, erbarme dich!

2. Wenn Kriege geführt werden, im Terror Bomben zerplatzen, dann wird es ganz dunkel. Und jede Seite fühlt sich im Recht.

L.:   Christus, erbarme dich!

Alle: Christus, erbarme dich!

3. Oft verstecken wir unsere Güte und Freundlichkeit, als wenn wir einen Topf über unser Licht gestülpt hätten.

L.: Herr, erbarme dich!

Alle: Herr, erbarme dich!

L.: **Vergebungsbitte ...** und hilf uns aus mancher Dunkelheit in dein Licht.

Tagesgebet

Guter Jesus. Seit der Taufe brennt in uns ein besonderes Licht, in dem wir alles Dunkle und Gemeine überwinden können. Und darum bitten wir durch Christus, unseren Herrn.

Evangelium

Einmal sagte Jesus und er sagt es jetzt zu uns: **Ich** bin das Licht der Welt. Wer mir nachfolgt, wird nicht in der Finsternis umhergehen, sondern das Licht des Lebens haben. (Joh 8,12)

Und ein andermal sagte er: **Ihr** seid das Licht der Welt. Man zündet doch nicht ein Licht an und stülpt ein Gefäß darüber, sondern man stellt es auf den Leuchter. Dann leuchtet es allen im Haus. So soll euer Licht vor den Menschen leuchten, damit sie eure guten Werke sehen und euren Vater im Himmel preisen. (Mt 5,14–16)

Ansprache

L.: Wir sollen das Licht von Jesus also weitergeben. Es würde schon das Licht einer Taschenlampen genügen **(L. zeigt die Taschenlampe)**. Damit kann man sich im Stockdunkeln ganz gut orientieren. Mal sehen, wie hell sie leuchtet **(L. knipst sie an)**. Oh, sie brennt nicht! Was kann das denn für eine Ursache haben?

Kinder: Die Batterien fehlen?! **(L. öffnet und zeigt die Batterie.)**

Kinder: Vielleicht sind die Batterien leer?

L.: **(leckt die Kontaktstelle)** Nein, da ist Saft drin! Aber was würde das bedeuten, wenn die Batterien eines Jesu-Jüngers leer sind?

Kinder: Er / sie betet nicht mehr; geht nicht mehr zur Kirche; empfängt keine Sakramente mehr ...

L.: Aber das ist es ja nicht. Vielleicht ist das Birnchen kaputt? Was bedeutet das denn?

Kinder: Er / sie will gar nicht mehr für Jesus brennen?

L.: Ich will euch die Ursache zeigen *(L. nimmt die Batterien heraus und entfaltet den Zettel [= Computerspielregel / Fernsehprogramm oder Geldschein], der genau auf der Kontaktstelle liegt)*: Der Kontakt ist blockiert. Für Kinder und auch für Erwachsene sind Videospiele oder Geldverdienen oder Fußball oder Auto wichtiger geworden, als Jünger Jesu zu sein und seine gute Nachricht, seine Liebe weiterzugeben!

Seht ihr, wenn ich jetzt die Batterien wieder einlege und alles festschraube, dann leuchtet sie! *(L. zeigt es).* Jesus gab uns den Auftrag, Licht für die Welt zu sein!

Fürbitten

Wir werden still und fragen uns: Brenne ich noch für Jesus? Leuchte ich in manche Dunkelheit? Sollen wir ihn nicht still um etwas bitten? –

Gabengebet

Gott, unser Licht. Leuchte bis in die Gaben von Brot und Wein hinein, damit sie uns helfen, das Licht deines Sohnes weiterzugeben, der mit dir lebt und liebt in alle Ewigkeit.

Messkanon

1. Vater, du bist so gut zu uns. Alles Helle und Schöne kommt von dir.

2. Das erfrischende Wasser. Die warme Sonne.
   Die Farben der Blumen. Das Singen der Vögel.

3. Auch die Liebe unserer Freunde: All das kommt von dir, Vater.

L.: Nun sende deinen Geist über uns … (Wandlung)
   Tut dies zu meinem Gedächtnis.
   Deinen Tod … bis du kommst in Herrlichkeit.

1. Vater, wir denken daran, dass Jesus starb.
   Wir sind froh: denn er stand wieder von den Toten auf.

2. Nun lebt er unter uns. Er will uns helfen, dass auch wir richtig leben.

3. Wir bringen dir, Vater, unsere Gaben dar:
   dieses heilige Brot und diesen verwandelten Wein.

L.: Von diesen Gaben können wir allezeit leben –
   und glücklich sein in deinem Dienst. Nimm sie an:
   denn diese verwandelten Gaben sind Jesus Christus, dein Sohn.

1. Lass alle, die an dieser Feier teilnehmen, zueinander geführt werden durch deinen Geist der Liebe.

2. Sei gut zu uns, Vater. Sei gut zu unserem Papst N.N. und zu unserem Bischof N.N.

3. Mache uns besser, damit wir das Licht deines Sohnes immer heller brennen lassen.

L.: Durch Jesus, mit ihm und in ihm
     und geeint in seinem guten Geist
     bringen wir dir heute diese Herrlichkeit und hoffen,
     dass wir sie dir bringen können – immer und ewig.

Vaterunser – Friedensgruß

Meditation nach der Kommunion
(Vier Kinder mit Kerzen, die an den Altarkerzen entzündet wurden)

L.:   Wir wiederholen immer den Satz:
       Wir wollen Licht für andere sein!

Alle: Wir wollen Licht für andere sein!

1. Spr.: Der Herr gab mir helle Augen,
          damit ich die Not meiner Mitmenschen sehe.

2. Spr.: Der Herr gab mir feine Ohren,
          damit ich das Weinen der Traurigen höre.

Alle: Wir wollen Licht für andere sein!

3. Spr.: Der Herr gab mir eine sanfte Stimme,
          damit ich meine Mitmenschen tröste.

4. Spr.: Der Herr gab mir offene Hände;
          damit ich dort fest anpacke,
          wo meine Hilfe gebraucht wird.

Alle: Wir wollen Licht für andere sein!

1. Spr.: Der Herr gab mir flinke Füße,
          damit ich zu den Notleidenden eilen kann,
          um sie zu unterstützen.

2. Spr.: Der Herr gab mir Fantasie,
damit ich andere erfreue.

Alle: Wir wollen Licht für andere sein!

3. Spr.: Der Herr gab mir viel Zeit,
damit ich sie anderen schenke.

4. Spr.: Der Herr gab mir ein Herz voll Liebe,
damit ich sie an andere verschwende.

Alle: Wir wollen Licht für andere sein!

Schlussgebet

Ja, Jesus, Licht der Welt, wir möchten dein Licht weitergeben. Hilf uns dabei – heute und alle Tage unseres Lebens.

GLAUBE – GEBET – FREUNDSCHAFT – ÖKUMENE

37. Von den Augen des Glaubens:
Das Wesentliche ist unsichtbar

(Glaube)

Vorzubereiten:
Ein tragbares Radiogerät, auf einen Sender eingestellt.

Lieder

Zu Beginn – Tr 4: Liebte Gott, der Herr, uns nicht
Vor dem Evangelium – GL 624: Auf dein Wort, Herr, lass uns vertrauen
Zur Gabenbereitung – Tr 198: Wir bringen gläubig Brot und Wein
Zum Abschluss – GL 514: Wenn wir jetzt weitergehen

Begrüßung

Wir legen das Erkennungszeichen der Christen über uns und beginnen:
  Im Namen des Vaters … Der Herr sei mit euch!

Bußakt

L.: Zuerst wollen wir uns besinnen und vor Gott ganz ruhig werden.
  Drei Kinder helfen uns dabei:

1. Es gibt so wenige, die uns zeigen: Jesus ist ganz wichtig für unser Leben.
  Jesus ist noch wichtiger als alles, was ich kaufen kann.

L.: Herr, erbarme dich!

Alle: Herr, erbarme dich!

2. Es gibt so wenige, die uns zeigen:
  Es gibt noch eine andere Welt als diese, in der wir leben.
  Das Wesentliche ist für unsere Augen unsichtbar.
  Mit Augen, die an Gott glauben, kann ich viel mehr sehen.

L.: Christus, erbarme dich!

Alle: Christus, erbarme dich!

3. Es gibt immer weniger Menschen, die uns zeigen:
Man sieht nur mit dem Herzen gut.
Liebe geben und empfangen ist das Wichtigste im Leben.

L.: Herr, erbarme dich!

Alle: Herr, erbarme dich!

L.: *Vergebungsbitte* … und lass uns in der Liebe Gottes geborgen bleiben.

Tagesgebet

Guter Gott. Wir glauben: Aus deiner großen Hand können wir nicht fallen, und in deinem Sohn Jesus Christus hast du uns einen Bruder und Freund an die Seite gestellt. So geh mit uns alle Tage unseres Lebens, heute und in Ewigkeit.

Evangelium nach Matthäus

Einleitung: Wir brauchen eigentlich keine Angst zu haben, weil uns Jesus versprochen hat, unsichtbar immer bei uns zu sein. Wir hören diese Stelle aus dem Heiligen Buch:

In jener Zeit traf sich Jesus mit den elf Jüngern auf einem Berg, um Abschied zu nehmen. Jesus sagte: Ihr braucht keine Angst zu haben, denn mir ist alle Macht gegeben im Himmel und auf der Erde. Seid gewiss: Ich bin bei euch alle Tage – bis zum Ende der Welt. (Mt 28,16.18.20)

Ansprache

Im ersten Harry-Potter-Film kommt Harry reichlich bepackt in einen Bahnhof und sucht den Bahnsteig 9¾. Er sieht aber nur den neunten und zehnten Bahnsteig. Da geht er einfach auf die Mauer dazwischen los und … nein, er schlägt sich nicht die Stirn blutig, er geht durch die Mauer hindurch und steht auf dem Bahnsteig 9¾.

So gibt es viele Dinge im Leben, die unsere beiden Augen nicht sehen und unsere Ohren nicht hören. Dafür bräuchten wir eigentlich noch ein drittes Auge oder riesige Muscheln als Ohren. Seht mal *(L. hält beide Zeigefinger hoch)*: Zwischen diesen beiden Fingern sind zum Beispiel Musikwellen. Die könnt ihr nicht sehen oder hören. Und doch sind sie da. Ich beweise euch das *(L. schaltet das Radio ein)*: Jetzt könnt ihr die Töne hören.

(L. hält wieder die Finger hoch) Zwischen diesen beiden Fingern sind auch – unsichtbar – Bilder. Ein Mensch, der keinen Fernseher kennt, würde nur ungläubig lachen, wenn er diese Behauptung hört. Aber das wisst ihr ja: Ich brauche nur einen Fernseher hier aufzubauen und die Antenne anzuschließen und schon wer-

den die Bilder sichtbar. So brauchen wir oft noch das »dritte« Auge und ganz große Ohren, um das Wesentliche, das meist unsichtbar ist, herauszuspüren:

– Lieben sich die Eltern und Geschwister oder wächst zwischen ihnen die Angst?
– Ist es richtig, mit dem unsichtbaren Jesus zu sprechen oder auf ihn zu hören?
– Schaut mich Jesus aus der Gestalt des verwandelten Brotes auf dem Altar an, wenn es der Priester erhebt?

Eines ist jedenfalls sicher: Alles Wesentliche ist für unsere Augen unsichtbar. Mit den Augen, die an den ganz nahen Gott glauben, kann ich viel mehr sehen.

Fürbitten

L.: Wir rufen zu Gott, der mit uns gehen will, und bitten ihn:

1. Für alle, die meinen, dass Gott unendlich weit entfernt ist. *(Stille)*

3. Für alle in Not und Leid, die sich von Gott verlassen fühlen. *(Stille)*

4. Für uns selbst, dass wir die unsichtbare Hand Jesu ergreifen. *(Stille)*

L.: Denn du, guter Gott, möchtest, dass Menschen dir vertrauen. Darum bitten wir durch Christus, unseren Herrn.

Gabengebet

Du Gott des Lebens. Wir danken dir für die Früchte der Erde. Für Brot und Wein auf dem Altar. Erfülle sie mit deiner Kraft, damit sie uns helfen in guten und bösen Tagen – durch Christus, unseren Herrn.

Vaterunser – Friedensgruß

Meditation nach der Kommunion

1. Spr.: Wir sind unterwegs. – Wir sind unterwegs zu dir.
Wir möchten Wege gehen, die Jesus uns gezeigt hat:
Wege der Liebe.

2. Spr.: Wir gehen vorbei an traurigen Menschen:
Schenke uns Augen für weinende Kinder.
Hilf uns, zu achten auf den Wunsch der Menschen
nach einem freundlichen Gruß.

3. Spr.: Gib uns Augen, die mehr sehen als schöne Kleider:
Menschen; die auf Freundschaft hoffen und möchten,
dass sie hineingenommen werden in den Kreis anderer.

4. Spr.: So geh mit uns, Herr, damit wir das Wesentliche im Leben nicht übersehen und zum Segen werden für andere.

Schlussgebet

Mächtiger Gott! Wir danken dir für diese Feier, in der wir dir ganz nahe sein durften. Geh jetzt mit uns in die Schule, über die Straßen und nach Hause. Das erbitten wir durch unseren Bruder und Freund Jesus Christus, der mit dir lebt und liebt in alle Ewigkeit.

38. Gott unaufhörlich anrufen
(Gebet)

Vorzubereiten:
Ein Handy oder Telefon mitbringen.

Lieder
Zu Beginn – Tr 685 A: Wie viele Straßen auf dieser Welt
Vor dem Evangelium – GL 520: Liebster Jesu
Zur Gabenbereitung – Tr 193: Wenn das Brot, das wir teilen
Zum Abschluss – Tr 335: Bewahre uns Gott
    Oder: Tr 408: Keiner ist größer (Refrain)

Begrüßung
Wir stellen uns in das besondere Kraftfeld Gottes und beginnen:
    Im Namen des Vaters … Der Herr sei mit euch!

Hinführung
Wie ein Langstreckenläufer oder ein Radrennfahrer einen Knopf im Ohr hat, um mit seinem Trainer oder Leiter in Verbindung zu bleiben, so brauchen wir, um als Christen im Rennen zu bleiben, auch eine Verbindung »nach oben«. Was das heißt, werden wir sehen. Zunächst aber helfen uns drei Kinder, unser Inneres richtig auszurichten.

Bußakt

L.: Jeder von uns steht in der Gefahr, ein ganz breites Ich zu bekommen, neben das kein anderer mehr so recht passt.

1. Ich möchte, dass meine Eltern Zeit für mich haben:
mit mir reden, arbeiten und spielen. –
Habe ich auch Zeit für meine Eltern, um für sie etwas zu besorgen
oder ihnen eine Arbeit abzunehmen?

L.: Herr, erbarme dich!

Alle: Herr, erbarme dich!

2. Ich möchte, dass meine Kameraden mir helfen:
Sie sollen zu mir stehen und verlässlich sein. –
Bin ich auch ein guter Freund, der zuhören kann und helfen will?
L.:Christus, erbarme dich!

Alle: Christus, erbarme dich!

3. Ich möchte, dass meine Lehrerinnen und Lehrer gerecht sind
und keinen vorziehen! – Bin ich ihnen gegenüber auch fair
oder erzähle ich nur Schlechtes von ihnen weiter?

L.: Herr, erbarme dich!

Alle: Herr, erbarme dich!

L.: *Vergebungsbitte* ... und hilf mir, auch für andere und für dich da zu sein.

Tagesgebet

Du Gott der Liebe und des Friedens! Du bist ganz für uns da. Wir aber behandeln dich oft wie Luft. Schenk uns ein offenes Herz, das auch für dich Platz hat. Das erbitten wir durch Christus, unseren Herrn.

Evangelium nach Lukas

Einmal sagte Jesus und er sagt es jetzt zu uns:

Es ist wichtig, dass ihr betet und Gott bittet, immer wieder, und darin nicht müde werdet. Gott wird denen helfen, die zu ihm rufen – ob am Tag oder in der Nacht. Auch wenn seine Hilfe lange auf sich warten lässt: Er wird ihnen helfen! (nach Lk 18,1.7b.8)

Ansprache

(*L. nimmt das Handy oder Telefon ans Ohr*) Ich spreche jetzt mit einem, den ich nicht sehen kann, von dem ich aber weiß, dass er da ist. (Es gibt natürlich schon solche Möglichkeiten, beim Telefonieren den anderen auch zu sehen.) Das macht es ja auch so schwer – und manche haben es schon aufgegeben oder glauben, dass es nicht möglich ist – mit *dem* Unsichtbaren zu sprechen, den wir Gott und Jesus Christus nennen. Aber das Tolle ist: Ihr Apparat hat nie ein Besetztzeichen und das Sprechen mit ihnen ist gebührenfrei! Wir nennen das Gespräch mit Gott: Beten. Jetzt achtet einmal darauf, was ich dabei falsch mache:

1.   L. nimmt das Handy / Telefon ans Ohr und spricht drauflos. Dann hält er inne und sagt: Hallo, ist da niemand?

Kinder: Ich muss zuerst die Verbindung herstellen, die Nummer wählen. – Auf das Gebet übertragen: Sich besinnen, still werden …

2.   L. wählt, redet dann aber eine Minute lang übertrieben schnell ohne Pause über alles Mögliche, und hält dann erst inne.

Kinder: Ich muss auch zuhören können, um zu erfahren, was der Gesprächspartner *mir* sagen will. –

3. L.:   Wir versuchen jetzt einmal, mit Gott zu sprechen oder auf ihn zu hören: Zuerst besinnen wir uns, falten die Hände, schließen eventuell die Augen. Jetzt danken wir Gott …, hören, was er uns zu sagen hat … und bitten ihn um das, was uns schwer auf der Seele liegt …

Fürbitten

L.:   Jesus, du hast gesagt, wir dürfen dich unaufhörlich anrufen. So bitten wir dich:

1.   Es gibt so viele kranke Menschen, die nachts nicht schlafen können, die mutlos und ungeduldig werden.
Jesus! Lass sie bald wieder gesund sein, tüchtige Ärzte finden und freundliche Schwestern.

2.   Es gibt so viele Kinder, die behindert sind, die nicht gehen oder nicht hören können. Sie können nicht alles mitmachen und fühlen sich oft ausgestoßen.
Jesus! Lass uns daran denken, wie schwer es diese Kinder haben. Hilf uns, besonders ihnen gegenüber hilfsbereit und gut zu sein.

3.   Es gibt so viele Kinder, die arm sind und kaum etwas anzuziehen haben, die vor Hunger sterben müssen.

Jesus! Lass uns alles versuchen und teilen, damit kein Mensch mehr verhungern muss.

L.: Ja, dein Sohn war besonders für die Schwachen und Kranken da. Er hilft uns, wenn wir ihn bitten – heute und alle Tage unseres Lebens.

Gabengebet
Danke, Herr, für die Gaben der Erde und für Brot und Wein auf dem Altar. Erfülle sie mit deiner Kraft »von oben«, damit sie uns helfen, deine Liebe weiterzugeben – durch Christus, unseren Herrn.

Vaterunser – Friedensgruß

Meditation nach der Kommunion
1. Spr.: Jesus spricht: Kommt alle zu mir, die ihr es schwer habt
unter der Last eurer Aufgaben. Ich will euch neue Kraft geben.

2. Spr.: Jesus spricht: Kommt alle zu mir. Ich bin das lebendige Brot.
Wer von diesem Brote isst, kann leichter teilen.

1. Spr.: Jesus spricht: Wer mich bittet, der wird empfangen.
Aber manchmal gebe ich ihm das, was er braucht,
und nicht das, was er sich wünscht.

2. Spr.: Jesus spricht: Wer mich sieht, sieht den Vater.
Ich bin der Weg, der euch zum Ziele führt.

Schlussgebet
(L. nimmt das Telefon oder Handy, wählt und legt es ans Ohr)
Ja, danke, Herr, dass du uns hörst und uns helfen willst. – Geh jetzt mit uns, damit wir leichter über die Hürden kommen. – Und hilf auch denen, die gar nicht mit dir rechnen, – der du lebst und liebst in alle Ewigkeit.

Segen
Keinen Tag soll es geben, da du sagen musst:
Ich fühle mich so allein gelassen.
Keinen Tag soll es geben, da du sagen musst:
Da ist niemand, der mit mir lachen und weinen will.
Keinen Tag soll es geben, da du sagen musst:
Niemand ist da, der für die wunderbare Schöpfung kämpft.
Keinen Tag soll es geben, da du sagen musst:

Glaube – Gebet – Freundschaft – Ökumene

Da ist niemand, der mir vertraut oder herzlich zu mir ist.
Dazu segne dich und uns der barmherzige Gott:
Der Vater und der Sohn und der Heilige Geist.

39. Ich wünsch mir einen Freund
(Freundschaft)

Vorzubereiten:
Eventuell eine blühende Rose, die duftet, mitbringen.

Lieder
Zu Beginn – GL 505: Du hast uns, Herr, gerufen
Vor dem Evangelium – Tr 33: Freunde, wir fangen an
    Oder: GL 521: Herr, gib uns Mut
Zur Gabenbereitung – Tr 438: Freunde, ruft in Freude (statt »Christen«)
    Oder: Tr 198: Wir bringen gläubig Brot und Wein
Zum Abschluss – Tr 929: Wenn einer sagt
    Oder: Tr 774: Die Erde ist schön

Begrüßung
Wir stellen uns unter das Segenszeichen des Kreuzes und beginnen:
    Im Namen des Vaters … Der Herr sei mit euch!

Hinführung
Sicher hast du schon mal einen Jungen oder ein Mädchen gefragt: »Möchtest du mein Freund / meine Freundin sein?« Dann hast du mit großen Augen gespannt auf die Antwort gewartet. Hörst du dann: »Ja!«, darfst du dich freuen. Freundschaft ist ein großes Geschenk! Hörst du aber: »Nein!«, kannst und darfst du nicht die Freundschaft erzwingen. – Drei Kinder helfen uns beim Einstimmen:

1. Ich möchte einen Freund, der treu ist. Der sich nicht wichtig macht oder groß daherredet. Ich möchte keinen, der immer zuerst an sich selbst denkt.

2. Ich möchte eine Freundin, die mich wirklich gern hat. Der ich auch Geheimnisse anvertrauen kann. Die schweigen kann wie ein Grab.

3. Mein Freund kann ein Junge oder ein Mädchen sein. Aber bitte kein launisches Kind oder eins, bei dem jedes dritte Wort heißt: Dazu habe ich keinen Bock! – Ich muss mich vor allem auf ihn oder sie verlassen können.

L.:   Das ist kostbar: einen Freund oder eine Freundin zu haben. Wir können darum beten:

Tagesgebet

Jesus, unser Freund! Mit einem guten Freund an der Seite fällt alles leichter. Hilf mir, alles daranzusetzen, dass auch ich ein guter Freund, eine gute Freundin sein kann. Darum bitten wir dich, der du uns immer deine Hand reichst, heute und alle Tage unseres Lebens.

Evangelium nach Johannes

Einmal sagte Jesus, und er sagt es jetzt zu uns: Ihr seid meine Freunde, wenn ihr tut, was ich euch auftrage: Liebt einander – wie ich euch geliebt habe. (Joh 15,14.12b)

Ansprache

Eine Freundschaft ist ein großes Geschenk. Das kann man nicht erzwingen. Man kann aber auf sie warten und sich selbst darauf vorbereiten. Wir hören von einem Fuchs, einem grünen Fuchs, der zunächst nicht warten konnte. Ein grüner Fuchs?! Ach, ihr wisst doch, dass eine Fabel, in der Tiere sprechen können, uns Menschen Wichtiges verraten will. Also:

Es war einmal ein kleiner, grüner Fuchs. Ein Jäger hatte seinen Vater und seine Mutter totgeschossen. Jetzt war er ganz allein und sehr einsam. Er suchte einen, der mit ihm die Höhle teilen wollte – den Tag und die Nacht, den Frühling, den Sommer, den Herbst und den Winter. Die **roten** Füchse wollten aber nichts mit einem grünen Fuchs zu tun haben.

Eines Tages jagte er ein weißes Hühnchen. Er packte es, sagte: »Du gefällst mir!« und schleppte es in seine Höhle. Er stellte es in eine Ecke und sagte: »Willst du mit mir die Höhle teilen, den Tag und die Nacht, den Frühling, den Sommer, den Herbst und den Winter?« Das Hühnchen zitterte vor Angst und schrie: »Nein!« **(schreien**!) Da wurde der kleine grüne Fuchs böse und fraß es auf.

Bald darauf hatte er ein braunes Häschen gefangen. »Du gefällst mir!«, sagte er und schleppte es in die Höhle. Er stellte es in eine Ecke und sagte: »Willst du ...« (Jetzt weiter wie oben – auch so noch mit einem roten Eichhörnchen.)

Eines Tages entdeckte der kleine Fuchs am Gartenzaun eine Rose **(Rose in die Hand nehmen)**: So eine Rose! Er sagte wieder: »Du gefällst mir!«, brach sie ab und trug sie in seine Höhle. »Willst du mit mir die Höhle teilen – den Tag und die Nacht, den Frühling, den Sommer, den Herbst und den Winter?« Da erfüllte die Rose die ganze Höhle mit ihrem köstlichen Duft. Der kleine grüne Fuchs war sehr glücklich.

Doch am nächsten Tag war die Rose verwelkt. Da schrie der kleine Fuchs: »Du hast mich betrogen!«, trampelte auf ihr herum und warf sie draußen weit weg.

Aber als er in die Höhle zurückkam, da war die Rose immer noch da: Der köstliche Duft erfüllte noch die ganze Höhle. Da staunte der kleine Fuchs und setzte sich hin. Er wurde ganz still. Und schließlich wusste er: Eines Tages kommt ein kleiner grüner Fuchs, der wird meine Höhle mit mir teilen – am Tag und in der Nacht, im Frühling, im Sommer, im Herbst und im Winter. Ich muss nur warten. Ich kann es nicht erzwingen.

Verkürzte Geschichte von Max Bolliger

Du kannst also die- und denjenigen, die »nein!« sagen, nicht auffressen oder zwingen. Eine Freundschaft ist dafür zu zerbrechlich und kostbar. Aber warte auf dieses Geschenk, bis eine/r kommt und dich fragt oder bis eine/r auf deine Frage »Ja« sagt.

Ich kenne allerdings einen, der sagt immer »Ja«, wenn du ihn fragst. Du kennst ihn **(L. zeigt auf das Kreuz)**. Auch ein Geschenk, für das wir danken können. **(Eventuell die Rose, falls sie duftet, zum Riechen durch die Reihen gehen lassen oder sie auf den Altar legen.)**

Fürbitten

L.: Wir rufen zu unserem Freund Jesus Christus, der uns die größte Liebe gezeigt hat, nämlich für seine Freunde gestorben ist:

1. Lass alle das Geschenk einer Freundschaft erfahren, die sich danach sehnen.

2. Richte alle auf, die bei der Suche nach Freundschaft ein »Nein« hören mussten, oder sich nicht trauen zu fragen.

3. Gib allen neuen Mut, die von Freunden verraten oder ausgenutzt wurden.

4. Hilf uns, gute Freunde sein zu können.

L.: Dafür willst du uns, Jesus Christus, an die Hand nehmen. Wir danken dir dafür – heute und alle Tage bis ans Ende der Welt.

Gabengebet

Guter Gott. Dein Sohn ist unser Freund, der sein Leben für uns hingab. Lass uns gleich diese Gaben von Brot und Wein mit ganzem Herzen empfangen, damit unsere Freundschaft zu ihm wächst. Das erbitten wir durch Christus, unseren Herrn.

Vaterunser – Friedensgruß

Meditation nach der Kommunion

1. Spr.: Jesus, ich danke dir:
Du willst mit mir gehen ein Leben lang.
Du schenkst mir Kraft zum Guten.

2. Spr.: Jesus, ich schenke dir:
mein Herz und mein Denken,
meine Hände und Füße, Augen und Mund,
meine Arbeit und Freude, meinen Ärger und meine Angst.

3. Spr.: Jesus, ich bitte dich:
Hilf allen Menschen in Not.,
Schenke uns Reichen ein weites Herz.
Lass mich für dich durchs Feuer gehen.

Schlussgebet

Ja, Jesus, wir möchten dir, unserem guten Freund, vertrauen und bitten dich: Lass uns für eine gute Freundschaft wachsen und reifen. Auch für das Miteinander mit dir! Dann fällt alles leichter, heute und alle Tage unseres Lebens.

40. Jesus – mein Freund?

(Freundschaft)

Lieder

Zu Beginn – Tr 4: Liebte Gott, der Herr, uns nicht
Vor dem Evangelium – Tr 408: Keiner ist größer (Refrain)
Zur Gabenbereitung – Tr 198: Wir bringen gläubig Brot und Wein
Zum Abschluss – GL 514: Wenn wir jetzt weitergehen

Begrüßung

Der am Kreuz hält die Arme so einladend auseinandergebreitet, dass auch wir näher treten dürfen: Im Namen des Vaters …

Hinführung

Dieser Jesus am Kreuz will unser Freund sein. Sozusagen ein himmlischer Freund. Deshalb kann er immer bei uns sein – was sonst kein Freund vermag. Zunächst loben wir den göttlichen Freund. Dabei helfen uns zwei Kinder:
Wir sprechen immer: Lobet den Herrn, lobt ihn allezeit!

1. Groß und unbegreiflich ist unser Gott.
   Er ist sichtbar geworden auf Erden in Jesus Christus, unserem Herrn.

2. Herr Jesus Christus. Du bist Gottes Sohn.
   Du bist ein Mensch geworden wie wir. Erbarme dich unser.

Alle: Lobet den Herrn, lobt ihn allezeit!

1. Herr Jesus Christus. Du bist unser Retter.
   Du nimmst fort die Schuld der Welt. Erbarme dich unser!

2. Herr Jesus Christus. Du bist unser König.
   Du allein unser Herr. Du allein der Höchste.
   Mit dem Heiligen Geist und dem Vater.

Alle: Lobet den Herrn, lobt ihn allezeit!

Tagesgebet

Ja, es ist unbegreiflich: Dein göttlicher Sohn, Herr und Gott, wurde Mensch, um unser Bruder und Freund zu werden. Einer, der uns nie verlässt, selbst, wenn wir Fehler machen. Wir danken dir dafür, heute und allezeit unseres Lebens.

Evangelium nach Johannes

Einmal sagte Jesus, und er sagt es jetzt zu uns: Ich nenne euch Freunde, weil ich euch alles mitgeteilt habe, was ich von meinem Vater gehört habe. Ihr bleibt meine Freunde, wenn ihr das tut, was ich euch auftrage: Liebt einander! (Joh 15,15.14)

Ansprache

Es gibt Kinder, die haben alles, die kriegen alles und sind doch nicht glücklich. Auf die Dauer können dir auch Computer und Videospiele nicht das Wichtigste schenken. Was ist denn das Wichtigste? Wir hören dazu eine Geschichte.

Es war einmal ein kleiner Prinz. Wie viele Prinzen wohnte er in einem Schloss mitten in einem Park. Er hieß Heinrich.

Heinrich war sehr verwöhnt. Er bekam alles, was er sich wünschte. Aber er war trotzdem nicht glücklich. Er lachte nie, und er weinte nie. Seine Eltern, der König und die Königin, machten sich Sorgen. »Was fehlt dir denn?«, fragten sie. Heinrich antwortete: »Ich habe zwar alle Spielsachen, die es auf der Welt gibt. Was mir noch fehlt, ist ein Luftschiff.« »Wenn es weiter nichts ist als das!«, sagten der König und die Königin und schenkten dem kleinen Prinzen ein Luftschiff. Einen Tag lang vertrieb sich Heinrich die Zeit mit dem Luftschiff. Er füllte es mit heißer Luft und schwebte damit über dem Schloss wie eine Wolke. – Aber er lachte nie, und er weinte nie. Es war alles wie vorher.

Der König und die Königin machten sich Sorgen. »Was fehlt dir denn?«, fragten sie. Heinrich antwortete: »Ich habe zwar alle Spielsachen, die es auf der Welt gibt, und ich habe ein Luftschiff. Was mir noch fehlt, ist ein Löwe in einem Käfig.« »Wenn es nichts weiter ist als das!«, sagten der König und die Königin und schenkten dem kleinen Prinzen einen Löwen in einem Käfig. Einen Tag lang vertrieb sich Heinrich die Zeit mit dem Löwen im Käfig. Er neckte ihn mit einem Stecken und reichte ihm Fleischstücke durch das Gitter. – Aber er lachte nie, und er weinte nie. Es war alles wie vorher.

Der König und die Königin machten sich Sorgen. »Was fehlt dir denn?«, fragten sie. Heinrich antwortete: »Ich habe zwar alle Spielsachen, die es auf der Welt gibt, ich habe ein Luftschiff und einen Löwen im Käfig. Was mir noch fehlt, ist ein Regiment Soldaten.« »Wenn es nichts weiter ist als das!«, sagten der König und die Königin und schenkten dem kleinen Prinzen ein Regiment Soldaten. Einen Tag lang vertrieb sich Heinrich die Zeit mit dem Regiment Soldaten. Er ließ sie exerzieren und reiten und fechten und marschieren. – Aber er lachte nie, und er weinte nie. Es war alles wie vorher.

Doch eines Tages begegnete der kleine Prinz einem kleinen Jungen. Es war der Sohn des Schlossgärtners. Der saß vor dem Haus seiner Eltern und spielte mit seinem Kaninchen. Es schmiegte sich in seinen Arm. Er streichelte es und gab ihm Löwenzahnblätter zu essen. Der kleine Prinz betrachtete die beiden und dachte: »Ich habe alle Spielsachen, die es auf der Welt gibt, ich habe ein Luftschiff, ich habe einen Löwen im Käfig und ich habe ein Regiment Soldaten. Was mir noch fehlt, ist ein Kaninchen, das sich in meinen Arm schmiegt, das ich streicheln und dem ich Löwenzahnblätter geben kann.«

»Gib mir dein Kaninchen«, sagte Heinrich zu dem Jungen. »Nein«, sagte der Junge, »ich kann dir das Kaninchen nicht geben.« Da kehrte der kleine Prinz ins Schloss zurück und sagte zum König und zur Königin: »Ich habe alle Spielsachen, die es auf der Welt gibt, ich habe ein Luftschiff, ich habe einen Löwen im Käfig und ich habe ein Regiment Soldaten. Was mir noch fehlt, ist ein Kaninchen.« »Wenn es nichts weiter ist als das!«, sagten König und die Königin und schenkten dem kleinen Prinzen ein Kaninchen. Einen Tag lang vertrieb sich Heinrich die Zeit mit dem Kaninchen. Er nahm es auf den Arm, streichelte es und gab ihm Löwenzahnblätter zu essen. – Aber er lachte nie, und er weinte nie. Es war alles wie früher.

»Was mir fehlt«, dachte er, »ist nicht irgendein Kaninchen, sondern das Kaninchen des Gärtnerjungen.« Er lief in den Park zu dem Jungen und sagte ihm: »Gib mir *dein* Kaninchen, ich gebe dir alle meine Spielsachen und ein Luftschiff dafür!« »Nein«, sagte der Gärtnerjunge. »Gib mir dein Kaninchen«, sagte der Prinz noch einmal. »Ich gebe dir alle meine Spielsachen, ein Luftschiff und einen Löwen im Käfig dafür!« »Nein«, sagte der Gärtnerjunge. »Gib mir dein Kaninchen«, sagte der Prinz zum letzten Mal, »ich gebe dir alle meine Spielsachen, ein Luftschiff, einen Löwen im Käfig und ein Regiment Soldaten dafür!« »Nein«, sagte der Gärtnerjunge.

Da wurde Heinrich traurig und weinte zum ersten Mal. Der Gärtnerjunge erschrak und sagte zu ihm: »Ich kann dir das Kaninchen nicht geben, weil ich es lieb habe, aber wir können zusammen mit ihm spielen.« Sie spielten den ganzen Tag und waren glücklich, der kleine Prinz und der Gärtnerjunge, zusammen mit dem Kaninchen.

Der König und die Königin wunderten sich über den kleinen Prinzen und fragten ihn: »Was fehlt dir denn?« Heinrich dachte lange nach, und dann sagte er: »Was mir fehlt, sind nicht Spielsachen, ist nicht ein Luftschiff, nicht ein Löwe im Käfig, nicht ein Regiment Soldaten und nicht ein Kaninchen. Was mir fehlt, ist jemand, mit dem ich spielen kann.« Der König und die Königin waren betrübt und sagten zu dem kleinen Prinzen: »Einen Freund können wir dir nicht schenken, den musst du dir selber suchen.«

»Ich habe ihn gefunden!«, sagte Heinrich und *lachte* zum ersten Mal.

Max Bolliger

Einen Freund finden, ist ein großes Geschenk. Aber darauf kannst du warten. Es gibt einen göttlichen Freund *(L. zeigt auf das Kreuz)*, auf den brauchst du nicht zu warten. Er hält die Arme offen und lädt dich ein. Er kann dich immer begleiten, dir immer guten Rat geben, dich immer an die Hand nehmen. Was hindert uns, zu seiner Einladung »Ja« zu sagen?

Fürbitten
Wir werden still und öffnen uns für diese Freundschaft *(Stille)*, und bitten um gute Freundinnen und Freunde. *(Stille)*

Gabengebet
Jesus, wir danken dir, dass du dich so klein machst, dass du selbst im Brot deine Freundschaft anbietest. Verwandle uns, dass wir dieses große Geschenk zu schätzen wissen, der du lebst und liebst in alle Ewigkeit.

Nach der Wandlung
(L. betet still den Messkanon)

1. Kind: Jesus, du hast kein leichtes Leben gehabt.
      Als kleines Kind hast du in der Futterkrippe gelegen.
      und als du erwachsen warst,
      haben dich die Menschen ans Kreuz gehängt.

2. Kind: Viele haben dich gehasst und ungerecht behandelt.
      Aber du hast sie trotzdem geliebt und ihnen vergeben.
      Am Kreuz hattest du Angst und viele Schmerzen.
      Aber du hast Gott vertraut.

3. Kind: Du hast den Tod besiegt, weil deine Liebe stärker war als alles Böse.
      Wir danken dir.
      Wir bitten dich: Bleib unser Freund, auch wenn wir deine Hand loslassen.

Vaterunser – Friedensgruß

Meditation nach der Kommunion

1. Spr.: Gott ist zu uns wie ein guter Vater oder eine gute Mutter.
Er hat alles gut auf den Weg gebracht:
das Land und das Meer, die Pflanzen und die Tiere,
die Menschen und die Engel.

2. Spr.: Gottes Sohn ist zu mir wie ein lieber Freund.
Er steht an meiner Seite wie ein guter Bruder.
Er ging für mich in den Tod und für alle Menschen –
ob schwarz, rot, braun oder weiß.

1. Spr.: Gottes heiliger Atem tröstet die Traurigen;
macht denen Mut, die Angst haben.
Er erfüllt unsere Herzen mit Frieden.

2. Spr.: Darauf möchte ich vertrauen.
Hilf, dass wir alle das glauben können.
Amen! So sei es!

Schlussgebet

Für diesen Glauben danken wir dir – heute und alle Tage unseres Lebens.

41. Die Lutherrose
(Ökumene)

Vorzubereiten:

Zum Aufheften auf die Flanelltafel: Ein Herz, eine fünfblättrige Rose, ein goldener Ring aus festerer Pappe und ein schwarzes Kreuz. Bitte an der Grafik der Lutherrose die Größenverhältnisse abstimmen.

Lieder

Zu Beginn – GL 644: Sonne der Gerechtigkeit
Vor dem Evangelium – Tr 129: Ich lobe meinen Gott
Nach den Fürbitten – Tr 335: Bewahre uns Gott
Zum Abschluss – Tr 717: Von guten Mächten

Begrüßung

Auf vielen evangelischen Kirchen ist auf dem Turm ein Kreuz zu sehen. Wer möchte, legt es jetzt über sich: Im Namen des Vaters …

Hinführung

Es ist ein Skandal, dass die evangelischen Christen in eigene Kirchen gehen und die katholischen auch. Wir glauben doch alle an denselben Jesus! Der heutige ökumenische Gottesdienst soll uns etwas näher zusammenführen.

Für die evangelischen Christen ist die Person Martin Luther ganz wichtig. Er hat eines Tages ein Wappen für seine Familie entworfen. Wir nennen es die Lutherrose. Die lernen wir heute kennen. Zuerst aber wollen wir gemeinsam beten:

Tagesgebet

Herr, unser Gott. Dein Sohn kam in die Welt, um alle Menschen auf den Weg zu dir zu bringen. Aber die Menschen kamen sich wieder einmal klüger vor und haben den Weg deines Sohnes in Hunderte Pfade gespalten. Wir bitten dich: Lass uns wieder zusammenfinden, um mit *einem* Munde dir zu danken und dich zu loben. Darum bitten wir durch Christus, unseren Herrn.

Evangelium nach Lukas

Jesus erzählt uns von einem barmherzigen Vater, vor dem keiner Angst zu haben braucht, weil er uns mit ausgebreiteten Armen entgegenkommt – selbst, wenn wir große Fehler machen: Lk 15,11–24: Der barmherzige Vater.

Ansprache

(Bei jedem Gegenstand, der aufgelegt und gedeutet wird, wechseln der protestantische und katholische Vertreter.)

Martin Luther hatte große Angst vor Gott. Als er in ein gewaltiges Gewitter geriet, steigerte sich diese Angst noch. Aber eines Tages fand er im Heiligen Buch, der Bibel, den Satz: Es kommt nur darauf an, Gott zu vertrauen (frei nach Röm 1,17), dann brauchst du keine Angst mehr haben.

Luther schenkte seiner Familie einmal ein Wappen, die »Lutherrose«; dabei waren folgende Gedanken mit eingeflossen:

Zuerst malte Luther ein Herz *(ein Kind heftet das rote Herz in die Mitte der Flanelltafel)*; damit wollte er sagen: Auf die Liebe zwischen den Menschen kommt es an. Die Macht eines liebenden Herzens ist unbesiegbar. Und wenn du dein Herz auch noch für Gott öffnest, bist du unbezwingbar.

Dann malte er um das Herz die fünf Blütenblätter einer besonderen Rose: der Christrose *(Kind heftet die weiße Christrose mit fünf Blütenblättern um das Herz.)* Im Kind in der Krippe wurde uns diese Rose geschenkt. Diese Rose möchte, dass ihr Duft in die ganze Welt strömt und alle Angst verdunsten lässt.

Dann legte Luther einen goldenen Ring um die Rose. *(Ein Kind heftet den goldenen Ring auf; dabei hilft am besten noch jemand.)* Gold ist die Farbe für das Reich Gottes. Wie ein Ring keinen Anfang und kein Ende hat, so hat auch Gottes Liebe keinen Anfang und kein Ende. Darum kann unsere Weltkugel auch nicht ganz abstürzen, denn Gott hält sie in den großen Händen seiner Liebe.

Schließlich malte Martin Luther noch ein schwarzes Kreuz über das Herz.

Glaube – Gebet – Freundschaft – Ökumene

(Ein Kind legt das Kreuz über das Herz.) Wenn uns ein ganz schweres Kreuz trifft, wenn es uns schwarz vor den Augen wird, dann dürfen wir an das Kreuz Jesu denken. Er hat es für uns bis zu Ende getragen. Daher kann er uns auch in den schwärzesten Stunden tragen helfen.

Jetzt seht ihr die Lutherrose, das Wappen der Familie Luther. Es ist ein Bekenntnis des Glaubens an den liebenden Gott, der sicher traurig ist, wenn wir uns streiten und die Angst größer machen. Trotzdem erwartet er uns mit offenen Armen – wie den verlorenen Sohn, der sogar unter den Schweinen gelandet war. Seit wir getauft sind, durften wir in den liebenden Kreis eintreten. In seinem Schutz brauchen wir vor nichts Angst zu haben.

Fürbitten

L.: Wir rufen zum Gott der Liebe, den Jesus uns verkündigte und bitten:

1. Lass die verschiedenen christlichen Kirchen wieder zusammenfinden, um mit *einem* Munde dich zu loben.

2. Nimm den Menschen die Angst vor der Zukunft und einer bedrückenden Schuld.

3. Schenke uns das feste Vertrauen, dass du uns einmal in deine barmherzigen Arme schließen willst.

L.: Dann loben und ehren wir dich, unseren Retter und Herrn, durch Christus, unseren Herrn.

Vaterunser – Friedensgruß

Meditation zum Abschluss

L.: Wir schauen auf die Lutherrose.

1. Spr.: Ich will glauben an einen Gott, der auf uns wartet.
Ich will nicht glauben an die ewige Macht des Bösen.

2. Spr.: Ich will glauben an die liebenden Herzen der Menschen,
auch wenn ich manchmal das Gegenteil erfahre.

1. Spr.: Ich will glauben, dass Gott diese Welt in Händen hält –
dass er das letzte Wort spricht am Ende der Zeit.

2. Spr.: Ich will glauben, dass wir einander Engel sein können –
und nicht Teufel, die Spaß haben am Zerstören.

1. Spr.: Ich will glauben an Gott.
Ich will glauben an die Liebe.

2. Spr.: Sie können alles heil machen –
bis Gott uns auffängt in seiner Liebe.

Schlussgebet

Ja, Herr, unser Gott. Ermutige uns durch diese Feier, die Arme auch ausgebreitet zu halten, damit keiner Angst haben muss, wenn er uns begegnet. Darum bitten wir durch Christus, unseren Herrn.

SCHULFEST – BEGINN UND ENDE EINES SCHULJAHRES

42. Unsere Schule – wie ein großer Blumengarten
(Schulfest)

Vorzubereiten:
Die im Sprechspiel genannten Blumen als Original oder gemalt oder gebastelt. Ein langes rotes Band, um den »Blumenstrauß« zu binden.

Lieder
Zu Beginn – GL 297: Gott liebt diese Welt
Glorialied – GL 277: Singet, danket unserm Gott
Vor dem Evangelium – Tr 774: Die Erde ist schön
Zur Gabenbereitung – GL 534: Herr, wir bringen mit Brot und Wein
Sanctus – Tr 833: Jeder Teil dieser Erde (Kanon)
Zum Abschluss – Tr 90: Unser Leben sei ein Fest

Begrüßung
Wir legen das Zeichen, das uns hier zusammengeführt hat, über uns:
    Im Namen des Vaters …

Hinführung
An vielen Grundschulen gibt es noch einen Schulgarten, in dem hin und wieder Klassen säen, ernten und das Unkraut jäten. Aber wisst ihr, dass jede Schule wie ein großer Blumengarten ist? Ihr werdet ihn gleich kennenlernen. Aber zuerst wollen wir uns besinnen.

Bußakt
1.   Wenn unsere Schule wie ein großer Blumengarten ist:
    Sind schon Blumen hier eingegangen oder verkümmert,
    weil sie nicht begossen wurden?

L.:   Herr, erbarme dich!

Alle: Herr, erbarme dich!

2. Viele Blumen, damit meine ich die Schülerinnen und Schüler,
gehen in diesem Garten unter, weil manche Wildkräuter, ja sogar Unkräuter,
sie überwuchern oder wir ihnen die Anerkennung versagen.

L.: Christus, erbarme dich!

Alle: Christus, erbarme dich!

3. Manche Blumen werden zertrampelt, weil wir sie nicht mögen
und nicht versuchen, sie zu verstehen und zu schätzen.

L.: Herr, erbarme dich!

Alle: Herr, erbarme dich!

L.: *Vergebungsbitte* ... und lasse uns hier einen Garten bestellen, der ihm und
den Menschen gefällt.

Tagesgebet

Guter Gott. Sprich heute am Schulfest zu uns durch die Blume – durch die Blumen.
Schenke unserer Schule immer wieder Schüler und Lehrkräfte, die wie Blumen
Freude und Farbe verschenken. Darum bitten wir durch Christus, unseren Herrn.

Kurzgeschichte

Einleitung: Jede gute Gemeinschaft wird zerstört, wenn sich im Garten einer Pfarre
die Blumen miteinander vergleichen. Gegen Neid und Missgunst ist nämlich kein
Kraut gewachsen. – Wir hören dazu eine Geschichte. *(5 Sek. Stille)*

In einem schönen Garten standen eine Rose, eine Sonnenblume, ein Stiefmütterchen, eine Gladiole, ein Gänseblümchen und ein Vergissmeinnicht.

Selbstbewusst stand die große Sonnenblume auf ihrem hohen Stängel und
dachte: »So groß und stark wie ich ist niemand!« Darüber regte sich die Rose auf
und sagte: »Aber wer duftet so herrlich und ist so schön wie ich?«

»Pfh ...«, dachte die Gladiole, »wie können die beiden so reden! Was heißt
hier Größe und Duft? Keine von beiden hat doch so viele schöne Blüten wie ich!«

Das Stiefmütterchen, das Gänseblümchen und das Vergissmeinnicht wurden
kleiner und kleiner, als sie das alles hörten. Da tröstete das Gänseblümchen das
Vergissmeinnicht und sagte: »Zum Glück werden wir von vielen Menschen sehr
geliebt.« »Ja«, sagte das Vergissmeinnicht, »nicht umsonst nennt man mich ›Vergissmeinnicht‹.«

Da sprach das Stiefmütterchen: »Wie könnt ihr nur so denken! Wie könnt ihr
euch messen nach Größe und Stärke, nach Duft und Farbenpracht? Habt ihr ver-

gessen: ob groß oder klein, ob stark oder schwach, jedem von uns gab der Schöpfer sein eigenes Kleid; in seinen Augen sind wir alle gleich schön. Jedem von uns schenkt er im gleichen Maße das Licht und die Wärme der Sonne. Jeden von uns tränkt er in gleichem Maße mit seinem Regen. Das ist das Geheimnis seiner Güte.«

Nach H. Bouwens / W. Pfeil

Evangelium nach Johannes

Einleitung: Was macht einen Schulgarten schön?

Einmal sagte Jesus: Bleibt in meiner Liebe. Wenn ihr meine Gebote haltet, werdet ihr in meiner Liebe bleiben. Dies habe ich euch gesagt, damit meine Freude in euch ist und damit eure Freude vollkommen wird. Das ist mein Gebot: Liebt einander, so wie ich euch geliebt habe. (Joh 15,9–12, leicht gekürzt)

Ansprache als Sprechspiel

(bitte auswählen!)
(Kinder kommen nacheinander mit ihrer entsprechenden Blume nach vorne, sprechen ihren Text und stellen sich zu einem Halbkreis auf.)

L.: Unsere Schule ist wie ein Blumengarten, in dem verschiedene Blumen blühen. Weil sie verschieden und bunt sind, machen sie den Garten interessant. Und Vergleichen ist verboten: Das Gänseblümchen braucht keine Rose zu sein und die Sonnenblume kein Vergissmeinnicht. Jeder ist wichtig! Darf nicht sogar Heilkraut oder eine Brennnessel einen Platz haben? Wir wollen einmal sehen, was in unserem Schulgarten alles blüht.

1. Die *Sonnenblume* fällt natürlich auf. Sie erinnert uns an die Sonne: Ohne sie blüht es nirgendwo. Wir danken allen, die in unserem Schulgarten wie wärmende Strahlen wirken.

2. Die *Rose* strahlt Schönheit aus und kann duften. Sie ist Symbol für die Liebe, die auch schon mal wehtut. Es wäre schön, wenn viele in unserem Schulgarten wie eine Rose strahlen und duften.

3. Es gibt auch unscheinbare *Gänseblümchen* in unserem Schulgarten. Wir übersehen sie leicht. Aber mit frischen Augen schauen sie uns an. Sie sind ungeheuer fleißig. Sie blühen gleich wieder neu auf, wenn sie zertreten wurden.

4. Das *Stiefmütterchen* kann uns an die erinnern, mit denen wir stiefmütterlich umgehen und die wir zur Seite drängen. Aber dieses Blümchen ist robust; es kann sogar den Winter überstehen. (Kind …)

5. Das *Veilchen* erinnert an die Treuen, die immer zur Stelle sind, wenn es etwas vorzubereiten oder wegzuräumen gilt. Danke für eure Hilfsbereitschaft!

6. Es gibt auch stolze *Lilien* unter uns. Sie sind schön anzusehen, und mancher Schmetterling kann bei ihnen unterkommen, wenn es plötzlich einen Regenschauer gibt.

7. Manche gleichen dieser *Kaktee*. Wenn man ihnen zu nahe kommt, bekommt man Kratzer ab. Aber keine Kaktee hat die Stacheln so dicht, dass nicht Platz wäre für eine Blüte. Wir müssen diesen Platz nur entdecken!

8. Das *Tränende Herz* erinnert uns an die, die nicht gerne zur Schule kommen, weil sie schikaniert oder gemobbt werden. Oder ihnen der Lehrstoff zu schwer fällt. Wir sollten den Traurigen unter uns mehr Mut machen!

9. Schaut mal, wie die *Tulpe* sich nach oben öffnet! Sie hält ihren Blütenkelch dem Himmel entgegen – wie auf dem Altar der goldene Kelch. Die Tulpe und der Kelch wissen, dass alles Gute von oben kommt.

10. Das *Vergissmeinnicht* schaut uns mit vielen himmelblauen Augen an. Wenn ein Schüler krank ist oder wegziehen muss, dann ruft er uns zu: »Vergiss mein nicht!«

11. Dieses Wildkraut *Löwenzahn* gräbt sich zäh und unbemerkt in den Garten ein. Nach dem prallen Gelb der Blüte lieben ihn vor allem die jüngeren Kinder, denn als Pusteblume wird er zum beliebten Spielzeug. So können auch wilde Schüler gute Spielkameraden sein.

12. Hinter einer *Brennnessel* ist jede Lehrerin her, um sie zu entfernen. Zu weh tut es auch, wenn wir sie berühren. Ja, es ist schwierig, mit den »Brennnesseln« der Klasse gut auszukommen. Aber sie ergeben einen guten Tee!

(Weitere Ideen: Fleißiges Lieschen, Klatschmohn, Orchideen …)

L.:   Danke für diesen Blumengarten, aus dem wir jetzt viele Schülerinnen und Schüler etwas näher kennengelernt haben. Mit welchen Blumen könnten wir die Lehrerinnen, den Rektor, den Hausmeister … vergleichen? Sie gehören doch auch zum Blumengarten der Schule …
Aber egal, wer noch alles hinzukommt: Mit diesem langen roten Band möchte ich die Blumen hier zu einem Blumenstrauß binden. Dieses Band steht für die Liebe. Sie kann uns alle zusammenhalten. Es ist die Liebe, von der Jesus eben sprach: »Liebt einander, wie ich euch geliebt habe!« Das wäre das i-Tüp-

felchen für den Garten. Dann duftet alles. Dann kommen wir gerne zur Schule. Auch die Lehrerinnen und Lehrer!

Zum Teil nach Pfarrei St. Bonifatius, Lippstadt

Fürbitten

L.: Vater im Himmel. Du wirkst in allem und durch alles. Wir rufen zu dir:

1. In manchen Schulgärten gibt es abgerissene und geknickte Blumen. Lass uns besonders darauf bedacht sein, einander zu helfen und uns gegenseitig zu achten.

2. Es gibt einige Blumen im Schulgarten, die gegen Hass, Zank und Neid anblühen. Sie versuchen, den Duft deiner Güte zu verströmen. Lass sie weiterhin zu deiner Ehre und zu unserer Freude blühen.

3. Manche Blumen verdursten, weil sie kein gutes Wort der Anerkennung mehr hören und deshalb der Gemeinschaft aus dem Wege gehen. Schenke ihnen einen neuen Zugang und hilf uns, ihnen nicht überheblich zu begegnen.

L.: Darum loben und ehren wir dich, den Schöpfer aller Gaben – durch Christus, unseren Herrn.

Gabengebet

Mächtiger Gott! Mit den Blumen auf dem Altar und den Gaben von Brot und Wein bitten wir dich: Verwandle unseren Alltag, indem wir für dich blühen und duften und dir dankbar sind. Darum bitten wir durch Christus, unseren Herrn.

Präfation

L.: Erhebet die Herzen!

Alle: Wir haben sie beim Herrn.

L.: Lasset uns danken, dem Herrn, unserm Gott.

Alle: Das ist würdig und recht.

L.: Ja, Herr, es ist richtig, dich mit den Worten des heiligen Franziskus zu loben und dir zu danken.

1. Spr. Gelobt seist du, mein Herr, mit all deinen Geschöpfen,
vor allem mit deinem Bruder Sonnenball.
Er schenkt uns den Tag und das Licht.

Schön ist er, strahlend in großem Glanz.
Er ist strahlend wie du.

2. Spr.: Gelobt seist du, mein Herr, durch den Bruder Wind,
durch Luft und Wolken und jegliches Wetter.
Durch sie gibst du deinen Geschöpfen Leben.

1. Spr.: Gelobt seist du, mein Herr, durch Schwester Wasser.
So nützlich ist das Wasser und kostbar und rein.

2. Spr.: Gelobt seist du, mein Herr, durch unsere Schwester,
die Mutter Erde, die uns erhält und ernährt,
vielfältige Frucht bringt und bunte Blumen und Kräuter.

1. Spr.: Gelobt seist du, mein Herr, durch alle Menschen,
die aus Liebe zu dir verzeihen können –
und Schwachheiten und Leiden ertragen.
Selig sind sie, wenn sie Frieden halten.

Aus dem Sonnengesang des hl. Franziskus

L.: Ja, lobt und preist meinen Herrn!
Sagt ihm Dank und dienet ihm demütig!
Ihm zur Ehre singen wir: …

Vaterunser – Friedensgruß

Schlussgebet

Herr, unser Gott. Wir danken dir für diese Feier. Lass dein Sohn weiter die Sonne über unserem Schulgarten sein, damit alles blühen und gedeihen kann, so wie du es willst. Darum bitten wir durch Christus, unseren Herrn.

43. Schulfest – im Symbol der Sonnenblume

Vorzubereiten:

1. *Wenigstens auf dem Altar sollte ein Strauß Sonnenblumen zu sehen sein. Eine Sonnenblume zum Vorzeigen für L.*
2. *Die Kinder erhalten eine Sonnenblume als Sticker.*

Lieder
Zu Beginn – GL 644: Sonne der Gerechtigkeit
Vor dem Evangelium – Tr 8: Einer hat uns angesteckt
Zur Gabenbereitung – Tr 53: Gottes Schöpfung, gute Erde
Zum Abschluss – Tr 141: Laudato si – Sonnengesang

Begrüßung
Im Kreuz laufen alle Himmelsrichtungen zusammen – so wie wir zum Schulfest aus allen Richtungen zusammengekommen sind. So legen wir über uns, was uns zusammenführt: Im Namen des Vaters …

Hinführung

Ein Schulfest führt uns ohne Stress und Notendruck in ein frohes Miteinander. Damit das gelingt, lasset uns beten:

Tagesgebet

Gott, du unser Ziel. Wir danken dir für deine Liebe, die sich in deinem Sohn geoffenbart hat. In einer guten Gemeinschaft fällt alles leichter: So schenke uns durch das Schulfest Rückenwind auf dem Weg zu dir und zueinander und hilf uns, deine Güte überzeugend in die Welt zu tragen. Das erbitten wir durch Christus, unseren Herrn.

Evangelium nach Lukas

Einleitung: Die Schule ist eigentlich zum Aufrichten da, damit unser Leben gelingt. Es ist wie bei der gekrümmten Frau, die von Jesus aufgerichtet wurde: Lk 13,10–17.

Ansprache

Ob es viele Schülerinnen und Schüler gibt, die »gekrümmt« zur Schule kommen und denen wir – als verlängerte Arme Jesu – beim Aufrichten helfen müssen? Wer dabei mitmachen will, der muss einige Regeln beachten, die uns die Sonnenblume verrät *(L. zeigt eine Sonnenblume).*

1. Ist so eine Sonnenblume nicht ein erfreulicher Anblick? Wenn wir an einem Sonnenblumenfeld vorbeifahren, machen wir uns gegenseitig darauf aufmerksam: Schau mal, wie schön! Vielleicht habt ihr schon festgestellt: Junge Sonnenblumen drehen sich immer nach der Sonne – von morgens bis abends. – Das ist die erste Regel, wenn wir beim Aufrichten der Blüten helfen wollen: Selber in die Sonne Gottes schauen und von dort her die Kraft nehmen, andere zu ermuntern und zum Blühen zu bringen.

2. Wer auf die Sonne in Jesus Christus schaut, kann noch etwas feststellen: Die Schatten fallen dann hinter uns. Mit Schatten ist immer etwas Dunkles gemeint, wie Traurigkeit oder Schuld oder Mutlosigkeit. Wenn ich also andere aufzurichten versuche, dann brauche ich nicht an gestern zu denken, wo ich selbst Mist gebaut habe, wo ich vielleicht andere in ein Stück Mutlosigkeit getrieben habe. Nein, wenn es mir leid tut und ich es besser machen will, darf ich bei Jesus, dieser Sonne, die auch hinter Wolken scheint, immer neu anfangen.

3. Seht mal, die Blätter am Stängel der Sonnenblume wachsen versetzt, damit

jedes Blatt gleichviel Regen und Sonnenschein auffangen kann. Ist das nicht toll, wenn wir das auf die Schule übertragen?: Die Kleineren im ersten Schuljahr sind nicht zum Wegschubsen da und die im vierten Schuljahr sollen sich nicht einbilden, schon die »kings« zu sein. Alle dürfen gleich beachtet und gefordert sein. Das bringt eine gute Gemeinschaft. Das richtet auf.

4. Manches lässt sich nicht aufrichten. Wenn die Samenkörner in der Sonnenblume reif und schwer werden, zwingen sie den Kopf nach unten. Es gibt auch Erfahrungen in der Schule, wie Prüfungen, Krankheiten, Tadel, die zwingen den Kopf nach unten, aber sie helfen auch weiter: Wir lernen dadurch, über Hürden hinwegzukommen, in Niederlagen nicht ganz unterzugehen und Empfangenes weiterzugeben. So sind wir darauf vorbereitet, später aufrecht durch Schwierigkeiten zu gehen.

Was wir von einer Sonnenblume alles lernen können!

(L. stellt oder legt die Sonnenblume vor oder auf den Altar.)

Fürbitten

L.: Jesus Christus, du Sonne der Gerechtigkeit. Wir wenden unser Gesicht dir zu und bitten:

1. Lass die Leute draußen und in der Kirche alles unternehmen, um Menschen aufzurichten, die den Kopf hängen lassen.

2. Hilf allen, die mutlos geworden sind oder um den Glauben an Gott ringen, umzukehren und wieder in deine Sonne zu sehen.

3. Schenke uns neuen Mut, wenn wir Fehler gemacht haben.

L.: Damit wir jetzt und alle Tage dich frohen Herzens loben und preisen durch Christus, unseren Herrn.

Gabengebet

Herr, unser Gott. Wie dieses Brot aus vielen Körnern und dieser Wein aus vielen Trauben gewonnen wurden, so füge uns als bunte Vielfalt zu einer Gemeinschaft zusammen, die sich an dir ausrichtet. Darum bitten wir durch Christus, unseren Herrn.

Vaterunser – Friedensgruß

Einleitung. Wir bilden mit unseren Händen und Armen eine Menschenkette, spüren bewusst die Gemeinschaft und sprechen zu dem, der uns zusammenbringen will: Vater unser …

(Beim Friedensgruß werden dann die Arme gehoben.)

Zur Erhebung der Hostie

Seht, wer spricht: Ich bin *das* Licht der Welt. Wer mir nachfolgt, braucht die Finsternis nicht zu fürchten. (nach Joh 8,12)

Meditation nach der Kommunion

1. Spr.: Glücklich die Schule, die Jesus wie eine Sonne in den Mittelpunkt stellt und sich immer wieder nach ihr ausrichtet.
Glücklich die Schule, die nicht auf die Schatten der Schüler schaut, sondern Möglichkeiten überlegt, sie wieder aufzurichten.

2. Spr.: Glücklich die Schule, die den Schwachen wie den Starken gerecht wird.
In der keiner weggeschubst wird
oder sich welche auf ihre Leistungen zu viel einbilden.

1. Spr.: Glücklich die Schülerinnen, die den Mut nicht aufgeben,
wenn der Kopf einmal unten hängt.
Glücklich die Schüler, die Schwächeren zur Seite stehen.

2. Spr.: Dann geht auch in den Klassenräumen etwas von der Sonne auf, die Jesus meinte, als er sagte: Ich bin das Licht. Und ihr seid das Licht.

Schlussgebet

Guter Jesus. Jetzt haben wir unsere Seele in die Sonne deines Wortes und deines lebendigen Brotes gehalten. Du hast uns gestärkt für die nächsten Schritte. Schenke uns jetzt ein Fest, das die Flügel unserer Seele hebt – der du lebst und liebst bis in alle Ewigkeit.

Schulfest – Beginn und Ende eines Schuljahres

44. Einschulung mit einer Schultüte

Hinweis:

Bei einer ökumenischen Gestaltung oder mit mehreren Seelsorgern zumindest die Ansprache aufteilen.

Vorzubereiten:

Eine Schultüte, in der zuunterst ein kleineres Auferstehungskreuz liegt, darüber ein Wollknäuel und weiter aufsteigend ein Fernglas, ein Stehaufmännchen, ein bunter Ball und zuoberst eine bunte Perlenkette.

Lieder

Zu Beginn – Tr 95: Wo zwei oder drei (Kanon)

Vor der Ansprache – Halte zu mir guter Gott: Kinder Musik-Verlag,
      D-42555 Velbert. *Oder:* Tr 335: Bewahre uns Gott

Vor dem Evangelium – Tr 408: Keiner ist größer (Refrain)

Nach der Segnung (Handauflegung) – Tr 315: Danke für diesen guten Morgen

Zwischen den Fürbitten – Tr 409: Breite deine Hände aus (Refrain)

Zum Abschluss – GL 258: Lobe den Herren, Strophe 1 + 2

Begrüßung

Wir stellen uns unter den Schutz Gottes: Im Namen des Vaters …

Hinführung

Ein großer Tag für euch, Kinder! Darum sind auch die Eltern (Großeltern) mitgekommen. Du bist jetzt ein Schulkind! Damit alles gut gelingt, rufen wir den Vater im Himmel an und beten:

Gebet

Guter Gott! Wir haben uns auf diesen Tag gefreut, aber haben gleichzeitig noch ein wenig Angst vor all dem, was jetzt auf uns zukommt. Danke, dass meine Eltern mich an die Hand nehmen! Und du, Jesus, auch. Dadurch fällt alles leichter. Und darum bitten wir dich!

Ansprache mit der gefüllten Schultüte

Ich habe auch eine Schultüte mitgebracht. Darin sind aber keine Süßigkeiten. Schaut mal *(nimmt die* Perlenkette*)*: So verschieden wie diese bunten Perlen (Steine) seid auch ihr! Jede einzelne Perle ist kostbar. Am schönsten ist es, wenn ihr zusammenhaltet – wie das Band hier die Perlen hält. Das versuchen wir jetzt mal nachzumachen:

Gebt einander die Hand, haltet sie fest und verbindet euch so untereinander. Eine Menschen**kette** nennen wir das. Hebt jetzt die Kette, die Arme hoch! Schaut mal, alle sind wir miteinander verbunden. Keiner fällt durch.

(Nimmt den Ball) Wie schön bunt dieser **Ball** ist! Das will sagen: Es warten nicht nur trockene Stundenpläne auf euch, sondern auch Lachen und Spiel, Singen und Austoben. – Was ist noch in der Tüte?

(Nimmt das **Stehaufmännchen** *und drückt es an den Boden)* Manchmal fällst du! Ich wünsche dir, dass du den Mut hast, sofort wieder aufzustehen *(lässt die Puppe los, die sich dann aufrichtet)*. Und dass gute Freunde und Lehrerinnen oder Lehrer dabei helfen.

(Nimmt das Fernglas) Hier ein **Fernglas**! Sicher was für die Eltern! Also, liebe Eltern *(schaut dabei durchs Fernglas)*: Betrachtet eure Kinder ganz nahe! Sie können noch staunen, sich begeistern, die Tränen laufen lassen. »Wenn ihr nicht werdet wie die Kinder!«, heißt es in der Bibel. (Mt 18,3)

(Nimmt das Wollknäuel) Was bedeutet denn das **Wollknäuel**? Ach, ich weiß es, liebe Eltern und Lehrerinnen! Ein großer Vorrat an Geduldsfäden, die Sie davon abschneiden können, wenn alles nicht schnell genug geht bei der Begleitung der Kinder! Braucht schon jemand einen?

(Greift in die Tüte) Zu allerunterst ein **Kreuz**! Wenn ich mir die Balken wegdenke, dann steht Jesus da, hält die Arme ausgebreitet und sagt: »Wenn da keiner mehr ist, liebes Kind, der dich umarmen und verstehen will, dann komm zu mir! Ich warte immer auf dich!«

Evangelium nach Markus
Einleitung: Jesus hat die Kinder in die Arme genommen? Wir schauen einmal im Heiligen Buch nach, was da genau steht.

Einmal brachte man Kinder zu Jesus, damit er ihnen die Hände auflegen sollte. Aber seine Jünger wiesen die Leute schroff ab. Darüber wurde Jesus unwillig und sagte zu ihnen: Lasst die Kinder zu mir kommen! Hindert sie nicht daran. Denn Menschen wie ihnen gehört das Himmelreich. Und er nahm die Kinder in seine Arme. Dann legte er ihnen die Hände auf und segnete sie. (Mk 10,13.14.16)

Segnung durch Handauflegung
Das wollen auch wir jetzt tun: Euch wie Jesus die Hände auflegen und segnen. Kommt jetzt bitte nach vorne … (dabei Musik und / oder: Tr 315)

Fürbitten

L.: Herr Jesus Christus, du bist mitten unter uns. Wir bitten dich:

1. Gib allen Eltern die Kraft, ihrem Kind Geborgenheit zu schenken und immer wieder Mut zu machen. – *Liedruf*

2. Segne die Lehrerinnen und Lehrer, damit sie die Freude am Lernen wecken und unsere Kinder in Geduld begleiten. – *Liedruf*

3. Behüte die Kinder auf dem Schulweg und schütze sie vor allen Gefahren, an die wir kaum zu denken wagen. – *Liedruf*

4. Hilf den Mitschülerinnen und Mitschülern, gute Kameraden zu sein, die aufrichten und nicht klein machen. – *Liedruf*

L.: So loben und preisen wir dich, Herr, unser Gott – durch Christus, unseren Herrn.

Vaterunser

Gemeinsamer Segen über alle mit ausgebreiteten Armen

Der Herr sei vor dir, heute und morgen.
Er helfe dir, alle Türen zu öffnen.
Der Herr sei neben dir, immer und ewig,
um wie ein guter Freund dich zu lieben.
Der Herr sei hinter dir, um dich zu schützen.
Du brauchst keine Angst zu haben.
Der Herr sei in dir, in deinem Herzen,
um dich zu trösten, wenn du dich einsam fühlst.
Der Herr sei über dir, um dich zu segnen.
Er hat dich lieb und ist immer für dich da.
So segne uns der barmherzige Gott –
der Vater und der Sohn und der Heilige Geist.

Nach einem irischen Segensspruch

45. Schuljahresbeginn mit einer Schultasche

Hinweis:

Die einzelnen Teile wie Gebete, Lieder, Fürbitten etc. dem Gottesdienst Nr. 44, Seite 217 f., entnehmen.

Vorzubereiten:

Eine Schultasche, in die ein Halbedelstein und ein Kompass gehören, und weiterhin ein Salzstreuer, eine Kerze, zwei gemalte ineinandergefügte Hände, ein Auferstehungskreuz und ein Engel.

Evangelium nach Matthäus

Einleitung: Was Jesus uns versprochen hat.

Einmal sagte Jesus zu seinen Jüngern und er sagt es jetzt zu uns: Mir ist die Macht gegeben im Himmel und auf der Erde. Seid gewiss: Ich bin bei euch alle Tage bis zum Ende der Welt. (Mt 28.18.20b)

Ansprache

»Pack endlich deine sieben Sachen und verschwinde!« So schroff wird heute Vater oder Mutter nicht zu dir gesprochen haben, wenn du zu Hause wieder nicht die Kurve gekriegt hast. Ich habe hier eine Schultasche und will sieben Sachen hineinpacken. Nein, kein Butterbrot oder was zum Trinken, das denk dir noch dazu. Ich packe Sachen hinein, die haben kein Verfallsdatum, die helfen dir *immer:*

Hier der *Edelstein:* Wenn du einmal ganz geknickt nach Hause gehst, weil eine schlechte Note in einer Arbeit deine Schultasche bis auf den Boden drückt, dann hol dir den Edelstein ins Gedächtnis zurück und mach dir klar: Du bist trotzdem etwas ganz Kostbares! Einmalig auf der Welt! Mit vielen Talenten und Fähigkeiten, die gerade mal nicht angezapft wurden, aber vorhanden sind. Und wenn dich das noch nicht stärker macht, dann erinnere dich an das Wort der Bibel: Du bist von Gott geliebt – so wie du bist! Gott hat dich eingezeichnet in seine Hände. Darum lass nie den Kopf hängen!

So wie der *Kompass* immer den Norden anzeigt, so hat jeder ein Gewissen in seinem Kopf eingebaut. Das sagt dir immer untrüglich: Das ist ein schlechter Freund, den meide – oder: Das ist ein guter, dem schließ dich an! Oder: Dies ist gemein – das aber hilft weiter. Du brauchst so ein klares Gewissen, um keine Umwege zu machen.

Dieser *Salzstreuer* will dir sagen: Du bist Salz für diese Erde. Pommes oder eine Suppe ohne Salz sind fad. Wir brauchen Kinder, die Würze für die Suppen dieser Welt darstellen. Dazu sind Wissen und Können nötig. Dafür gehst du in die Schule. Wir freuen uns, wenn du unserem Miteinander Geschmack gibst!

Die *Kerze* hier brauchst du, wenn es einmal dunkel um dich wird. Wenn du an Gott glaubst oder die Hände falten kannst, »dann kommt irgendwo ein Lichtlein her« – wie es auf manchem Wandschmuck steht. Das ist eine wichtige Erfahrung von Menschen! Damit du nie aufsteckst.

Diese *ineinandergelegten Hände* zeigen dir die stärkste »Waffe« an. Es gehört viel mehr Mut dazu, Frieden und Versöhnung anzubieten als drauflos zu schlagen. Und ein Gespräch zu versuchen, damit ihr euch gegenseitig vergebt oder wenigstens einen Kompromiss findet, der dich auf alle Fälle weiter trägt als alles zu zerdeppern.

Das *Kreuz* hier erinnert an Jesus, der sich auf seine ausgebreiteten Arme hat festnageln lassen. »Komm in meine Arme!« ruft er dir zu, »Komm, lass dich umarmen, wenn keiner mehr zu dir steht.«

Und schließlich der *Engel* hier. Er begleitet dich als verlängerter Arm Gottes, um dich zu beschützen und gut durch das Schuljahr zu führen. Versuche es, hör manchmal auf seine Stimme und du wunderst dich, welchen Weg er dir rät.

Sieben Sachen in deiner Schultasche ohne Verfallsdatum, an die du im neuen Schuljahr ab und zu denken darfst.

Alternativ: Ein »Aua!«-Stein = ein abgerundeter Kieselstein, der ja ursprünglich eckig war, aber durch ständige Reibung glatt und rund geworden ist und in der Berührung nicht mehr verletzt. So gibt es in der Schule Reibungen mit dem Lehrstoff und Personen, die uns verändern, um uns manche Ecken und Kanten zu nehmen, damit das Miteinander besser gelingt. Es ist gut, wenn wir zu diesem Prozess ja sagen.

46. Schuljahresbeginn mit einer Wäscheklammer

Hinweis:
Die einzelnen Teile wie Gebet, Lieder, Segen etc. aus Nr. 44, Seite 217 f., übernehmen.

Vorzubereiten:
Für alle Schüler/innen eine kleine Wäscheklammer (die erst am Ende des Gottesdienstes überreicht wird); für L. eine größere Wäscheklammer.

Lesung aus der Apostelgeschichte
Einleitung: Was die ersten Christen zusammenhielt.

Alle, die gläubig geworden waren, bildeten eine Gemeinschaft. Sie hatten alles gemeinsam. Sie verkauften Hab und Gut und gaben allen ab, jedem so viel, wie er nötig hatte. Tag für Tag verharrten sie einmütig im Tempel, brachen in ihren Häusern das Brot und hielten miteinander Mahl in Freude und Einfachheit des Herzens. Sie lobten Gott und waren beim ganzen Volk beliebt. (Apg 2,44–47a)

Ansprache
Seht mal auf diese Klammer! Die beiden Holz- (Plastik-)teile werden durch eine Stahlfeder zusammengehalten. Wenn ihre Spannkraft verloren geht, fällt alles auseinander. So ist das auch bei euch zu Hause: Wenn Vater und Mutter nicht mehr einander vertrauen und lieben, dann haben es die Kinder schwer, sich noch gehalten zu fühlen. Ähnlich ist das in einer Freundschaft: Wenn die Sympathie verloren geht, der Freund oder die Freundin den ausgemachten Termin nicht mehr einhält und die Zeit nur noch mit anderen verbringt, dann weißt du: die Klammer, die Spannkraft zwischen euch lässt nach. Sprich mit dem Freund / der Freundin darüber, ob es noch Zweck hat, an das Miteinander zu glauben.

Ihr wisst auch, wie wichtig eine Klammer für eine Fußballmannschaft ist: Die elf Spieler werden erst eine gute Mannschaft, wenn der Siegeswille, der Ehrgeiz, die Kameradschaft sie zusammenschweißt. So eine Klammer wird Teamgeist genannt. Darum stellt sich auch eine Mannschaft vor einem Spiel in einen Kreis, legt die Arme umeinander, will die Klammer spüren und jeder geht dann mit einem Kampfruf auf seinen Platz im Team.

Nun beginnt ein neues Schuljahr, und es ist wichtig, die Klammer auch für die Klasse auszumachen, in der du jetzt stehst. Es ist zum Davonlaufen, wenn einer den anderen unterdrücken will, um selbst der »king« zu sein; wenn dort welche mit

Worten fertiggemacht oder verpetzt werden. Dann kann die Klasse zum Albtraum werden, bei Mobbing sogar zur Hölle.

(L. zeigt wieder die Klammer) So eine Klammer meint Klassengemeinschaft, früher sagte man Korpsgeist. Wenn also ein guter Klassengeist zu spüren ist, dann werden die Zeugnisse alle besser ausfallen, weil da Luft und Freude zum Atmen sind. Das wünsche ich euch fürs neue Schuljahr – auch den Lehrerinnen und Lehrern.

Jetzt könnte die Predigt zu Ende sein, wenn da nicht noch etwas wäre: Wir sind hier … (Anzahl) Einzelteile. Aber auch hier in der Kirche gibt es diese Klammer, die uns alle zur Gemeinschaft zusammenfügen will: Das ist Jesus, besser Jesu Geist, der uns im Wort und im Brot, in Gebet und Gesang zu einer Mannschaft zusammenschmiedet, die sagt: Wir wollen versuchen, anders zu sein als andere. Wir wollen zum Beispiel das Böse durch das Gute überwinden; die Schwachen durch Hilfe stark machen; in einem Lehrer oder einer Lehrerin *(in weiterführenden Schulen: keine Feindfigur aufbauen;)* einen Freund oder eine Freundin sehen, die unser Zusammensein schön werden lässt.

Ihr habt es in der Hand, die Klammer zu spüren oder jeden Morgen das Chaos zu üben.

Fürbitten

L.: Vater, deine Liebe ist die Klammer, die uns zusammenhält. So bitten wir dich:

1. Stärke in unserer Klasse und unseren Lehrerinnen und Lehrern den guten Willen, einander zu helfen und noch mehr zusammenzuwachsen.

2. Lass Jesus für uns immer mehr zu einer Klammer werden, in der wir all unsere Gegensätze überwinden können.

3. Lass uns spüren, dass dein Sohn in unserer Mitte lebt und uns in jeder Mitschülerin und in jedem Mitschüler begegnen kann.

4. Lass Jesus für mich die Klammer werden, durch die mein ganzes Leben einen Sinn bekommt.

L.: Denn dann, guter Gott, macht es mehr Freude miteinander: hier, in der Schule und überall.

Aktion

Wenn alle ihre Klammer erhalten haben, kann versucht werden, sie miteinander zu verbinden. Vielleicht kann auch in der Klasse aus den Klammern ein Kunstwerk geklebt werden oder aus ihnen wenigstens Buchstaben zusammengefügt werden, die ein Wort des Friedens im ganzen Schuljahr vor Augen stellen.

47. Ein Frosch als Vorbild
(Schuljahresbeginn für weiterführende Schulen)

Vorzubereiten:

1. Ein größerer (gebastelter, getöpferter?) Frosch zum Vorzeigen.

2. Eine Anleitung zum Falten eines Frosches (siehe am Ende dieses Vorschlages) oder einen gefalteten Frosch für jeden.

Lieder
Zu Beginn – GL 270: Kommt herbei, bes. Strophe 2: »Er allein ist letzter Halt«
Nach der Kurzgeschichte – Tr 163: Herr, gib uns Mut
Vor dem Evangelium – Tr 171: Suchen und fragen
      Oder: Tr 437: Immer auf Gott zu vertrauen
Zur Gabenbereitung – Tr 194: Brot, das die Hoffnung nährt
Lied zur Kommunion – GL 472: O Jesu, all mein Leben bist du
Zum Abschluss – GL 295: Wer nur den lieben Gott lässt walten

Begrüßung
Wir stellen uns unter den Schutz Gottes: Im Namen des Vaters …

Hinführung
(L. hält den Frosch hoch) Zu diesem Frosch erzähle ich eine Geschichte:

Da gab es einmal drei Frösche, die fielen in ein Fass Milch. Als sie nicht wieder herauskonnten, sagte der Erste: »Da kann man ja nichts mehr machen«. Und dabei ging er unter.

Der Zweite meinte: »Vielleicht kommen wir wieder raus. Warten wir nur ab, bis jemand vorbeikommt!« Und er schwamm so lange umher, bis seine Atemwege von der Milch total verklebt waren. Dann ging er unter.

Der Dritte aber, und das ist dieser Frosch hier, der wusste: »Ich werde noch gebraucht. Und ich will!« Und er strampelte stundenlang. Plötzlich fühlte er etwas Festes unter seinen Füßen. Er hatte aus der Milch Butter gestrampelt! Er kletterte auf den Butterkloß und sprang hinaus.

Bußakt

Weil uns manchmal im neuen Schuljahr der Mut verlässt, wir zu schnell in einem Problem versinken oder uns treiben lassen, sprechen wir: Ich bekenne … (GL 7,5)

Der mächtige Gott erbarme sich unser; er verzeihe uns, wo wir zu schnell resignieren; er schenke uns eine neue Chance. *(L. legt den Frosch gut sichtbar in den Altarraum.)*

Tagesgebet

Herr, unser Gott. Manchmal geraten wir in Engpässe und wissen nicht, was wir tun sollen, aber unsere Augen richten wir auf dich: So komm uns zu Hilfe, bewege uns, belebe uns, damit wir mit deiner Kraft überwinden können, was uns täglich nach unten zieht. Darum bitten wir durch Christus, unseren Herrn.

Kurzgeschichte

Einleitung: Wir brauchen manchmal eine Vision (eine Motivation, einen Traum), die uns überleben lässt. –

Eine kleine Meldung in der Zeitung: Der holländische Frachter Toloa fand im Pazifischen Ozean ein kleines Schlauchboot, das steuerlos im Meer trieb. Darin lag bewusstlos ein achtzehnjähriger australischer Matrose. Der junge Mann hatte sich zunächst freiwillig zur Marine gemeldet, war aber von seinem Dienst auf dem Flugzeugträger Sydney bald enttäuscht und beschloss eines Tages zu desertieren. In einer Nacht ließ er ein kleines Schlauchboot auf See nieder und verließ heimlich den Flugzeugträger. Im Glauben, er befinde sich noch nahe an der Küste von Kalifornien, ruderte er los. Tatsächlich war das Schiff aber schon vierhundert Seemeilen von der Küste entfernt. So trieb der Junge neunzehn Tage im Meer.

»Es war schrecklich«, berichtete er nachher über seine fast dreiwöchige Odyssee im Pazifik. Er hatte weder Wasser noch Lebensmittel bei sich. »Das Schlimmste aber«, sagte er, »war die Langeweile. Ich hatte ja nichts zu tun. Quälend langsam vergingen die Tage, die ich allein auf See so dahintrieb. Am meisten dachte ich an meine Freundin und daran, dass ich sie unbedingt wiedersehen wollte.« – Immer wieder sagte er das, auch zu allen Leuten, die ihn nachher im Krankenhaus besuchten: »Ich habe nur überlebt, weil ich an meine Freundin dachte!«

Nach Lothar Zenetti

Lesung

Einleitung: Wer aushält, kann gerettet werden. – Lesung aus dem Brief des heiligen Jakobus: Jak 5,7–8.10–11.

Evangelium
Einleitung: Was über Wasser halten kann: Mt 14,22–33.

Ansprache
Immer noch schaut uns der Frosch an von seinem erhöhten Platz im Altarraum. Vielleicht fragt er uns: Was müssen wir tun, um es ihm nachzumachen und in dem Fass Milch – das bedeutet ja unser Leben und jetzt kurzfristig das neue Schuljahr, in das wir hineingeworfen sind – so lange zu strampeln, bis wir festen Boden unter den Füßen spüren? Die Geschichte und die Lesung(en), die wir gehört haben, geben uns Auskunft. Petrus geht nicht unter, weil er sich nach seinen Zweifeln ganz seinem Herrn und Meister anvertraut – so wie der Matrose die schrecklichen Tage im Meer überstand, weil er seine Freundin unbedingt wiedersehen wollte. Ich brauche also eine Vision, eine Motivation, d. h. einen Ausblick, der mich ganz erfüllt, der mir sinnvoll erscheint, mich einzubringen.

Das können wir immer wieder beobachten, wenn zum Beispiel ein ehemals bequemer Schüler entdeckt, dass es sinnvoll ist, sich neben dem Beruf weiterzubilden, auch wenn das bedeutet, bis in die Nacht hinein zu arbeiten und sich durch immer neue Prüfungen zu quälen, um sich weiter zu qualifizieren.

Das erkennen wir bei einem Familienvater, den es jede freie Stunde in das neue Haus treibt, um seiner Frau und den Kindern ein schönes Nest zu bauen. (Wenn das auch ein Spiel mit dem Feuer sein kann, weil an solcher Überbelastung auch Familien zerbrechen.)

Das zeigen Menschen und Heilige, die aus ihrer Karriere ausstiegen, um sich ganz für Benachteiligte einzusetzen und sich darin von nichts abhalten ließen.

(Beispiele: Siehe Willi Hoffsümmer, »Kurzgeschichten 1 – 8«, Stichwort »Liebe«, oder aus dem Leben von Heiligen erzählen, z. B. über Don Bosco, der beim Aufbau einer großen Kathedrale dem Architekt bei der Einweihung nur Kleingeld in die hingehaltenen Hände schütten kann, aber ein unerschütterliches Vertrauen auf Gott einbringt, oder über Mutter Teresa, die ungeheure Kräfte aus ihrem ausgemergelten Körper holte.)

Noch ein Beispiel: Als Benjamin Franklin (der große amerikanische Politiker, aber auch Erfinder des Blitzableiters) einmal gefragt wurde, warum er eine Sache trotz großer Hindernisse nicht aufgebe, gab er einen Ratschlag, den alle beherzigen sollten, die versucht sind zu verzagen, wenn sie für eine gute Sache arbeiten. – »Haben Sie schon einmal einen Steinmetzen bei der Arbeit beobachtet?« fragte er. »Er schlägt vielleicht hundertmal auf die gleiche Stelle, ohne dass auch nur der kleinste Riss sichtbar würde. Aber dann, beim hundertundersten Schlag, springt der Stein plötzlich entzwei. Es ist jedoch nicht dieser eine Schlag, der den Erfolg bringt, sondern die hundert, die ihm vorausgingen.«

Nach James Keller

Mit Jesus an unserer Seite und Geduld im Herzen kann ein Christ jede Lebenssituation in »Butter« verwandeln.

Fürbitten

L.: Wir begleiten die Fürbitten still mit unserem Gebet: Herr, unser Gott. Wir dürfen dich um alles bitten. So schenke im neuen Schuljahr, was uns weiterhilft:

1. Für alle, die Verantwortung tragen in Staat und Kirche: um Zähigkeit und Geduld, wenn es um Gerechtigkeit und Friede geht. – *Stille*

2. Für alle, die lehren und lernen: um Ausdauer und Gelassenheit. – *Stille*

1. Für die Kranken und Sterbenden: um das Loslassen-Können und das Ja-Sagen zu dem Willen Gottes. – *Stille*

2. Für uns selbst: um genügend Kraft, im Schulalltag immer wieder das Böse durch das Gute zu überwinden. – *Stille*

L.: Denn dann ehren wir dich, den Geber aller Gaben, der möchte, dass seine Welt glücklich ist – durch Christus, unseren Herrn.

Gabengebet

Herr, unser Gott. Du schenkst uns immer wieder, was wir zum irdischen Leben brauchen. Schenke uns in diesen Gaben von Brot und Wein auf dem Altar all das, was unserer Seele die Flügel wachsen lässt. Darum bitten wir durch Christus, unseren Herrn.

Hinführung zum Vaterunser

Herr, schenke uns das, was uns am schwierigsten fällt: uns hineinzugeben in deinen Willen und doch engagiert für dich einzutreten: Vater unser …

Einleitung zum Friedensgruß

Bis Friede und Versöhnung in dieser Gemeinschaft erreicht werden, braucht es tausend Schritte. So lasst uns jetzt in Geduld *einen* Schritt aufeinander zu tun. Gebt einander ein Zeichen des Miteinanders und des Friedens.

Meditation nach der Kommunion

1. Spr.: Geduldig strampeln, bis aus der Milch Butter geworden ist.
Warten können, bis der Halm die Ähre mit gereiften Körnern trägt.
Warten können, bis aus der tödlichen Bedrohung
die Perle gewachsen ist.

2. Spr.: Geduld zeigen, bis unter Tränen das erste Lächeln möglich wird.
Warten können, bis das Eis der Enttäuschung
durch eine hingereichte Hand schmelzen kann.
Warten können, bis ich im Feuer der Prüfungen
langsam einen Sinn erkenne.

1. Spr.: Geduldig sein, bis mein breites Ich langsam im Schenken stirbt.
Warten können, bis in der Wüste einer Gemeinschaft
wieder Blumen blühen.
Warten können, bis sich das Mosaik meines Lebens zusammenfügt.

2. Spr.: Mit Geduld darauf hoffen,
dass Gott auf krummen Zeilen gerade schreibt.
Warten können, bis nach Leid und Kreuz
eine neue Herrlichkeit anbricht.
Warten können, bis unser Herr Jesus Christus wiederkommt.

Schlussgebet

Ja, Herr, schenke uns eine engagierte Gelassenheit. Mit deiner Hilfe kann uns alles gelingen. Darum bitten wir durch Christus, unseren Herrn.

Aktion

Alle oder nur die Kinder erhalten ein grünes Blatt mit der Anleitung, einen Frosch daraus zu falten (siehe folgende Zeichnung), oder sie bekommen einen bereits gefalteten Frosch.

Anleitung zum Basteln eines Frosches aus grünem Papier:

Faltpapier: Quadrat
1. Diagonale falten, wenden.
2. Ein Kreuz falten. Die Punkte X nach innen auf Z legen.
3. Die so entstandenen Dreiecke glatt streichen.
4. Linke Ecke nach rechts umschlagen.
5. Zur Spitze falten.
6. Auf die linke Seite zurücklegen.

7. Rechte Ecke nach links umschlagen.
8. Zur Spitze falten.
9. Zurücklegen, wenden.
10. So sieht die Faltform jetzt aus.
11. Linke Ecke zur Mittellinie falten.
12. Das Froschbein nochmals nach außen falten.
13. Das rechte Bein wird gleich gefaltet. Wenden.
14. Augen und Mund aufmalen.

Aus: Willi Hoffsümmer: Gottes Spur in der Schöpfung, Grünewald 1993², S. 93

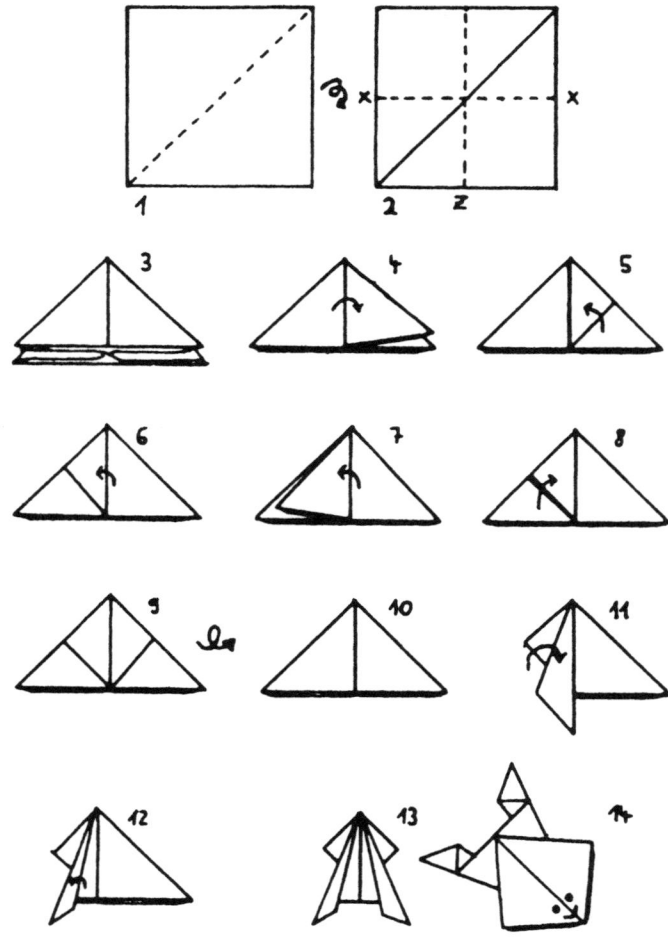

48. Danke für das Formen im vergangenen Jahr

(Schuljahresende)

Vorzubereiten:
Einen Ziegelstein einpacken, von dem eine Ecke abgeschlagen ist.

Lieder

Zu Beginn – GL 258: Lobe den Herren
Vor dem Evangelium – Tr 315: Danke für diesen guten Morgen
Zur Gabenbereitung – GL 480: Den ersten Satz als Liedruf: Wir weihn der Erde Gaben, dir Vater, Brot und Wein
Zum Abschluss – Tr 334: Möge die Straße uns zusammenführen

Begrüßung

Das Zeichen, an dem Menschen gelitten haben, wurde durch Jesus zum Zeichen des Segens: Im Namen des Vaters … – Der Herr sei mit euch!

Hinführung

(L. zeigt den eingepackten Ziegelstein) Zum Schuljahresende habe ich dieses Geschenk mitgebracht. Darin steckt das Ergebnis all eurer Mühen und Prüfungen. – Zunächst aber besinnen wir uns. Dabei helfen uns drei Kinder:

Bußakt

L.:   Gott ist der Freund aller Menschen. Wir stehen vor ihm:

1.   Es war nicht alles goldig im vergangenen Schuljahr.
       Wir haben gelogen und gepfuscht. Meistens aus Angst.

L.:   Herr, erbarme dich!

Alle: Herr, erbarme dich!

2.   Manchmal haben wir einfach faul in den Tag gelebt.
       Spielen macht mehr Spaß.

L.:   Christus, erbarme dich!

Alle: Christus, erbarme dich!

3. Hin und wieder haben wir andere geärgert:
   Kinder, Lehrerinnen und Lehrer – nur so, einfach aus Lust und Laune.

L.: Herr, erbarme dich!

Alle: Herr, erbarme dich!

L.: **Vergebungsbitte** … und er schenke uns neu sein Erbarmen.

Tagesgebet

Gott, der du uns letztlich alles schenkst. Wir danken dir für ein Schuljahr mit guten und weniger schönen Tagen. Wir danken dir, dass wir auch deine Hand ergreifen konnten, wenn wir die Antenne dafür hatten. Geh bitte mit uns und hilf, dass wir auch dir gefallen können – durch Christus, unseren Herrn.

Evangelium nach Matthäus

Einleitung: In diesem Schuljahr wurde uns eine Menge anvertraut. Was haben wir daraus gemacht?

Jesus erzählte uns einmal folgende Geschichte: Ein mächtiger und reicher Mann – damit ist Gott gemeint – wollte auf Reisen gehen. Er rief seine Diener und vertraute dem ersten die ungeheure Summe von fünf Talenten Silbergeld an, einem anderen zwei Talente, dem dritten eines – je nach ihren Fähigkeiten. Dann reiste er ab.

Die ersten beiden Diener arbeiteten mit dem Geld und gewannen fünf bzw. zwei Talente hinzu. Der aber nur *ein* Talent erhalten hatte, versteckte das Geld des Herrn in einem Loch. Als der Herr nach langer Zeit zurückkam, wollte er wissen, was seine Diener mit dem Geld erwirtschaftet hatten. Die ersten beiden, welche die Talente verdoppelt hatten, wurden gelobt. Der Dritte aber, der faul gewesen war, wurde streng getadelt, ja, ihm wurde das eine Talent noch weggenommen. (nach Mt 25,14–28)

Ansprache

(L. nimmt wieder den eingepackten Stein) Jetzt wollt ihr sicherlich wissen, was hier eingepackt ist. *(L. packt den Stein geheimnisvoll langsam aus und zeigt ihn)* Schaut mal, ein Ziegelstein. Er ist geformt und genormt. Ihn kann ich gut in ein Bauwerk einfügen, um daraus zum Beispiel ein Haus zu bauen, in dem Menschen leben und sich wohlfühlen können.

1. Dieser Stein – bist du! Eigentlich sind wir, wenn wir geboren werden, alle zunächst nur ein Lehmklumpen. Und darin ruhen die Talente, die Gott uns mitgege-

ben hat. Wenn aber dieser Lehmklumpen nicht geformt und genormt wird, kann ihn keiner an einem Bau gebrauchen. Bleibst du ein Lehmklumpen, dann bist du wie der Diener im Gleichnis eben, der seine Möglichkeiten einfach in einem Loch versteckt. All die Kneterei in der Schule, aber auch zu Hause, haben den Zweck, dich für das Leben brauchbar zu machen, deine Fähigkeiten zu entdecken und in Form zu bringen., Aber dann wäre es immer noch eine weiche Masse. Das Ganze muss ins Feuer, um gebrannt und hart zu werden. All die Prüfungen, die Last bei den Hausaufgaben, die Rückschläge und das Aufholen nach einer Krankheit oder einem Unfall, sie alle wirken wie ein Feuer, das dich presst, härtet und brauchbar macht.

2. Seht mal hier *(L. zeigt auf die abgeschlagene Ecke)*! Eine Ecke ist ab. Ist der Stein deshalb unbrauchbar? Jeder von uns, nicht nur Schüler, auch Lehrerinnen und Lehrer, ich auch, hat irgendwo eine Macke, »eine Ecke ab«, oder spürt, dass sie trotz all der Stunden in der Schule etwas nicht geschafft haben. Aber der Baumeister würde sagen: »Kein Problem! Das kann ich mit Mörtel ausgleichen – mit dem Mörtel der Liebe!« Das darf uns alle also nicht entmutigen. Wir sind trotzdem brauchbar.
Wir dürfen dabei sogar auf Jesus schauen: Dieser Stein wurde unter dem Kreuz weggeworfen und wurde doch zum wichtigsten Stein – wie die Bibel sagt: Er wurde zum Eckstein des ganzen Gebäudes.

3. Manche Schulen, Kirchen und viele Gebäude sind aus solchen Steinen gebaut. Es ist gleich, wo du in einem Bau in Zukunft einmal eingeplant wirst: ob oben, ganz unten oder in der Mitte. Entscheidend ist, dass du ganz fest an einer Stelle sitzt und keine Feuchtigkeit, Kälte oder Ungeziefer hereinlässt. Dann wirst du auch gelobt. Und jeder darf sich jetzt auf die Schulter geklopft fühlen, der mit seinen Talenten gearbeitet hat. Wir brauchen deinen lebendigen Stein – draußen und in der Kirche.
(L. stellt den Stein auf den Altar)

Fürbitten
Wir werden still und danken Gott für das vergangene Jahr; danken auch den Lehrerinnen und Lehrern, Eltern und Mitschülern. Wir dürfen Gott aber auch still unsere Wünsche sagen. *(Stille)*

Gabenbereitung
Liedruf:
Erster Satz von GL 480: Wir weihn der Erde Gaben

1. Spr.: Der Sämann hat das Korn gesät,
          der Schnitter hat es abgemäht.
          Jetzt liegt's als Brot auf dem Altar.
          Wir bringen es als Opfer dar.

Alle: Wir weihn der Erde Gaben (wie oben)

2. Spr.: Die Traube wuchs im Sonnenlicht,
          der Winzer von dem Zweig sie bricht.
          Jetzt duftet in dem Kelch der Wein.
          Er soll heut' unser Opfer sein.

Alle: Wir weihn der Erde Gaben (wie oben)

1. Spr.: Mit Brot und Wein, mit Speis' und Trank
          erzeigen wir dir unsern Dank.

2. Spr.: Empfang uns selber auch dazu
          mit Leib und Seel', o Vater, du.

Alle: Wir weihn der Erde Gaben (wie oben)

Vaterunser – Friedensgruß

Meditation nach der Kommunion

1. Spr.: Wir glauben an dich, barmherziger Gott.
          Aus deiner Hand können wir nicht fallen.
          Wenn wir noch so irre Wege gehen,
          ein Pfad zurück steht uns immer offen.
          Wir danken dir für die Talente, die du uns anvertraut hast.

2. Spr.: Wir glauben an den Bruder Jesus Christus,
          Er geht als Freund unsere Wege mit.
          Er leidet mit uns. Er stirbt mit uns.
          Und führt uns aus dem Tod ins Leben.
          Er gibt uns nicht auf,
          auch wenn wir unsere Fähigkeiten verschleudert haben.

1. Spr.: Wir glauben an den Heiligen Geist.
          Er möchte uns das Herz für alles Gute öffnen.
          Er ist Licht auf unserem Wege.
          Wenn er uns erfüllt, können wir uns versöhnen.

Wenn wir ihn wirken lassen,
ziehen wir auch die anderen mit.

2. Spr.: So beten wir dich an, manchmal so ferner Vater.
So lieben wir dich, manchmal so naher Jesus.
So geben wir dich weiter, manchmal so heilender Geist.
Wir möchten euch begeistert bezeugen!

Schlussgebet

Leben spendender Gott! Wir danken dir für die Ernte des Schuljahres. Lass in uns wachsen und reifen, was für ein gutes Miteinander wichtig ist. Das erbitten wir durch Christus, unseren Herrn.

Segen

Gott segne die Erde, auf der wir jetzt stehen.
Gott segne den Weg, auf dem wir jetzt gehen.
Gott segne das Ziel, für das wir ein Jahr gelebt haben.
Segne uns auch, wenn wir jetzt in den Ferien rasten.
Segne das, was unsere Liebe entzündet.
Segne das, was unsere Hoffnung bestärkt.
So segne uns der barmherzige Gott,
der Vater und der Sohn und der Heilige Geist.

49. Umsteigen auf ein neues Schiff
(Abschluss Grundschule)

Vorzubereiten:

Die Schüler/innen malen auf Tapetenrolle ein großes Segelschiff. In die Bullaugen kleben sie ein Passfoto von jedem Mitglied der Klasse; die unterrichtenden Lehrer/innen kleben ihr Foto in die Segel. Auf die Schiffswand ist in großen Druckbuchstaben der Name der Schule gemalt.

Das Segelschiff liegt im Wasser; in die Wellen kleben die Kinder ein selbst gebasteltes kleines Papierfaltboot. (Vorschlag: Mit den Farben der europäischen Flaggen bemalen.) Auf jedem Boot erscheint der Name eines Kindes. Diese Schülerarbeit wird auf einer Stellwand befestigt und gut sichtbar im Altarraum aufgestellt.

Lieder
Zu Beginn – GL 505: Du hast uns, Herr, gerufen
Vor dem Evangelium – Tr 590: Ein Schiff, das sich Gemeinde nennt
Zur Gabenbereitung – Tr 171: Suchen und fragen
Zum Abschluss – Tr 315: Danke für diesen guten Morgen

Begrüßung
Der Mast eines Schiffes, an dem das Segel hängt, sieht wie ein Kreuz aus. Dieses Zeichen legen wir jetzt über uns: Im Namen des Vaters …

Hinführung
Ihr werdet von jetzt an noch oft in eurem Leben Abschied nehmen müssen von Vertrautem, Bekanntem, Liebgewordenem und euch neuen Aufgaben zuwenden. Ich hoffe, dass ihr während der Grundschulzeit in unseren gemeinsamen Gottesdiensten auch erfahren habt: die Kirche kann euch dabei helfen. Sie will für uns ein sicheres Schiff sein. Unser Kapitän ist Jesus Christus; er wird uns durch alle Stürme und Ängste des Lebens sicher in den Hafen Gottes leiten.

Hinführung zum Symbol Schiff
1. Kind zeigt auf das Schiff.
> Wir haben für diesen Gottesdienst ein Schiff gemalt und unsere Fotos hineingeklebt. Damit wollen wir zeigen, dass wir uns alle wie eine Mannschaft auf einem Schiff gefühlt haben. Wir haben gemeinsam gearbeitet

und gespielt, zusammen schöne und traurige Erlebnisse gehabt (wie zum Beispiel …)

2. Kind *zeigt auf die Boote:*
Nun ist die Grundschulzeit für uns zu Ende. Wir verlassen unser vertrautes Schulschiff und müssen nun ein neues Ziel ansteuern. Auf den neuen Kurs freuen wir uns und sind neugierig; aber gleichzeitig fühlen wir uns manchmal etwas ängstlich vor dem Unbekannten.

Evangelium nach Markus
Einleitung: Warum habt ihr Angst? Ich bin doch bei euch: Mk 4,35–41.

Sprechspiel mit Zeichnungen
Jedes Kind zeigt sein gemaltes Bild nach allen Seiten, spricht seinen Text, den es von der Rückseite abliest, und stellt sich dann gut sichtbar mit seinem Bild zum Halbkreis auf.

1. Kind *zeigt sein Bild mit einem Kompass:*
Ein Schiff braucht einen Kompass, um die Richtung zum Hafen leichter einhalten zu können. So brauchen wir ein Gewissen, um gute von bösen und richtige von falschen Wegen zu unterscheiden. Das war auf dem bisherigen Schiff so. Das brauchen wir auch, wenn wir jetzt umsteigen.

2. Kind *zeigt sein Bild mit Bojen:*
Manchmal muss ein Schiff an scharfen Felsriffen oder an Sandbänken vorbeisteuern. Solche Bojen helfen, gefahrlos hindurchzufinden. So haben Gott und die Kirche uns Gebote gegeben, den Weg durch alle Gefahren leichter zu finden. – Herr, lass uns erkennen, dass solche Gebote eine Hilfe sein wollen!

3. Kind *zeigt sein Bild mit einem Leuchtturm:*
An besonders gefährlichen Stellen gibt ein Leuchtturm dem Schiff Orientierung. Gott schickt uns immer wieder Heilige und Vorbilder, wie unseren Namenspatron, die uns zeigen, wie wir eigentlich leben sollen. – Dafür danken wir dir, Herr!

4. Kind *zeigt sein Bild mit einem Anker:*
Ein Schiff wirft in Sturm und Seenot seinen Anker. Wenn der Anker sich im Meeresboden festhakt und das Schiff halten kann, wissen die Seeleute, dass sie gerettet sind. Jetzt kann das Schiff nicht an einem Felsen zerschellen. – Der Anker ist das Zeichen der Hoffnung. Wir hoffen, in allen Stür-

men des Lebens von Gott gehalten zu werden. – Dafür danken wir dir, Herr!

5. Kind *zeigt sein Bild mit einem Herzen:*
Herz, Anker und Kreuz sind Symbole für Glaube, Hoffnung und Liebe. Auf einem Schiff ist es schön, wenn es dort Menschen gibt, die glauben, hoffen und lieben. – Die Liebe zu Gott ist am wichtigsten. – Danke, Herr, für alle Menschen, die lieben.

6. Kind *zeigt sein Bild mit einer Taube mit dem Friedenssymbol:*
Noach sah im Schiff der Arche die Taube mit einem Ölzweig zurückkommen. Da wusste er, dass alle in der Arche gerettet waren. – Herr, schenke uns im Sturm der Zeit oft solche Zeichen des Friedens!

7. Kind *zeigt sein Bild mit einem SOS-Rettungsring:*
Manchmal gerät ein Mensch in Seenot oder geht über Bord. Dann kann solch ein Rettungsring ihn über Wasser halten. – Herr, schenke uns viele Menschen und Gedanken, die uns über Wasser halten. Dann können wir immer wieder ins Schiff der Kirche steigen: Es will uns in den Hafen Gottes bringen.

Kurze Ansprache

Die gehörten Hilfen wirst du auch auf dem neuen Schiff vorfinden. Mit Blick zurück danken wir allen, die begleitet und gefördert haben. Für die Zukunft wünschen wir euch gute neue Kameradschaft, nicht zu schlimme Stürme und dass ihr immer wieder den Hafen erreicht – bis wir einmal in den Hafen Gottes einlaufen dürfen.

Fürbitten

L.: Herr Jesus Christus, du hast gesagt: Ich bin doch bei euch! Wir bitten dich:

1. Hilf allen Schülerinnen und Schülern beim Besteigen eines neues Schiffes.

2. Lass Eltern und Lehrkräfte Wege suchen, immer wieder den rettenden Hafen für die zu finden, die ihnen anvertraut sind.

3. Bleibe bei uns, damit wir auch auf einem neuen Schiff eine gute Gemeinschaft werden.

4. Segne alle, die zurückbleiben, und lohne ihnen, was sie an Gutem getan haben.

L.: Denn du willst, dass uns das Leben Freude macht, der du lebst und liebst in alle Ewigkeit.

Gabengebet

Herr, unser Gott! In diesen Gaben von Brot und Wein stärke uns und nimm uns die Angst in den Stürmen des Lebens. Darum bitten wir durch Christus, unseren Herrn.

Präfation

Ja, Vater, wir danken dir besonders für deinen Sohn Jesus Christus. Er ist in die Welt gekommen, um uns den Weg zu deinem Hafen zu zeigen. Er möchte, dass alle Menschen diesen Hafen finden (auf alle Völker weisen auch hier am Altar die verschiedenen Nationalflaggen), damit einmal alle Nationen der Erde wie mit einem Munde Gott loben und ehren und singen: …

Vaterunser – Friedensgruß

Einleitung: Wir werden durch unsere Hände, die wir miteinander verbinden, eine gute Mannschaft, die ihre Bitten dem vorträgt, der helfen kann: Vater unser …
(Anschließend die Arme zum Friedensgruß erheben.)

Meditation nach der Kommunion

1. Spr.: Wir würden auf dem Schiff hungern, wenn es nicht Proviant für die große Reise gäbe. Dafür danken wir heute ganz besonders. Viele von uns durften im lebendigen Brot Jesus selbst empfangen. Das stärkt für die Reise zu seinem Vater.

2. Spr.: Viele Freunde sind mit unterwegs. Wir schön wäre es, wenn wir auch auf dem neuen Schiff *ein* Herz und *eine* Seele wären. Dann macht die Fahrt Freude. Dann bekommen auch die wieder Mut, die enttäuscht abspringen wollen.

1. Spr.: Es drohen viele Gefahren. Manchmal können die Stürme zu Orkanen werden. Aber wir vertrauen auf Jesus. Er ist auch heute unsichtbar in unserer Mitte. Er hat doch gesagt: »Warum habt ihr Angst? Ihr habt noch einen zu kleinen Glauben. Ich bin doch bei euch!«

2. Spr.: Herr, unser Gott! Durch dein Wort und das Brot des Himmels nimmst du uns die Angst vor den Stürmen des Lebens: Herr, bleibe bei uns!

Schlussgebet

Guter Gott. Im Lied vom Schiff der Gemeinde heißt es zum Schluss:

»Und wenn uns Einsamkeit bedroht, wenn Angst uns überfällt: / Viel Freunde sind mit unterwegs auf gleichen Kurs gestellt. / Das gibt uns wieder neuen Mut, wir sind nicht mehr allein. / So läuft das Schiff nach langer Fahrt in Gottes Hafen ein!« / Darum bitten wir durch Christus, unseren Herrn.

Hinweis: Der Gottesdienst »Im Zeichen des Regenbogens« eignet sich ebenfalls gut zum Schuljahresende: Siehe Nr. 24 in diesem Buch.

Schriftstellenverzeichnis

Die Verweise beziehen sich auf die Nummer des Gottesdienstes.
Die Parallelstellen der Synoptiker sind nicht angegeben!

Genesis

8–9	24

Buch der Psalmen

91,1–15	28

Jona

3	8

Matthäus

2,13–21	28
5,1–12	30
5,13	21
5,14–16	36
5,38–41	11
5,43–45	32
6,1–4	8
6,25–33	26, 27
12,36 f.	31
14,22–33	47
25,14–28	48
25,31 ff.	29
28,16–20	37, 45

Markus

1,1–8	2
4,35–41	49
9,41	30
10,13–16	44

Lukas

1,26–38	3, 18
2,6–11	5
4,18–19	4, 9
4,40	34
6,12–16	35
6,27–36	22
12,49–51	33
13,10–17	43
15,11–24	41
18,1–8	38
19,1–10	23
22,47 f.	10
24,1–12	14, 15

Johannes

2,1–11	6
2,13–17	12
8,12	36, 43
12,24 f.	13
14,6	1
15,9–12	7, 16, 42
15,11–17	17, 25, 39, 40
20,19–22	19, 20

Apostelgeschichte

2,44–47	46

1 Korinther

12,20–25	34

Philipper

4,4–7	7

Jakobus

3,5–11	31
5,7–11	47

Offenbarung

1,18b	1